成都统计年鉴

CHENGDU STATISTICAL YEARBOOK

2021

成 都 市 统 计 局
国家统计局成都调查队
编

STATISTIC BUREAU OF CHENGDU
NBS SURVEY OFFICE IN CHENGDU

中国统计出版社
China Statistics Press

图书在版编目（CIP）数据

成都统计年鉴. 2021 = Chengdu Statistical Yearbook 2021 / 成都市统计局, 国家统计局成都调查队编. -- 北京 : 中国统计出版社, 2021.12
ISBN 978-7-5037-9738-5

I. ①成… II. ①成… ②国… III. ①统计资料 - 成都 - 2021 - 年鉴 IV. ①C832.711-54

中国版本图书馆CIP数据核字(2021)第251730号

成都统计年鉴-2021

作　　者 / 成都市统计局　国家统计局成都调查队

责任编辑 / 钟　钰

装帧设计 / 耿延庆

出版发行 / 中国统计出版社有限公司

地　　址 / 北京市丰台区西三环南路甲6号

邮政编码 / 100073

电　　话 / 邮购（010）63376909　书店（010）68783171

网　　址 / http://www.zgtjcbs.com

印　　刷 / 成都文曦印务有限公司

经　　销 / 新华书店

开　　本 / 890mm×1240mm　1/16

字　　数 / 450 千字

印　　张 / 20

版　　别 / 2021年12月第1版

版　　次 / 2021年12月第1次印刷

定　　价 / 300.00元

《成都统计年鉴—2021》编辑委员会

《成都统计年鉴—2021》编辑部

编 者 说 明

一、《成都统计年鉴—2021》是一部全面反映成都市社会经济发展情况的综合性统计资料年刊，本书收录了成都市及区（市）县2020年社会、经济等方面大量的统计数据，以及中华人民共和国成立以来，特别是改革开放以来重要年份全市及各区（市）县的主要统计数据。

二、本年鉴共分十六个部分：1. 综合部分，包括行政区划及社会经济发展的主要指标；2. 国民经济核算;3. 人口及劳动力；4. 固定资产投资、建筑业；5. 能源购进、消费与库存；6. 财政、金融和保险；7. 人民生活、物价；8. 城市公用事业；9. 农业；10.工业；11. 运输、邮电；12. 国内贸易、外经、旅游；13. 科技、教育和文化；14. 体育、卫生、福利及其他；15. 区（市）县；附录：全国重点城市主要指标。

三、根据最新掌握的统计资料以及国家新的统计制度规定，本年鉴对部分历史数据进行了重新核实调整，因此，读者在使用历史资料时，凡与本年鉴数据有出入的，均以本年鉴为准。

四、本年鉴中所使用的度量衡单位均采用国际标准计量单位。

五、本年鉴中统计数据的统计口径及资料来源在各部分都作了较为详细的说明。

六、本年鉴中部分数据合计数或相对数由于单位取舍不同而产生的计算误差均未作机械调整。

七、本年鉴的符号说明："…"表示数据不足本表最小单位数；"空格"表示该统计数据不详或无该项统计数据；"#"表示其中项；"①"表示表下方的第一项注解；"—"表示无该项统计指标。

目 录

CONTENTS

一、综 合

Chapter 1 General Survey

二、国民经济核算
Chapter 2 National Accounts

三、人口及劳动力
Chapter 3 Population and Labor Force

四、固定资产投资、建筑业
Chapter 4 Investment in Fixed Assets and Construction

五、能源购进、消费与库存
Chapter 5 Energy Purchasing, Consumption and Inventory

六、财政、金融和保险

Chapter 6 Government Finance, Banking and Insurance

七、人民生活、物价

Chapter 7 People's Livelihood, Price Indices

八、城市公用事业

Chapter 8 Urban Public Utilities

九、农 业

Chapter 9 Agriculture

十、工　业
Chapter 10 Industry

十一、运输、邮电

Chapter 11 Transportation, Postal and Telecommunications Services

十二、国内贸易、外经、旅游

Chapter 12 Domestic Trade, Foreign Trade and Economic Cooperation, Tourism

十三、科技、教育和文化
Chapter 13 Science, Education and Culture

十四、体育、卫生、福利及其他
Chapter 14 Sports, Public Health, Social Welfare and Others

十五、区(市)县
Chapter 15 Districts, Cities at County Level and Counties

一 综 合

简 要 说 明

主要内容

本部分包括成都的行政区划、国民经济和社会发展综合指标，成都与全国、全省对比情况等内容。

资料来源

气象资料来源于成都市气象局。

行政区域、街道、镇名录来源于成都市民政局。

其他资料主要依据成都市统计局综合统计年报和各专业统计年报及其相关部门的资料整理而得。

其他需要说明的问题

地区生产总值、农业总产值结构指标按当年价格计算，速度指标均按可比价格计算。

1-1 成都市气象情况(2020年)

Meteorological Phenomenon in Chengdu(2020)

月 份	平均气温(摄氏度)	日照时数(小时)	雾 日(天)	降雨日数(天)	降雨量(毫米)	平均风速(米/秒)
全 年	**16.6**	**939.3**	**45**	**153**	**1229.2**	**1.4**
一 月	7.1	62.7	5	10	13	1.3
二 月	9.7	73.3	3	7	4.2	1.4
三 月	13.5	88.1	3	11	25.3	1.5
四 月	16	104.3	5	13	25.7	1.4
五 月	22.6	128	2	9	59.6	1.5
六 月	24.8	105.3	2	18	103.3	1.6
七 月	25.2	77.6	1	17	120.2	1.4
八 月	24.7	103	3	18	747.2	1.6
九 月	21.2	47.5	2	17	52.7	1.3
十 月	15.9	21.9	3	15	60	1.2
十一月	13.1	27.2	4	7	4.2	1.1
十二月	5.6	100.4	12	11	13.8	1.2

1-2 成都市行政区划(2020年末)

Division of Administrative Areas in Chengdu(End of 2020)

单位:个

地 区	镇政府	街道办事处	社区居委会	村民委员会
全 市	**100**	**161**	**1732**	**1311**
锦 江 区		11	76	
青 羊 区		12	67	
金 牛 区		13	90	
武 侯 区		15	112	
成 华 区		11	81	2
龙泉驿区	3	7	87	40
青白江区	5	2	50	33
新 都 区	2	7	101	79
温 江 区	3	6	79	16
双 流 区	4	15	185	72
郫 都 区	3	9	73	82
新 津 区	4	4	36	45
简 阳 市	21	16	152	316
都江堰市	5	6	81	85
彭 州 市	9	4	83	119
邛 崃 市	8	6	65	124
崇 州 市	9	6	78	94
金 堂 县	10	6	114	86
大 邑 县	8	3	92	55
蒲 江 县	6	2	30	63

注:本表中武侯区包含高新南区资料,双流区包含四川天府新区成都直管区资料,郫都区包含高新西区资料,简阳市包含成都东部新区资料。

1-3 成都市街道、镇名录

Name List of Street and Township in Chengdu

区(市)县	政府驻地	街道、镇
锦江区	锦华路街办	**街道:** 沙河 柳江 三圣 春熙路 书院街 牛市口 狮子山 成龙路 锦官驿 东湖 锦华路
青羊区	西御河街办	**街道:** 少城 府南 草堂 光华 金沙 苏坡 文家 草市街 西御河 黄田坝 蔡桥 康河
金牛区	九里堤街办	**街道:** 抚琴 西华 金泉 茶店子 营门口 九里堤 五块石 荷花池 驷马桥 西安路 天回镇 沙河源 凤凰山
武侯区	浆洗街街办	**街道:** 玉林 晋阳 簇桥 簇锦 华兴 望江路 浆洗街 红牌楼 机投桥 金花桥 火车南站 芳草街 石羊 桂溪 肖家河
成华区	双桥子街办	**街道:** 保和 青龙 龙潭 猛追湾 双桥子 白莲池 府青路 跳蹬河 万年场 二仙桥 双水碾
龙泉驿区	龙泉街办	**街道:** 龙泉 大面 十陵 同安 东安 西河 柏合 **镇:** 洛带 洪安 山泉
青白江区	大弯街办	**街道:** 大弯 大同 **镇:** 弥牟 城厢 清泉 姚渡 福洪
新都区	桂湖街办	**街道:** 大丰 三河 新都 桂湖 新繁 石板滩 斑竹园 **镇:** 清流 军屯
温江区	柳城街办	**街道:** 柳城 天府 涌泉 公平 金马 永宁 **镇:** 万春 寿安 和盛
双流区	东升街办	**街道:** 东升 华阳 西航港 九江 黄甲 中和 怡心 万安 正兴 兴隆 煎茶 新兴 籍田 太平 永兴 **镇:** 彭镇 黄水 永安 黄龙溪
郫都区	郫筒街办	**街道:** 郫筒 合作 西园 安德 红光 犀浦 德源 安靖 团结 **镇:** 唐昌 友爱 三道堰
新津县	五津街办	**街道:** 五津 普兴 花桥 花源 **镇:** 安西 兴义 永商 宝墩镇
简阳市	射洪坝街办	**街道:** 简城 射洪坝 东溪 平泉 石桥 赤水 养马 石盘 贾家 新市 丹景 福田 玉成 三岔 草池 石板凳 **镇:** 石钟 施家 禾丰 三合 平武 云龙 涌泉 三星 踏水 青龙 芦葭 镇金 江源 高明 武庙 杨家 壮溪 宏缘 雷家 海螺 董家埂
都江堰市	幸福街办	**街道:** 灌口 幸福 银杏 奎光塔 玉堂 蒲阳 **镇:** 石羊 龙池 聚源 天马 青城山
彭州市	天彭街办	**街道:** 天彭 隆丰 濛阳 致和 **镇:** 丽春 通济 白鹿 九尺 桂花 敖平 丹景山 龙门山 葛仙山
邛崃市	文君街办	**街道:** 临邛 文君 固驿 高埂 羊安 孔明 **镇:** 平乐 桑园 火井 夹关 临济 天台山 南宝山 大同
崇州市	崇阳街办	**街道:** 崇阳 羊马 三江 江源 大划 崇庆 **镇:** 怀远 街子 道明 元通 隆兴 白头 廖家 文井江 观胜
金堂县	赵镇街办	**街道:** 赵镇 官仓 栖贤 高板 白果 淮口 **镇:** 五凤 竹篙 福兴 赵家 金龙 又新 云合 土桥 转龙 三溪
大邑县	晋原街办	**街道:** 晋原 沙渠 青霞 **镇:** 安仁 王泗 新场 悦来 出江 西岭 花水湾 鹤鸣
蒲江县	鹤山街办	**街道:** 鹤山 寿安 **镇:** 西来 成佳 大兴 大塘 甘溪 朝阳湖

注:本表中武侯区包含高新南区资料,双流区包含四川天府新区成都直管区资料,郫都区包含高新西区资料,简阳市包含成都东部新区资料。

1-4 国民经济和社会发

Principal Aggregate Indicators on National Economic

指 标	单 位	1978 年	1980 年	1990 年	2000 年
一、人口与就业					
人 口					
年末户籍总人口	万人	806.06	822.54	919.50	1013.35
#市区人口	万人	228.80	238.31	280.81	335.86
#城镇人口	万人	179.46	192.04	250.99	345.90
就 业					
从业人员数	万人	372.30	393.12	562.67	574.13
#乡村劳动力	万人	262.11	276.57	382.33	387.92
二、宏观经济					
国民核算					
地区生产总值	亿元	35.94	46.30	194.09	1238.20
第一产业	亿元	11.44	12.60	40.57	133.08
#农林牧渔业	亿元	11.44	12.60	40.57	134.80
第二产业	亿元	16.97	22.98	77.07	473.03
工 业	亿元	16.35	21.60	67.92	372.36
建筑业	亿元	0.62	1.38	9.14	111.38
第三产业	亿元	7.53	10.72	76.45	632.09
批发和零售业	亿元	1.96	2.83	16.59	109.81
交通运输、仓储和邮政业	亿元	1.53	2.00	12.21	92.51
住宿和餐饮业	亿元	0.55	0.82	5.76	52.27
金 融 业	亿元	0.56	0.81	7.15	77.99
房地产业	亿元	0.13	0.30	3.57	61.86

注:①2003 年以后市区人口含新都区、温江区,2015 年市区人口含双流区,2016 年市区人口含郫都区,2019 年市区数据含高新东区(空港)求进行了修订;2019 年地区生产总值数据根据年度 GDP 最终核实结果进行了修订。

展总量与速度指标

and Social Development and Their Related Indices Growth Rates

2019 年	2020 年	2020 年为下列年度(%)				
		1978 年	1980 年	1990 年	2000 年	2019 年
1500.07	1519.70	188.5	184.8	165.3	150.0	101.3
909.68	929.75	406.4	390.1	331.1	276.8	102.2
938.21	1015.61	565.9		404.6	293.6	108.2
1107.93	1143.32	307.1	290.8	203.2	199.1	103.2
314.68	273.59	104.4	98.9	71.6	70.5	86.9
17010.66	17716.68	79.5 倍	62.9 倍	26.1 倍	7.7 倍	104.0
612.22	655.17	5.9 倍	5.5 倍	3.4 倍	2.3 倍	103.3
631.82	676.98	5.9 倍	5.6 倍	3.4 倍	2.3 倍	103.5
5187.57	5418.50	143.4 倍	106.9 倍	40.8 倍	11.2 倍	104.8
4055.70	4208.27	151.2 倍	115.5 倍	45.2 倍	12.8 倍	104.7
1238.61	1312.27	223.9 倍	102.3 倍	28.2 倍	6.4 倍	104.2
11210.87	11643.00	103.1 倍	74.5 倍	25.8 倍	6.2 倍	103.6
1701.67	1681.45	95.7 倍	68.4 倍	28.8 倍	7.4 倍	98.2
925.51	897.09	30.2 倍	26.1 倍	10.6 倍	3.7 倍	99.1
520.27	458.10	77.3 倍	53.6 倍	18.9 倍	4.5 倍	88.2
1915.15	2114.81	229.5 倍	163.9 倍	45.7 倍	9.4 倍	107.7
1414.57	1487.78	580.5 倍	367.5 倍	75.6 倍	5.9 倍	102.1

(下同)。②1992 年以来的地区生产总值及分行业增加值、1993 年以来的相关发展速度,均根据全国第四次经济普查结果和统一核算要

1-4 续表1

指　标	单　位	1978年	1980年	1990年	2000年
农　业					
农林牧渔业总产值	亿元	15.71	17.15	60.19	197.74
主要农产品、畜产品产量					
粮　食	万吨	294.85	305.14	381.70	363.71
油菜籽	万吨	10.82	13.70	19.85	18.59
蔬菜及食用菌	万吨	87.61	75.09	222.80	409.82
水　果	万吨	2.66	4.21	11.17	52.40
肉　类	万吨	14.16	18.60	38.53	68.62
#猪　肉	万吨	12.95	17.14	33.79	46.52
牛　奶	万吨	1.17	1.30	3.17	4.98
禽　蛋	万吨	1.77	1.87	5.97	14.64
水产品	万吨	0.23	0.27	2.39	4.96
工　业					
主要工业产品产量					
钢　材	万吨	35.55	40.86	86.32	126.21
发电量	亿千瓦小时	10.36	7.06	23.60	53.13
水　泥	万吨	25.37	37.46	112.87	324.00
化学药品原药	吨	544	447	1344	3109
合成氨	万吨	61.44	61.99	55.58	74.40
汽　车	辆	641	966	5230	20124
卷　烟	亿支	11.19	12.60	22.01	51.10

注：①2003年以前（含2003年）卷烟单位为万箱。②2020年发电量含省划转央属企业数据。③2020年汽车产量口径有所调整。

2019 年	2020 年	2020 年为下列年度(%)				
		1978 年	1980 年	1990 年	2000 年	2019 年
1003.34	1071.95	68.2 倍	62.5 倍	17.8 倍	5.4 倍	106.8
225.90	227.86	77.3	74.7	59.7	62.6	100.9
31.27	30.44	2.8 倍	2.2 倍	153.4	163.7	97.3
606.21	610.40	7.0 倍	8.1 倍	2.7 倍	148.9	100.7
170.36	172.22	64.7 倍	40.9 倍	15.4 倍	3.3 倍	101.1
43.72	44.14	3.1 倍	2.4 倍	114.6	64.3	101.0
26.86	28.10	2.2 倍	163.9	83.2	60.4	104.6
7.71	8.02	6.9 倍	6.2 倍	2.5 倍	161.0	104.0
19.50	18.47	10.4 倍	9.9 倍	3.1 倍	126.2	94.7
14.93	14.95	65.0 倍	55.4 倍	6.3 倍	3.0 倍	100.1
494.44	541.99	15.2 倍	13.3 倍	6.3 倍	4.3 倍	109.6
112.34	642.29	62.0 倍	91.0 倍	27.2 倍	12.1 倍	5.7 倍
1668.81	1566.21	61.7 倍	41.8 倍	13.9 倍	4.8 倍	93.9
53093	31600	58.1 倍	70.7 倍	23.5 倍	10.2 倍	59.5
20.17	19.91	0.3 倍	0.3 倍	0.4 倍	0.3 倍	98.7
1025800	605000	943.8 倍	626.3 倍	115.7 倍	30.1 倍	59.0
870.25	895.22	80.0 倍	71.0 倍	40.7 倍	17.5 倍	102.9

1-4 续表 2

指　标	单　位	1978 年	1980 年	1990 年	2000 年
运输业					
货物运输量	万吨	2874	4295	10139	21489
货物周转量	亿吨公里	81. 29	86. 68	147. 83	362. 65
旅客运输量	万人	2635	4586	12894	46459
客运周转量	亿人公里	27. 16	38. 43	98. 42	288. 95
邮电通信业					
邮电业务总量	亿元	0. 28	0. 31	1. 55	71. 64
移动电话用户	万户				99. 10
国内贸易与旅游					
社会消费品零售总额	亿元	13. 81	20. 51	85. 69	627. 77
旅游总收入	亿元				131. 10
#创汇收入	万美元				8108
物价指数(上年=100)					
居民消费价格指数		101. 1	106. 6	103. 5	100. 2
#食 品 类		101. 1	110. 6	102. 5	96. 3
服务项目类		100. 9	100. 7	108. 5	115. 1
商品零售价格指数		101. 1	107. 1	102. 9	98. 2

注:①从 2003 年起运输量只包括营运性运输,且从 2004 年后成都铁路局数据为西南三省合并后数据,2011 年为成都铁路加成都地铁数

据;②从 2011 年起,电信数据按国家新政策进行调整,故与往年不可比;③2000 年-2019 年社零总相关数据为四经普调整后数据。

2019 年	2020 年	2020 年为下列年度(%)				
		1978 年	1980 年	1990 年	2000 年	2019 年
35668	33342	11.6 倍	7.8 倍	3.3 倍	155.2	93.5
426.85	453.10	5.6 倍	5.2 倍	3.1 倍	124.9	106.1
164566	137415	52.2 倍	30.0 倍	10.7 倍	3.0 倍	83.5
1390.24	862.99	31.8 倍	22.5 倍	8.8 倍	3.0 倍	62.1
1933.35	2546.80	9095.7 倍	8215.5 倍	1643.1 倍	35.5 倍	131.7
2616.96	2876.20					109.9
8313.40	8118.54	587.9 倍	395.8 倍	94.7 倍	12.9 倍	97.7
4664	3005				22.9 倍	64.4
162327	4426				54.6	2.7
102.8	102.5					
112.6	113.7					
100.7	99.5					
101.9	102.2					

1-4 续表 3

指　标	单　　位	1978 年	1980 年	1990 年	2000 年
对外贸易					
进出口总额(海关口径)	亿美元				14.81
#出　　口	亿美元				8.18
财政与金融					
财政收入	亿元	7.39	7.57	20.40	118.61
#一般公共预算收入	亿元				54.73
财政支出	亿元	2.96	3.34	11.92	82.94
中资全国性大型银行存款余额	亿元	23.80	24.88	129.65	1298.25
中资全国性大型银行贷款余额	亿元	22.53	26.96	137.66	1074.78
住户存款	亿元	2.40	4.28	79.15	831.00
三、教育文化					
教　　育					
专任教师数					
普通高等学校	万人	0.69	0.74	1.07	1.12
中等职业技术学校	万人	0.22	0.26	0.33	0.32
普通中学	万人	2.74	2.56	2.49	3.07
小　　学	万人	4.10	4.26	4.05	3.76
在校学生数					
普通高等学校	万人	1.96	2.88	5.69	14.07
中等职业技术学校	万人	1.50	1.73	2.80	6.50
普通中学	万人	57.40	43.82	34.70	48.25
小　　学	万人	120.25	123.44	67.07	77.16

注:①2004 年起中等专业学校数据含职业高中数,下同;②中资全国性大型银行包括工行、农行、中行、建行、交行、邮政储蓄银行、国家开

2019年	2020年	2020年为下列年度(%)				
		1978年	1980年	1990年	2000年	2019年
843.96	1034.79				70.0倍	122.9
479.55	593.18				72.8倍	124.2
4807.92	5192.62	702.7倍	685.9倍	254.5倍	43.8倍	108.0
1482.96	1520.38				27.8倍	102.5
3683.13	4413.98	1491.2倍	1321.6倍	370.3倍	53.2倍	119.8
20635.62	21888.06	919.7倍	879.7倍	168.8倍	16.9倍	106.1
20547.24	23231.29	1031.1倍	861.7倍	168.8倍	21.6倍	113.1
14900.55	17084.99	7118.7倍	3991.8倍	215.9倍	20.6倍	114.7
5.02	5.23	7.6倍	7.1倍	4.9倍	4.7倍	104.3
0.92	0.89	4.0倍	3.4倍	2.7倍	2.8倍	96.7
5.35	5.60	2.0倍	2.2倍	2.2倍	182.5	104.7
5.85	6.17	150.4	144.8	152.3	164.0	105.4
87.93	92.71	47.3倍	32.2倍	16.3倍	6.6倍	105.4
18.42	17.90	11.9倍	10.3倍	6.4倍	2.8倍	97.2
62.99	66.39	115.7	151.5	191.3	137.6	105.4
102.93	106.22	88.3	86.0	158.4	137.7	103.2

发银行;③表中2018年数据为工农中建四家银行合计数。

1-4 续表4

指　标	单　位	1978年	1980年	1990年	2000年
文　化					
公共图书馆					
图　书　馆	个			16	17
阅览室席数	个			2375	2200
总　藏　量	万册(件)			643	746
广播节目制作时间	小时			6200	42280
电视节目制作时间	小时			1183	12826
四、人民生活及其他					
家　庭					
年末户籍总户数	万户	185.56	192.24	262.61	317.20
城镇居民平均每户家庭人口	人	4.19	3.84	3.15	2.88
农村居民平均每户家庭人口	人	5.55	5.17	4.20	3.60
城乡居民最低生活保障人数	人				47962
#城　镇	人				27487
交通事故伤亡人数	人				5582
婚　姻					
结婚数	万对			9.64	7.23
离婚数	万对			1.55	2.01

注:广播、电视节目制作时间1990年及以前年份未含区(市)县级广播、电视节目制作时间。

2019 年	2020 年	2020 年为下列年度(%)				
		1978 年	1980 年	1990 年	2000 年	2019 年
22	22			137.5	129.4	100.0
11668	11579			4.9 倍	5.3 倍	99.2
2456	1228			191.0	164.6	50.0
109125	115315			18.6 倍	2.7 倍	105.7
49998	52663			44.5 倍	4.1 倍	105.3
574.16	576.49	3.1 倍	3.0 倍	2.2 倍	181.7	100.4
3.00	3.09	73.7	80.5	98.1	107.3	103.0
3.30	3.34	60.2	64.6	79.5	92.8	101.2
103842	99002				2.1 倍	95.3
22866	22233				80.9	97.2
1894	2001				35.8	105.6
12.18	10.89			112.9	150.6	89.4
6.32	6.12			3.9 倍	3.0 倍	96.9

1-4 续表 5

指　标	单　位	1978 年	1980 年	1990 年	2000 年
居　　住					
人均住宅建筑面积	平方米				
农村居民人均住房面积	平方米	9.6	10.0	20.6	34.9
居民收支					
城镇居民人均可支配收入	元	340	395	1755	7649
城镇居民人均消费性支出	元	328	391	1681	6423
农村居民人均可支配收入	元	140	223	773	2926
农村居民人均生活消费支出	元	117	186	693	2201
卫　　生					
医院、卫生院数	个	556	556	516	568
执业(助理)医师数	万人		1.43	2.32	2.62
医院、卫生院床位数	万张		2.17	3.04	3.41
市政建设					
全市用电量	亿千瓦小时	19.70	23.68	35.61	82.10
自来水供应量	亿吨	0.82	0.97	4.10	4.68
天然气供气量	亿立方米	4.42	4.56	10.40	15.18
年末公共营运汽车	辆				
年末出租汽车	辆				
铺装道路长度	公里	319	324	423	1058
绿地面积	公顷	160	277	1896	4013

注:①城镇居民人均可支配收入 1990 年前为生活费收入;②人均住宅建筑面积按全市年末城镇常住人口计算;③执业(助理)医师数

2019 年	2020 年	2020 年为下列年度(%)				
		1978 年	1980 年	1990 年	2000 年	2019 年
35.19	35.56					70.2
52.02	49.84	5.2 倍	5.0 倍	2.4 倍	142.8	95.8
45878	48593	142.9 倍	123.0 倍	27.7 倍	6.4 倍	105.9
29720	28736	87.6 倍	73.5 倍	17.1 倍	4.5 倍	96.7
24357	26432	188.8 倍	118.5 倍	34.2 倍	9.0 倍	108.5
17572	18501	158.1 倍	99.5 倍	26.7 倍	8.4 倍	105.3
909	894	160.8	160.8	173.3	157.4	98.3
6.84	7.24		5.1 倍	3.1 倍	2.8 倍	105.8
14.13	14.54		6.7 倍	4.8 倍	4.3 倍	102.9
693.84	725.43	36.8 倍	30.6 倍	20.4 倍	8.8 倍	104.6
16.60	17.56	21.4 倍	18.1 倍	4.3 倍	3.8 倍	105.8
38.71	34.72	7.9 倍	7.6 倍	3.3 倍	2.3 倍	89.7
15948	14542					91.2
13044	14111					108.2
4941	7864	24.7 倍	24.3 倍	18.6 倍	7.4 倍	159.2
35115	36334	227.1 倍	131.2 倍	19.2 倍	9.1 倍	103.5

2009 年以前为医生数;④"年末公共营运汽车"和"年末出租汽车"数据为市区"11+2"口径数据。

1-5 国民经济和社会发展结构指标

Structural Indicators on National Economic and Social Development

单位:%

指 标	1978 年	1980 年	1990 年	2000 年	2019 年	2020 年
一、人口与就业						
人 口						
城镇与乡村结构						
城 镇	22.3	23.3	27.3	34.1	62.54	66.83
乡 村	77.7	76.7	72.7	65.9	37.46	33.17
性别结构						
男 性	50.9	50.9	51.2	50.9	49.55	49.49
女 性	49.1	49.1	48.8	49.1	50.45	50.51
地域结构						
市 区	28.4	29.0	30.5	33.1	60.64	61.18
县 (市)	71.6	71.0	69.5	66.9	39.36	38.82
就 业						
从业人员产业结构						
第一产业	63.4	63.3	53.5	44.9	14.4	14.0
第二产业	16.2	16.1	25.9	26.5	28.2	28.0
第三产业	20.4	20.6	20.6	28.6	57.4	58.0

注:2015 年起公安户籍上的农业人口和非农业人口不再统计,变更为乡村人口和城镇人口;2014 年及以前仍为农业人口和非农业人口。

1-5 续表1

单位:%

行 业	1978 年	1980 年	1990 年	2000 年	2019 年	2020 年
二、宏观经济						
国民经济核算						
地区生产总值结构						
第一产业	31.8	27.2	20.9	10.7	3.6	3.7
第二产业	47.2	49.7	39.7	38.2	30.5	30.6
第三产业	21.0	23.1	39.4	51.1	65.9	65.7
固定资产投资						
投资经济类型结构						
#国有单位	96.4	93.3	70.3	47.9	31.4	36.1
集体单位	3.6	6.7	11.4	7.8	0.1	0.05
私营及个体经济			18.3	8.9	17.0	16.9
投资种类结构						
#更新改造		9.6	29.3	10.3	—	—
房 地 产			7.4	27.1	28.4	28.2
国内贸易						
社会消费品零售总额						
行业结构						
批发零售贸易业	90.0	85.2	75.4	63.9	86.2	86.2
餐 饮 业	5.9	5.8	8.2	18.5	13.8	13.8
其 他	0.8	2.0	5.8	17.6	—	—

注:2000 年-2019 年社零总相关数据为四经普调整后数据。

1-5 续表 2

单位:%

项 目	1978 年	1980 年	1990 年	2000 年	2019 年	2020 年
隶属关系结构						
市的零售额	47.4	48.0	65.9	64.1	96.4	96.3
县及县以下零售额	52.6	52.0	34.1	35.9	3.6	3.7
财 政						
一般公共预算收入结构						
#增 值 税					23.5	22.5
企业所得税					11.4	12.1
个人所得税					3.7	3.9
一般公共预算支出结构						
#一般公共服务					10.8	10.1
公共安全					6.6	6.0
教 育					14.4	15.2
社会保障和就业					9.4	9.9
卫生健康					7.1	7.9
城乡社区					19.6	16.6
三、人民生活及其他						
居民生活消费						
城镇居民人均生活消费结构						

1-5 续表3

单位:%

项　目	1978 年	1980 年	1990 年	2000 年	2019 年	2020 年
#食 品 类	57.6	57.8	51.4	38.8	32.6	34.1
衣 着 类	17.1	15.4	14.6	9.0	8.5	8.2
居　　住	5	4.6	4.9	11.9	21.1	21.4
交通通讯	1.2	1.1	1.3	5.9	12.0	11.7
医疗保健费	1.3	1.3	1.5	6.5	5.6	5.6
农村居民人均生活消费结构						
#食 品 类		71.1	63.6	51.2	36.0	36.5
衣 着 类		10.1	6.7	6.7	8.4	8.3
居　　住		8.9	16.6	14.6	17.1	17.1
交通及通讯		0.7	1.6	5.5	13.4	13.2
医疗保健费		0.5	2.4	4.5	7.1	7.1
卫　　生						
卫生技术人员结构						
#执业(助理)医师					37.0	37.1
注册护士					47.5	47.6
药剂人员					4.8	4.8

1-6 国民经济和社会发展比例和效益指标

Indicators on Proportions and Efficiency in National Economic and Social Development

指 标	单 位	1978 年	1980 年	1990 年	2000 年	2019 年	2020 年
一、人 口							
出 生 率	‰	10.3	11.2	13.1	9.6	13.5	12.1
死 亡 率	‰	6	6.1	6.4	6.6	11.4	10.4
自然增长率	‰	4.3	5.1	6.7	3.1	2.1	1.7
二、宏观经济							
全社会劳动生产率	**元/人**	**965**	**1203**	**3485**	**20645**	**156044**	**157394**
第一产业	元/人	485	517	1357	4520	38217	40980
第二产业	元/人	2817	3692	5326	30318	167511	171396
第三产业	元/人	986	1356	6746	36198	180751	179231
农 业							
农业从业者人均提供农产品产量							
粮 食	千克	1222	1181	1251	1463	1652	1410
油 菜 籽	千克	45	53	65	75	229	190
肉 类	千克	59	72	126	276	320	276
水 产 品	千克	1	1	8	20	109	93
每公顷播种面积农产品产量							
粮 食	千克	4010	4245	5433	5902	4318	4356
油 菜 籽	千克	1680	1807	1924	1948	2495	2532
蔬 菜	吨	26	26	28	26	33.1	33.2

注:本表中“死亡率”因 2017 年公安部门对死亡未销户人口进行了清理,故该指标与往年不可比。

1-6 续表1

指　标	单　位	1978年	1980年	1990年	2000年	2019年	2020年
工　业							
独立核算工业企业效益							
总资产贡献率	%				7.8	8.6	9.1
资本保值率	%				108.5	136.7	106.1
资产负债率	%				62.0	54.9	55.7
流动资产周转次数	次				1.2	1.6	1.6
成本费用利润率	%				4.0	5.9	6.9
建筑业							
产值利税率	%				4.69	4.80	5.70
固定资产投资							
固定资产投资率	%	8.2	12.0	20.7	41.1	53.9	56.9
房屋建设竣工率	%	52.6	53.9	73.8	56.8	14.4	7.4
财　政							
财政收入占地区生产总值比重	%	20.6	16.4	10.5	9.6	28.3	29.3
财政支出占地区生产总值比重	%	8.3	7.2	6.1	6.7	21.6	25.9

1-6 续表2

指 标	单 位	1978年	1980年	1990年	2000年	2019年	2020年
三、教 育							
小学适龄儿童净入学率	%			99.5	99.95	100.00	100.00
初中阶段净入学率	%			68.3	98.3	100.00	100.00
初中学生升学率	%			51.2	80.8	98.96	98.91
每一教师负担学生数							
普通高等学校	人	2.8	3.9	5.3	12.5	17.5	17.7
中等职业技术学校	人	6.8	6.6	8.6	20.5	20.0	20.1
普通中学	人	20.9	17.1	13.9	15.7	11.8	11.9
小 学	人	29.3	29	16.6	20.5	17.6	17.2
四、人民生活及其他							
家 庭							
城镇居民家庭							
平均每户就业面	%	41.53	51.3	56.83	50.15	55.7	52.3
每一就业者负担人数	人	2.41	1.95	1.76	1.99	1.80	1.91
农村居民家庭							
平均每一劳动力赡养人口	人	2.2	2.0	1.4	1.4	1.22	1.74
卫 生							
每万人卫生技术人员	人			53.6	54.7	90.6	93.3
每万人执业(助理)医师数	人					33.5	34.6
每万人医院、卫生院床位数	张			33.3	33.8	69.2	69.5

注:2019年人均卫生指标根据第七次全国人口普查结果调整后的常住人口历史数据计算。

1-7 社会经济主要指标人均水平

Per Capita Level of Main Indicators in Social and Economic Activities

项 目	单 位	1978 年	1980 年	1990 年	2000 年	2019 年	2020 年
地区生产总值	元	**449**	**565**	**2123**	**12278**	**114314**	**117338**
农林牧渔业总产值	元	**196**	**209**	**659**	**1961**	**6743**	**7100**
社会消费品零售总额	元	**172**	**250**	**937**	**6225**	**55867**	**53769**
住户存款余额	元	**30**	**52**	**866**	**8240**	**100134**	**113155**
财政收入	元	**92**	**92**	**223**	**1198**	**32310**	**34391**
主要农产品产量							
粮 食	千克	367.0	372.0	418.0	361	158.2	149.6
油 菜 籽	千克	13.4	16.7	21.7	18.4	22.6	20.2
蔬 菜	千克	109.0	92.0	244.0	406.0	395.6	404.3
水 果	千克	3.3	5.1	12.2	52.0	114.9	114.1
肉 类	千克	17.6	22.7	42.2	68.0	40.8	29.0
#猪 肉	千克	16.1	20.9	37.0	46.1	29.4	17.8
牛 奶	千克	1.5	1.6	3.5	4.9	5.9	5.1
禽 蛋	千克	2.2	2.3	6.5	14.5	12.1	12.9
水 产 品	千克	0.3	0.3	2.6	4.9	9.8	9.9

注：本表数据均按户籍平均人口数计算。

1-7 续表

项　目	单　位	1978 年	1980 年	1990 年	2000 年	2019 年	2020 年
主要工业品产量							
钢　　材	千克	44	50	94	125	332	359
发 电 量	千瓦小时	129	86	258	437	755	4254
原　　煤	千克	218	224	340	248	—	-
水　　泥	千克	32	46	123	321	1121	1037
卷　　烟	千支					5. 8	5. 9
人民生活							
城镇全部单位就业人员平均工资	元	584	771	2189	10370	77892	83556
城镇居民人均可支配收入	元	340	395	1755	7649	45878	48593
城镇居民人均消费性支出	元	328	391	1681	6423	29720	28736
农村居民人均可支配收入	元	140	223	773	2926	24357	26432
农村居民人均生活消费支出	元	117	186	693	2201	17572	18501

注:①城镇全部单位就业人员平均工资 2000 年及以前为在岗职工平均工资;②城镇居民人均可支配收入 1978 年、1980 年为生活费收入,农村居民人均可支配收入 2015 年以前为人均纯收入。③2020 年发电量含省划转央属企业数据。

1-8　2016-2020年成都市主要经济社会指标

Main economic and social indicators 2016-2020

指　标	单　位	2016年	2017年	2018年	2019年	2020年
常住人口	万人	1858. 2	1918. 8	1981. 3	2040. 9	2094. 7
地区生产总值	亿元	11874. 1	13931. 4	15698. 9	17010. 7	17716. 7
第一产业	亿元	492. 0	565. 2	578. 8	612. 2	655. 2
第二产业	亿元	4216. 4	4504. 7	4834. 2	5187. 6	5418. 5
#工业	亿元	3422. 5	3606. 3	3730. 6	4055. 7	4208. 3
第三产业	亿元	7165. 7	8861. 5	10285. 9	11210. 9	11643. 0
社会消费品零售总额	亿元	6124. 0	6853. 1	7561. 9	8313. 4	8118. 5
进出口总额(海关口径)	亿美元	409. 9	583	754. 1	844. 0	1034. 8
#出口额	亿美元	219. 4	305. 6	415. 3	479. 5	593. 2
一般公共预算收入	亿元	1175. 4	1275. 5	1424. 2	1483. 0	1520. 4
城镇居民人均可支配收入	元	35902	38918	42128	45878	48593
农村居民人均可支配收入	元	18605	20298	22135	24357	26432

1-9　四川天府新区成都直管区主要指标

Main Indicators of Sichuan Tianfu New Area

指　标	单　位	2016 年	2017 年	2018 年	2019 年	2020 年
地区生产总值	亿元	270.4	365.3	430.4	477.8	518.8
#第二产业	亿元	48.6	60.4	75.4	78.3	85.1
#工　业	亿元	17.4	18.1	17.8	20.7	21.3
第三产业	亿元	200.4	281.3	332.5	376.0	410.4
社会消费品零售总额	亿元	76.3	85.1	93.6	103.8	134.2
一般公共预算收入	亿元	32.2	34.9	63.3	72.7	81.9
实际到位外资金额	亿美元	2.2	2.6	3.3	4.1	4.9
年末总人口	万人	71.3	75.9	79.9	83.2	85.6
从业人员	万人	39.4	41.8	44.4	47.1	49.8

注:2017-2019 年 GDP 及分行业数据用经普调整数。

1-10 成都高新技术产业开发区主要指标

Main Indicators of Chengdu High-Tech Developing Zone

指 标	单 位	2016 年	2017 年	2018 年	2019 年	2020 年
地区生产总值	亿元	1549.9	1859.4	2105.2	2225.2	2401.9
#第二产业	亿元	579.1	627.8	681.8	741.7	798.9
#工 业	亿元	521.8	551.2	583.4	640.6	691.3
第三产业	亿元	953.6	1211.9	1403.8	1483.5	1603.0
全部工业总产值	亿元	5152	3940	4145	4144	6068
#支柱产业产值	亿元	2942	3152	3772	3977	4038
#电 子	亿元	2165	2516	3000	3361	3777
医 药	亿元	139	174	212	256	261
工业利税	亿元	238.4	222.1	203.1	200.8	381.2
社会消费品零售总额	亿元	616.5	708.1	781.2	856.3	834.5
一般公共预算收入	亿元	134.6	156.8	187.3	200.2	187.3
实际到位外资金额	亿美元	18.3	21.3	28.1	29.6	14.7
年末总人口	万人	68.2	95.2	102.5	106.9	125.7
从业人员	万人	68.6	90.9	92.7	94.4	97.2

注:①本表数据含中和街道数据;②从 2017 年起,本表数据含简阳 12 个乡镇数据。2019 年底乡镇改革简阳 12 个乡镇合并为 9 个街道(镇)。

1-11 成都主要经济指标与全国、全省对比(2020 年)

Positions of Chengdu in China and Sichuan Province(2020)

项 目	单 位	全 国	全 省	成德眉资	成 都			
					绝对数	占全国比 重(%)	占全省比 重(%)	占成德眉资比重(%)
土地面积	万平方公里	960	48.5	3.3	1.43	0.1	2.9	43.2
年末常住人口	万人	141178	8638	2966	2094	1.5	24.2	70.6
常住人口城镇化率	%	63.9	56.7	70.3	78.8			
地区生产总值	亿元	1015986	48599	22352	17717	1.7	36.5	79.3
第一产业	亿元	77754	5557	1319	655	0.8	11.8	49.7
第二产业	亿元	384255	17571	7304	5419	1.4	30.8	74.2
#工 业	亿元	313071	13429	5778	4208	1.3	31.3	72.8
第三产业	亿元	553977	25471	13729	11643	2.1	45.7	84.8
社会消费品零售总额	亿元	391981	20825	9890	8119	2.1	39.0	82.1
进出口总额(海关数)	亿元	321557	8082	7329	7154	2.2	88.5	97.6
#出口总额	亿元	179326	4654	4217	4107	2.3	88.2	97.4
居民消费品价格指数	%	102.5	103.2	—	102.5			
一般公共预算收入	亿元	182895	4258	1828	1520	0.8	35.7	83.2
年末金融机构本外币存款余额	亿元	2183744	91836	51455	43655	2.0	47.5	84.8
#住户存款	亿元	934383	49514	22327	17265	1.8	34.9	77.3
年末金融机构本外币贷款余额	亿元	1784034	71026	46344	41148	2.3	57.9	88.8
原保险保费收入	亿元	45257	2274	1259	1045	2.3	45.9	83.0
城镇居民人均可支配收入	元	43834	38253	45984	48593			
农村居民人均可支配收入	元	17131	15929	22853	26432			

注:常住人口为第七次全国人口普查公报数据。

1-12 联网直报调查单位数

Number of Legal Entities Reporting Directly Through Network

单位:个

年 份	合 计	规模以上工 业	资 质 内建 筑 业	限额以上批发零售业	限额以上住宿餐饮业	房地产开发经 营 业	规模以上服 务 业
2011	9296	3187	1582	1650	1120	1757	
2012	10987	3188	1551	1668	1126	1771	1683
2013	10643	3208	1478	1734	1065	1567	1591
2014	11347	3248	1200	1864	967	1598	2470
2015	11189	3328	1206	1702	880	1558	2515
2016	11807	3577	1408	1665	885	1586	2686
2017	13620	3608	1733	1580	804	1519	2981
2018	11664	3413	1801	1621	785	1453	2591
2019	14266	3614	1869	2096	904	1443	2813
2020	13961	3664	2135	2557	1003	1505	3097

注:①本表只含联网直报法人库单位,不含联网直报产业库单位。②本表2017年、2019年合计含其他有5000万元以上在建项目的法人单位,其他年份不含。

1-13 联网直报调查单位增减变动情况(2020年)

Increase and Decrease of Number of Legal Entities Reporting Directly Through Network (2020)

单位:个

项 目	合 计	规模以上工 业	资质内建筑业	限额以上批零住餐业	房地产开发经营业	规模以上服务业
合 计	**4643**	**893**	**538**	**1116**	**371**	**944**
新 增	**2927**	**478**	**377**	**829**	**212**	**562**
新开业(投产)	1182	43	377	63	212	18
"四下"转"四上"	1716	425		751		540
专业变更纳入	26	7		15		4
因改制、重新注册、合并或拆分产生的新单位	3	3				
变 更	**313**	**54**	**92**	**42**	**14**	**83**
退 出	**1403**	**361**	**69**	**245**	**145**	**299**
"四上"转"四下"	672	316		127		229
当年没有经营活动的建筑业(房地产)企业	135		32		103	
破产、注(吊)销	150	9	22	29	41	21
专业变更退出	27	7		2	1	17
停业(歇业)退出	54	2		48		4
因改制、重新注册、合并或拆分退出的原单位	1					1
其他原因退出	101	27	15	32		27

注:1. 建筑业、房地产单位新增,不论开业(投产)时间,均按新开业(投产)审核;2. 本表中限额以上批零住餐业含非同产业活动单位,其他专业均为法人单位;3. 变更包括单位名称变更、组织机构代码变更和建筑业企业资质等级变更和增加工业战新企业标识;4. 本表只含通过申报流程经国家确认的新增、变更和退出,不含其它途径的新增、变更和退出;5. 本表合计含其他有5000万元以上在建项目的法人单位;6. 本表退出含保留一年同期数的退出单位。

主要统计指标解释

市　是指经国家批准成立“市”建制的城市。

按城区常住人口规模分：

①超大城市:1000 万人以上；

②特大城市:500 至 1000 万人口；

③大城市:100 至 500 万人口；

其中：Ⅰ型大城市:300 至 500 万人口；

Ⅱ型大城市:100 至 300 万人口；

④中等城市:50 至 100 万人口；

⑤小城市:50 万以下人口；

其中：Ⅰ型小城市:20 至 50 万人口；

Ⅱ型小城市:20 万以下人口。

全市　指 12 区 5 市 3 县、四川天府新区、成都东部新区和成都高新技术产业开发区。即锦江区、青羊区、金牛区、武侯区、成华区、龙泉驿区、青白江区、新都区、温江区、双流区、郫都区、新津区、金堂县、大邑县、蒲江县、简阳市、都江堰市、彭州市、邛崃市、崇州市、四川天府新区、成都东部新区和成都高新技术产业开发区。

市区　即锦江区、青羊区、金牛区、武侯区、成华区、龙泉驿区、青白江区、新都区、温江区、双流区、郫都区、成都天府新区和成都高新技术产业开发区。

镇　是指经省、自治区、直辖市批准的镇。

二　国民经济核算

简 要 说 明

主要内容

本部分包括全市生产总值及其构成。

资料来源

地区生产总值资料来源于成都市统计局。

地区生产总值(亿元)

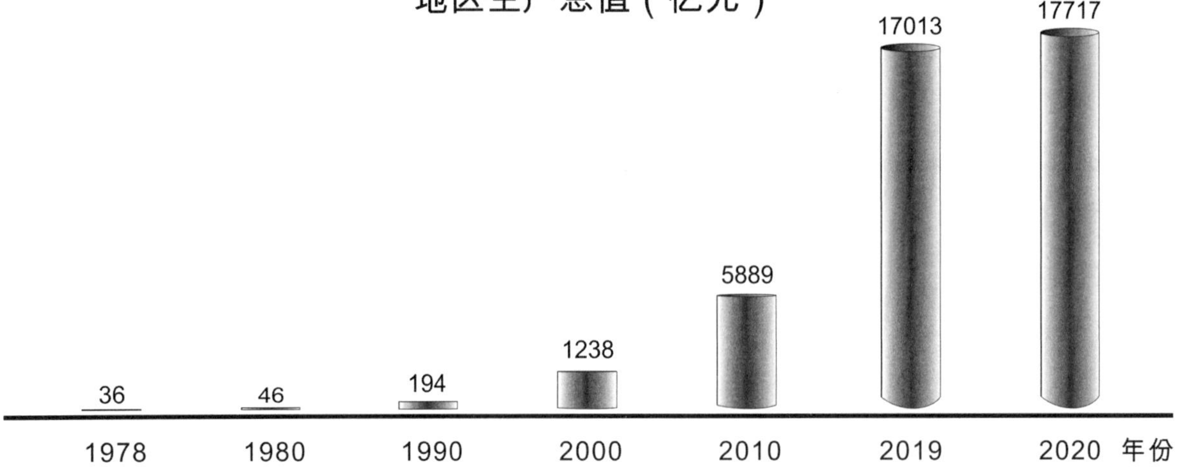

地区生产总值构成(%)

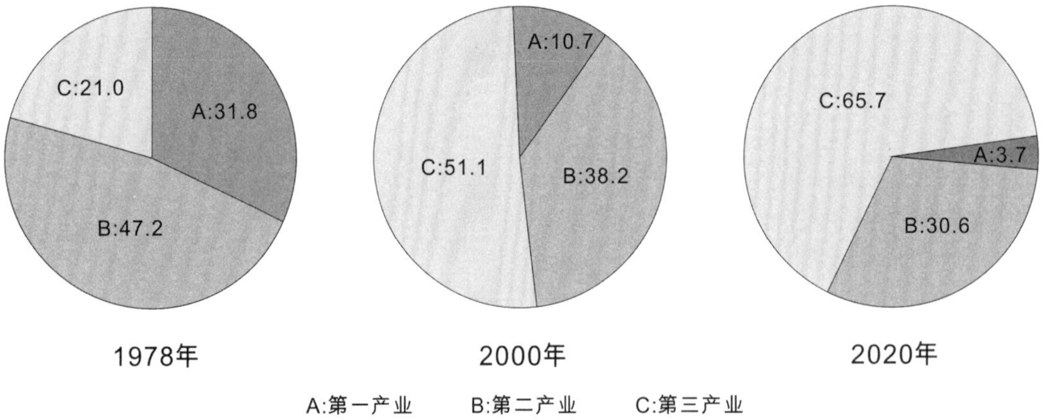

人均地区生产总值(元)

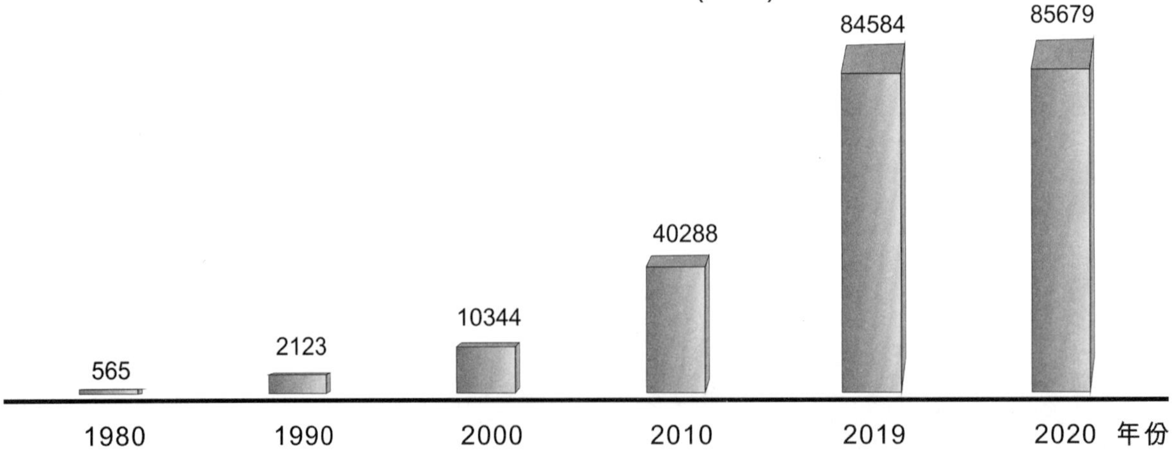

2-1 历年地区生产总值

Gross Domestic Product over the Years

年 份	地 区 生产总值 (万元)	第一产业	第二产业	第三产业	人均地区 生产总值 (元)
1949	39953	29315	3867	6771	80
1950	42058	30634	4041	7383	84
1951	45902	32471	5371	8060	91
1952	51090	35388	6510	9192	100
1953	62510	39415	9241	13854	121
1954	66230	41708	9384	15138	125
1955	69748	42413	10646	16689	128
1956	79610	44961	14538	20111	141
1957	90359	48206	19471	22682	154
1958	103925	49357	29659	24909	174
1959	125501	40997	53922	30582	210
1960	128171	30519	67266	30386	220
1961	79866	28874	26435	24557	142
1962	77482	35064	21974	20444	140
1963	84932	42271	23191	19470	151
1964	104283	50382	31250	22651	180
1965	136371	59250	45569	31552	228
1966	167303	63481	65756	38066	271
1967	146728	64966	44858	36904	231
1968	119505	60438	26949	32118	183
1969	151898	62810	53191	35897	227
1970	205059	68416	91279	45364	299
1971	232066	72740	105637	53689	328
1972	223627	72340	95511	55776	307
1973	231546	78786	95797	56963	311
1974	222283	83198	82927	56158	293
1975	248198	83355	110844	53999	321
1976	221926	81344	87763	52819	282
1977	287141	90442	131807	64892	362
1978	359356	114449	169748	75159	446
1979	413577	126351	196055	91171	510
1980	462957	126040	229767	107150	565
1981	490129	130146	239291	120692	592
1982	554095	163066	267797	123232	661
1983	627673	173242	315517	138914	742
1984	712035	189588	343487	178960	836
1985	864945	209288	420508	235149	1008

注:人均地区生产总值2001年前按户籍人口计算,2001年及以后按常住人口计算。

2-1 续表

年　份	地　区 生产总值 (万元)	第一产业	第二产业	第三产业	人均地区 生产总值 (元)
1986	948905	224929	437115	286861	1092
1987	1158644	273588	516883	368173	1315
1988	1464911	322463	687197	455251	1641
1989	1639063	344174	741164	553725	1814
1990	1940857	405650	770657	764550	2123
1991	2327841	413213	880691	1033937	2520
1992	3547941	614066	1581215	1352660	3806
1993	4168678	647692	1669743	1851243	3850
1994	5554395	863295	2326925	2364175	5072
1995	7001058	983172	3011407	3006479	6320
1996	8307984	1112730	3609011	3586243	7427
1997	9456046	1227446	3905943	4322657	8385
1998	10265341	1269596	4059042	4936703	9035
1999	11151575	1301730	4302808	5547037	9751
2000	12382000	1330835	4730280	6320885	10344
2001	13962088	1397352	5329845	7234891	11105
2002	15506166	1483962	5848098	8174106	12136
2003	17652693	1613110	6719207	9320376	13638
2004	20607218	1877447	8043847	10685924	15731
2005	23701631	1918715	10210552	11572364	17782
2006	28048656	2287254	12316574	13444828	20615
2007	34753115	2746243	15168082	16838790	25215
2008	42069483	2756582	18910011	20402890	30290
2009	47384577	2766291	21957284	22661002	33758
2010	58894621	3138863	27235591	28520167	40288
2011	73453207	3357402	34066194	36029611	47750
2012	86196046	3418895	39799224	42977927	54211
2013	94506619	3438612	40679083	50388924	57538
2014	103684342	4029207	41936432	57718703	61099
2015	106623102	4139863	42109286	60373953	60643
2016	118740730	4920178	42163620	71656932	65067
2017	139313866	5651766	45047309	88614791	73770
2018	156989426	5788437	48341605	102859384	80503
2019	170106620	6122191	51875696	112108733	84584
2020	177166756	6551691	54185033	116430032	85679

注:1992-2018 年地区生产总值数据已经根据 2018 年第四次全国经济普查数据进行调整。2011-2020 年人均地区生产总值数据根据 2020 年第七次全国人口普查结果进行重新计算调整。

2-2 历年地区生产总值构成及增长速度

Composition and Growth Rate of Gross Domestic Product over the Years

年 份	三次产业构成(%)			增长速度(%)				地区生产总值发展指数(1949=100)
	第一产业	第二产业	第三产业	地 区 生产总值	第一产业	第二产业	第三产业	
1949	73.4	9.7	16.9					
1950	72.8	9.6	17.6	5.0	4.5	4.5	8.9	105.0
1951	70.7	11.7	17.6	8.0	6.0	32.8	8.9	113.4
1952	69.3	12.7	18.0	10.5	9.0	21.1	13.7	125.4
1953	63.0	14.8	22.2	14.0	4.9	41.9	49.9	142.9
1954	62.9	14.2	22.9	5.5	5.3	1.5	8.7	150.8
1955	60.8	15.3	23.9	4.1	1.7	13.4	8.5	157.0
1956	56.4	18.3	25.3	11.7	5.6	36.6	20.2	175.3
1957	53.4	21.5	25.1	8.5	2.3	33.9	12.6	190.3
1958	47.5	28.5	24.0	12.0	2.4	52.3	9.8	213.2
1959	32.7	42.9	24.4	11.0	-20.5	81.8	22.5	236.6
1960	23.8	52.5	23.7	-2.6	-26.8	23.8	-0.9	230.4
1961	36.2	33.1	30.7	-38.1	-14.8	-61.0	-23.9	142.6
1962	45.2	28.4	26.4	-2.4	17.2	-16.9	-16.8	139.2
1963	49.8	27.3	22.9	10.4	20.0	5.5	-4.8	153.6
1964	48.3	30.0	21.7	21.6	19.2	34.7	13.5	186.7
1965	43.5	33.4	23.1	29.1	17.6	45.6	38.8	241.1
1966	37.9	39.3	22.8	20.6	7.1	43.3	20.6	290.7
1967	44.2	30.6	25.2	-10.8	2.3	-32.0	-3.1	259.3
1968	50.5	22.6	26.9	-17.5	-7.0	-40.4	-14.0	213.9
1969	41.4	35.0	23.6	23.6	3.9	96.5	11.8	264.4
1970	33.4	44.5	22.1	31.8	8.9	71.4	26.3	348.5
1971	31.3	45.6	23.1	11.6	4.0	15.7	18.3	389.0
1972	32.3	42.8	24.9	-4.1	-2.6	-9.6	3.9	373.0
1973	34.0	41.4	24.6	3.5	8.9	-0.1	1.0	386.1
1974	37.4	37.3	25.3	-4.6	2.1	-13.6	-1.4	368.3
1975	33.6	44.6	21.8	9.7	-1.8	33.5	-3.8	404.0
1976	36.7	39.5	23.8	-10.6	-4.1	-20.8	-2.2	361.2
1977	31.5	45.9	22.6	26.0	8.8	48.8	19.9	455.1
1978	31.8	47.2	21.0	19.2	10.2	28.7	14.6	542.5
1979	30.6	47.4	22.0	13.8	8.3	14.6	20.2	617.4
1980	27.2	49.7	23.1	10.9	-1.7	17.1	15.1	684.7
1981	26.6	48.8	24.6	4.1	2.9	3.1	7.7	712.7
1982	29.4	48.4	22.2	10.3	15.4	11.7	2.0	786.1
1983	27.6	50.3	22.1	11.2	6.0	14.5	10.4	874.2
1984	26.6	48.3	25.1	11.4	6.2	8.6	24.3	973.8
1985	24.2	48.6	27.2	18.4	3.0	24.3	22.6	1153.0

注:增长速度以上年为基期,按可比价格计算。

2-2 续表

年份	三次产业构成(%)			增长速度(%)				地区生产总值发展指数(1949=100)
	第一产业	第二产业	第三产业	地区生产总值	第一产业	第二产业	第三产业	
1986	23.7	46.1	30.2	5.2	3.7	3.6	9.8	1213.0
1987	23.6	44.6	31.8	12.0	6.2	16.3	8.5	1358.5
1988	22.0	46.9	31.1	12.7	-0.9	20.2	8.2	1531.1
1989	21.0	45.2	33.8	2.7	3.1	0.9	6.5	1572.4
1990	20.9	39.7	39.4	4.8	4.6	0.8	13.9	1647.9
1991	17.8	37.8	44.4	14.1	2.6	10.8	23.4	1880.2
1992	17.3	44.6	38.1	16.2	5.8	15.9	21.1	2184.8
1993	15.5	40.1	44.4	18.4	6.5	25.9	14.9	2586.8
1994	15.5	41.9	42.6	13.6	3.1	20.8	8.7	2938.6
1995	14.0	43.0	43.0	13.5	3.5	12.0	19.4	3335.3
1996	13.4	43.4	43.2	13.0	6.4	10.8	18.0	3768.9
1997	13.0	41.3	45.7	11.2	3.8	12.7	11.7	4191.0
1998	12.4	39.5	48.1	10.4	3.1	11.1	11.6	4626.9
1999	11.7	38.6	49.7	9.6	5.6	10.5	9.6	5071.1
2000	10.7	38.2	51.1	11.0	2.4	8.5	16.3	5628.9
2001	10.0	38.2	51.8	11.9	8.9	13.1	11.6	6298.7
2002	9.6	37.7	52.7	11.9	4.8	13.1	12.4	7048.3
2003	9.1	38.1	52.8	11.1	4.0	15.5	9.1	7830.6
2004	9.1	39.0	51.9	11.9	6.4	14.8	10.6	8762.5
2005	8.1	43.1	48.8	12.2	4.7	17.1	9.4	9831.5
2006	8.2	43.9	47.9	13.1	3.9	14.5	13.4	11119.4
2007	7.9	43.6	48.5	14.4	5.2	20.4	10.4	12720.6
2008	6.6	44.9	48.5	11.4	1.0	14.9	9.4	14170.8
2009	5.8	46.4	47.8	14.0	3.5	16.2	13.3	16154.7
2010	5.3	46.3	48.4	14.8	4.2	22.7	7.9	18545.6
2011	4.6	46.4	49.0	14.7	3.9	21.2	9.7	21271.8
2012	4.0	46.2	49.8	11.4	4.5	15.9	7.3	23696.8
2013	3.6	43.1	53.3	9.9	3.4	11.9	8.3	26042.8
2014	3.9	40.4	55.7	8.7	3.3	8.6	9.3	28308.5
2015	3.9	39.5	56.6	7.9	3.8	7.2	9.3	30544.9
2016	4.1	35.5	60.4	7.8	4.0	6.6	8.9	32927.4
2017	4.1	32.3	63.6	8.1	3.7	6.7	9.4	35594.5
2018	3.7	30.8	65.5	8.0	3.6	7.0	9.0	38442.1
2019	3.6	30.5	65.9	7.8	2.5	6.8	8.7	41440.6
2020	3.7	30.6	65.7	4.0	3.3	4.8	3.6	43098.2

2-3 各时期地区生产总值

Gross Domestic Product by Period

单位:万元

时　期	地区生产总值	第一产业	第二产业	第三产业
“一五”时期	368457	216703	63280	88474
“二五”时期	514945	184811	199256	130878
1963 - 1965 年	325586	151903	100010	73673
“三五”时期	790493	320111	282033	188349
“四五”时期	1157720	390419	490716	276585
“五五”时期	1744957	538626	815140	391191
“六五”时期	3248877	865330	1586600	796947
“七五”时期	7152380	1570804	3153016	2428560
“八五”时期	22599913	3521438	9469981	9608494
“九五”时期	51562946	6242337	20607084	24713525
“十五”时期	91429796	8290586	36151549	46987661
“十一五”时期	211150452	13695233	95587542	101867677
“十二五”时期	464463316	18383979	198590219	247489118
“十三五”时期	762317398	29034263	241613263	491669872

注:各计划时期对应年份为:“一五”1953 - 1957 年;“二五”1958 - 1962 年;“三五”1966 - 1970 年;“四五”1971 - 1975 年;“五五”1976 - 1980 年;“六五”1981 - 1985 年;“七五”1986 - 1990 年;“八五”1991 - 1995 年;“九五”1996 - 2000 年;“十五”2001 - 2005 年;“十一五”2006-2010 年;“十二五”2011-2015 年;“十三五”2016-2020 年。

2-4 各时期地区生产总值结构

Structure of Gross Domestic Product by Period

单位:%

时　期	地区生产总值	第一产业	第二产业	第三产业
“一五”时期	100	58. 8	17. 2	24. 0
“二五”时期	100	35. 9	38. 7	25. 4
1963 - 1965 年	100	46. 7	30. 7	22. 6
“三五”时期	100	40. 5	35. 7	23. 8
“四五”时期	100	33. 7	42. 4	23. 9
“五五”时期	100	30. 9	46. 7	22. 4
“六五”时期	100	26. 6	48. 9	24. 5
“七五”时期	100	22. 0	44. 1	33. 9
“八五”时期	100	15. 6	41. 9	42. 5
“九五”时期	100	12. 1	40. 0	47. 9
“十五”时期	100	9. 1	39. 5	51. 4
“十一五”时期	100	6. 5	45. 3	48. 2
“十二五”时期	100	4. 0	42. 7	53. 3
“十三五”时期	100	3. 8	31. 7	64. 5

2-5 历年分产业地区

Gross Domestic Product and Its composition

行 业	1978 年	1980 年	1985 年	1990 年	1995 年
绝 对 额 (万元)					
地区生产总值	**359356**	**462957**	**864945**	**1940857**	**7001058**
第一产业	114449	126040	209288	405650	983172
第二产业	169748	229767	420508	770657	3011407
工 业	163508	215974	370931	679216	2535999
建 筑 业	6240	13793	49577	91441	528398
第三产业	75159	107150	235149	764550	3006479
#交通运输、仓储和邮政业	15280	20028	38538	122114	497999
批发和零售业	19648	28314	57145	165873	717437
住宿和餐饮业	5548	8230	17042	57601	273311
金 融 业	5602	8072	16853	71529	330533
房地产业	1822	2969	10272	35660	230921
构 成 (%)					
地区生产总值	**100**	**100**	**100**	**100**	**100**
第一产业	31.8	27.2	24.2	20.9	14.0
第二产业	47.2	49.7	48.6	39.7	43.0
工 业	45.5	46.7	42.9	35.0	36.2
建 筑 业	1.7	3.0	5.7	4.7	7.5
第三产业	21.0	23.1	27.2	39.4	43.0
#交通运输、仓储和邮政业	4.2	4.3	4.5	6.3	7.1
批发和零售业	5.5	6.1	6.6	8.5	10.2
住宿和餐饮业	1.5	1.8	2.0	3.0	3.9
金 融 业	1.6	1.7	2.0	3.7	4.7
房地产业	0.5	0.6	1.2	1.8	3.3

注:①从 2017 年 10 月 1 日起,行业分类执行《国民经济行业分类》(GB/T 4754-2017)。②产业分类执行《三次产业划分规定》(国统字

生产总值及构成

by Industry over the Years

2000年	2005年	2010年	2015年	2019年	2020年
12382000	**23701631**	**58894621**	**106623102**	**170106620**	**177166756**
1330835	1918715	3138863	4139863	6122191	6551691
4730280	10210552	27235591	42109286	51875696	54185033
3723574	8278166	22451697	34210464	40557015	42082746
1113819	2177448	5312978	8682714	12386053	13122706
6320885	11572364	28520167	60373953	112108733	116430032
925129	1422079	2247094	5366035	9255129	8970877
1098135	1929582	5129673	8786480	17016675	16814488
522726	910693	1943152	3686563	5202726	4580973
779916	1209010	3802412	12387434	19151458	21148092
618639	1150783	2670038	5876078	14145716	14877813
100	**100**	**100**	**100**	**100**	**100**
10. 7	8. 1	5. 3	3. 9	3. 6	3. 7
38. 2	43. 1	46. 3	39. 5	30. 5	30. 6
30. 1	34. 9	38. 1	32. 1	23. 8	23. 8
9. 0	9. 2	9. 0	8. 1	7. 3	7. 4
51. 1	48. 8	48. 4	56. 6	65. 9	65. 7
7. 5	6. 0	3. 8	5. 0	5. 4	5. 1
8. 9	8. 1	8. 7	8. 2	10. 0	9. 5
4. 2	3. 8	3. 3	3. 5	3. 1	2. 6
6. 3	5. 1	6. 5	11. 6	11. 3	11. 9
5. 0	4. 9	4. 5	5. 5	8. 3	8. 4

〔2012〕108号）。

主要统计指标解释

国内生产总值　是按市场价格计算的国内生产总值的简称。它是一个国家(地区)所有常住单位在一定时期内生产活动的最终成果。国内生产总值有三种表现形态,即价值形态、收入形态和产品形态。从价值形态看,它是所有常住单位在一定时期内所生产的全部货物和服务价值超过同期投入的全部非固定资产货物和服务价值的差额,即所有常住单位的增加值之和;从收入形态看,它是所有常住单位在一定时期内所创造并分配给常住单位和非常住单位的初次分配收入之和;从产品形态看,它是最终使用的货物和服务减去进口货物和服务。在实际核算中,国内生产总值的三种表现形态表现为三种计算方法,即生产法、收入法和支出法。三种方法分别从不同的方面反映国内生产总值及其构成。

行业分类执行《国民经济行业分类》(GB/T4754-2017),产业分类执行《三次产业划分规定》(国统字〔2012〕108号)。第一产业指农、林、牧、渔业(不含农、林、牧、渔专业及辅助性活动);第二产业指采矿业(不含开采专业及辅助性活动),制造业(不含金属制品、机械和设备修理业),电力、热力、燃气及水生产和供应业,建筑业;第三产业指除第一产业、第二产业以外的其他行业。

按照国家统计局的统一规定,从2004年起省及以下GDP的中文称谓改为“地区生产总值”。

三　人口及劳动力

简 要 说 明

主要内容

本部分反映了全市人口总量，构成及变动情况、婚姻状况、计划生育情况、劳动力资源配置、从业人员构成等基本情况。

资料来源

人口资料来源于成都市公安局户籍统计年报资料。

婚姻状况资料来源于成都市民政局、成都市中级人民法院。

计划生育资料来源于成都市卫生健康委员会。

城镇登记失业资料来源于成都市人力资源和社会保障局。

劳动力资源配置、从业人员等资料来源于成都市统计局。

年末户籍总人口（万人）

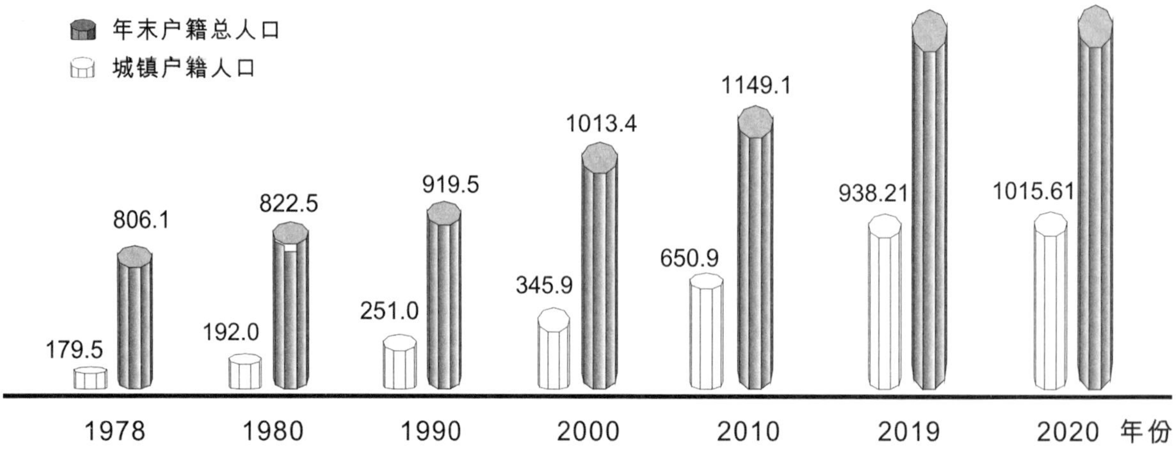

年末从业人员构成（%）

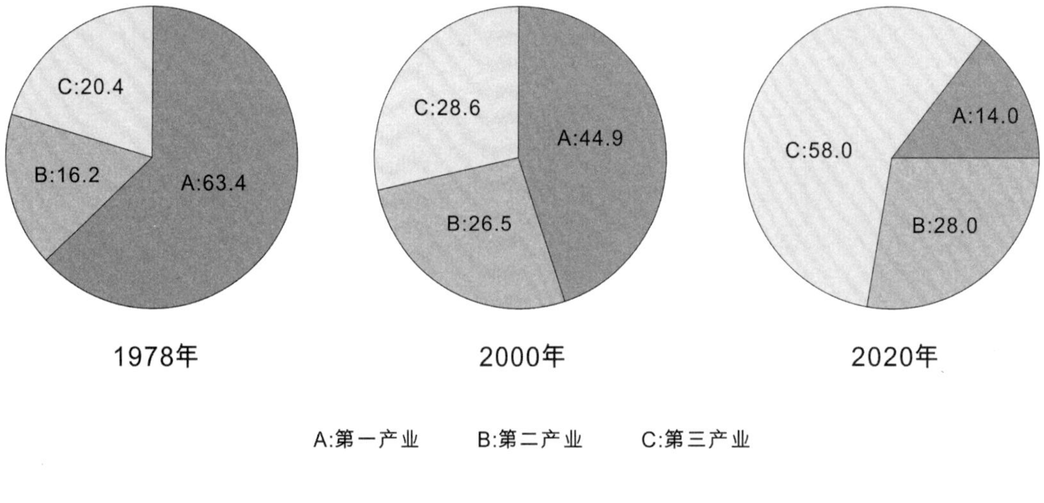

3-1 历年全市年末户籍总户数、总人口数

Total Registered Households and Population over the Years(Year-end)

年 份	总户数(万户)	市区	县(市)	总人口(万人)	市区	县(市)
1949	105. 83	24. 35	81. 48	501. 32	112. 50	388. 82
1950	109. 24	24. 51	84. 73	504. 80	112. 43	392. 37
1951	111. 39	26. 10	85. 29	507. 07	109. 67	397. 40
1952	115. 56	27. 25	88. 31	511. 96	113. 18	398. 78
1953	118. 02	27. 84	90. 18	523. 51	117. 68	405. 83
1954	124. 56	31. 11	93. 45	535. 98	130. 23	405. 75
1955	126. 30	32. 14	94. 16	549. 77	136. 22	413. 55
1956	129. 59	34. 66	94. 93	577. 00	155. 11	421. 89
1957	132. 10	36. 41	95. 69	594. 19	162. 69	431. 50
1958	131. 47	35. 91	95. 56	597. 06	167. 22	429. 84
1959	131. 51	38. 11	93. 40	595. 79	180. 41	415. 38
1960	127. 34	35. 30	92. 04	570. 11	179. 94	390. 17
1961	129. 27	36. 56	92. 71	552. 59	174. 85	377. 74
1962	132. 84	37. 13	95. 71	551. 34	171. 65	379. 69
1963	134. 17	38. 07	96. 10	572. 14	178. 56	393. 58
1964	137. 65	39. 85	97. 80	588. 15	181. 51	406. 64
1965	138. 74	40. 38	98. 36	609. 38	188. 83	420. 55
1966	140. 88	41. 50	99. 38	626. 22	191. 54	434. 68
1967	142. 91	42. 29	100. 62	641. 81	195. 60	446. 21
1968	146. 05	43. 56	102. 49	663. 32	200. 42	462. 90
1969	151. 85	45. 10	106. 75	676. 44	199. 14	477. 30
1970	155. 95	46. 95	109. 00	695. 21	202. 84	492. 37
1971	159. 29	47. 47	111. 82	719. 81	207. 57	512. 24
1972	161. 92	48. 37	113. 55	735. 78	210. 69	525. 09
1973	165. 76	49. 40	116. 36	752. 25	214. 24	538. 01
1974	170. 24	50. 85	119. 39	766. 04	216. 94	549. 10
1975	175. 16	52. 03	123. 13	781. 97	218. 71	563. 26
1976	180. 27	53. 25	127. 02	789. 92	220. 44	569. 48
1977	184. 15	54. 38	129. 77	798. 60	223. 06	575. 54
1978	185. 56	55. 46	130. 10	806. 06	228. 80	577. 26
1979	188. 15	56. 70	131. 45	815. 81	234. 90	580. 91
1980	192. 24	58. 01	134. 23	822. 54	238. 31	584. 23
1981	200. 00	61. 39	138. 61	833. 41	242. 77	590. 64
1982	203. 94	63. 44	140. 50	843. 25	247. 25	596. 00
1983	208. 06	65. 02	143. 04	848. 85	250. 54	598. 31
1984	212. 47	67. 23	145. 24	854. 00	253. 96	600. 04
1985	218. 24	69. 08	149. 16	862. 68	258. 31	604. 37

3-1　续表 1

年　份	总户数（万户）	市区	县（市）	总人口（万人）	市区	县（市）
1986	224. 18	71. 15	153. 03	874. 73	264. 24	610. 49
1987	233. 36	73. 76	159. 60	887. 30	269. 43	617. 87
1988	244. 41	76. 25	168. 16	898. 57	273. 65	624. 92
1989	254. 37	79. 20	175. 17	908. 59	277. 62	630. 97
1990	262. 61	81. 12	181. 49	919. 50	280. 81	638. 69
1991	268. 15	82. 69	185. 46	927. 73	284. 18	643. 55
1992	274. 56	84. 93	189. 63	936. 86	288. 28	648. 58
1993	278. 42	86. 55	191. 87	947. 30	293. 35	653. 95
1994	285. 05	89. 83	195. 22	960. 39	301. 47	658. 92
1995	289. 51	92. 62	196. 89	971. 60	307. 86	663. 74
1996	295. 50	96. 95	198. 55	980. 74	317. 12	663. 62
1997	300. 08	99. 93	200. 15	989. 19	321. 92	667. 27
1998	304. 29	102. 16	202. 13	997. 00	325. 98	671. 02
1999	309. 93	106. 95	202. 98	1003. 56	330. 29	673. 27
2000	317. 20	110. 84	206. 36	1013. 35	335. 86	677. 49
2001	320. 63	112. 08	208. 55	1019. 90	341. 52	678. 38
2002	325. 35	145. 33	180. 02	1028. 48	439. 79	588. 69
2003	336. 12	152. 60	183. 52	1044. 31	452. 57	591. 74
2004	350. 53	159. 69	190. 84	1059. 69	464. 54	595. 15
2005	366. 72	168. 31	198. 41	1082. 03	482. 07	599. 96
2006	382. 22	174. 54	207. 68	1103. 40	497. 15	606. 25
2007	391. 58	178. 26	213. 32	1112. 28	502. 70	609. 58
2008	405. 20	183. 30	221. 90	1124. 96	510. 16	614. 80
2009	417. 87	190. 14	227. 73	1139. 63	520. 86	618. 77
2010	430. 68	199. 88	230. 80	1149. 07	535. 15	613. 92
2011	439. 69	205. 37	234. 32	1163. 28	544. 78	618. 50
2012	446. 85	210. 62	236. 23	1173. 35	554. 18	619. 17
2013	455. 05	216. 55	238. 50	1187. 99	564. 94	623. 05
2014	467. 16	226. 01	241. 15	1210. 74	581. 63	629. 11
2015	475. 99	271. 28	204. 71	1228. 05	698. 14	529. 91
2016	536. 86	301. 59	235. 27	1398. 93	773. 85	625. 08
2017	550. 65	317. 24	233. 41	1435. 33	811. 56	623. 77
2018	563. 23	332. 06	231. 17	1476. 05	851. 16	624. 89
2019	574. 16	353. 81	220. 35	1500. 07	909. 68	590. 39
2020	576. 49	363. 82	212. 66	1519. 70	929. 75	589. 95

注：从 2016 年起，郫县改为郫都区，市区人口统计中包含郫都区数据；2020 年起，新津县改为新津区，市区人口统计中包含新建区数据；2020 年市区数据不含成都东部新区。

3-1　续表 2

年　份	在总人口中：		在总人口中：		性别比（女=100）
	乡村人口（万人）	城镇人口（万人）	男（万人）	女（万人）	
1949	399.63	101.69	259.23	242.09	107.08
1950	404.11	100.69	258.71	246.09	105.13
1951	410.71	96.36	258.90	248.17	104.32
1952	417.73	94.23	260.03	251.93	103.22
1953	427.82	95.69	265.89	257.62	103.21
1954	428.52	107.46	274.83	261.15	105.24
1955	436.71	113.06	281.21	268.56	104.71
1956	447.93	129.07	299.38	277.62	107.84
1957	455.80	138.39	305.46	288.73	105.79
1958	445.35	151.71	308.46	288.60	106.88
1959	424.82	170.97	311.51	284.28	109.58
1960	398.62	171.49	297.64	272.47	109.24
1961	391.59	161.00	284.32	268.27	105.98
1962	402.63	148.71	282.06	269.28	104.75
1963	418.06	154.08	292.06	280.08	104.28
1964	433.65	154.50	302.29	285.86	105.75
1965	446.20	163.18	311.45	297.93	104.54
1966	462.83	163.39	320.60	305.62	104.90
1967	476.23	165.58	329.52	312.29	105.52
1968	492.82	170.50	340.07	323.25	105.20
1969	512.04	164.40	344.94	331.50	104.05
1970	530.09	165.12	355.77	339.44	104.81
1971	553.70	166.11	368.47	351.34	104.88
1972	567.16	168.62	375.90	359.88	104.45
1973	581.71	170.54	384.26	367.99	104.42
1974	594.98	171.06	391.14	374.90	104.33
1975	611.03	170.94	398.20	383.77	103.76
1976	619.28	170.64	402.39	387.53	103.83
1977	625.44	173.16	406.66	391.94	103.76
1978	626.60	179.46	410.51	395.55	103.78
1979	627.99	187.82	415.43	400.38	103.76
1980	630.50	192.04	418.95	403.59	103.81
1981	635.67	197.74	424.56	408.85	103.84
1982	639.51	203.74	429.91	413.34	104.01
1983	639.99	208.86	432.94	415.91	104.09
1984	628.50	225.50	435.70	418.30	104.16
1985	627.75	234.93	440.43	422.25	104.31

3-1 续表3

年 份	在总人口中:乡村人口(万人)	在总人口中:城镇人口(万人)	在总人口中:男(万人)	在总人口中:女(万人)	性别比(女=100)
1986	647.48	227.25	447.02	427.71	104.51
1987	654.09	233.21	453.80	433.50	104.68
1988	658.41	240.16	459.70	438.87	104.75
1989	663.25	245.34	465.21	443.38	104.92
1990	668.51	250.99	471.00	448.50	105.02
1991	671.69	256.04	475.11	452.62	104.97
1992	670.12	266.74	479.67	457.19	104.92
1993	671.16	276.14	485.09	462.21	104.95
1994	669.41	290.98	491.01	469.38	104.61
1995	670.74	300.86	496.78	474.82	104.62
1996	670.59	310.15	501.16	479.58	104.50
1997	670.69	318.50	505.50	483.69	104.51
1998	669.71	327.29	508.64	488.36	104.15
1999	667.41	336.15	511.54	492.02	103.97
2000	667.45	345.90	515.80	497.55	103.67
2001	665.12	354.78	518.89	501.01	103.57
2002	662.76	365.72	523.61	504.87	103.71
2003	658.08	386.23	531.77	512.54	103.75
2004	605.96	453.73	538.17	521.52	103.19
2005	538.10	543.93	548.40	533.63	102.77
2006	531.90	571.50	558.28	545.12	102.41
2007	516.72	595.56	561.37	550.91	101.90
2008	512.88	612.08	566.68	558.28	101.50
2009	510.25	629.38	572.74	566.89	101.03
2010	498.16	650.91	575.75	573.32	100.42
2011	457.62	705.66	582.05	581.23	100.14
2012	456.63	716.72	585.97	587.38	99.76
2013	459.28	728.71	592.16	595.83	99.38
2014	454.97	755.77	602.47	608.27	99.05
2015	507.43	720.62	610.17	617.88	98.75
2016	614.33	784.60	696.36	702.57	99.12
2017	584.16	851.17	712.78	722.55	98.65
2018	576.55	899.50	732.25	743.80	98.45
2019	561.86	938.21	743.32	756.75	98.23
2020	504.09	1015.61	752.12	767.57	97.99

注:2015年起公安户籍上的农业人口和非农业人口不再统计,变更为乡村人口和城镇人口;2014年及以前仍为农业人口和非农业人口;市公安局按上级主管部门要求,对2015年户籍人口中城镇人口的统计口径进行调整。

3-2 历年户籍总人口自然变动情况

Statistics on Natural Changes of Total Registered Population over the Years

年份	出生		死亡		自然增长	
	人数（人）	出生率（‰）	人数（人）	死亡率（‰）	人数（人）	增长率（‰）
1949	133811		64491		69320	
1950	136426	27.1	65826	13.1	70600	14.0
1951	149622	29.6	77248	15.3	72374	14.3
1952	153469	30.1	73919	14.5	79550	15.6
1953	164276	31.7	67181	13.0	97095	18.7
1954	169748	32.1	58411	11.1	111337	21.0
1955	164417	30.3	62931	11.6	101486	18.7
1956	167416	29.7	58275	10.3	109141	19.4
1957	184963	31.6	74356	12.8	110607	18.8
1958	168719	28.3	115344	19.5	53375	8.8
1959	104306	17.5	230527	38.7	-126221	-21.2
1960	73974	12.7	307248	52.7	-233274	-40.0
1961	71568	12.8	151448	27.0	-79880	-14.2
1962	155735	28.2	76576	13.9	79159	14.3
1963	285634	50.9	57550	10.3	228084	40.6
1964	225550	38.9	52393	9.0	173157	29.9
1965	220307	36.8	52840	8.8	167467	28.0
1966	217252	35.3	45189	7.3	172063	27.9
1967	201477	31.8	42980	6.8	158497	25.0
1968	236703	36.3	46239	7.1	190464	29.2
1969	239366	35.8	46560	7.0	192806	28.8
1970	245224	35.9	45844	6.7	199380	29.2
1971	251582	35.7	57740	8.2	193842	27.5
1972	214835	29.5	58511	8.0	156324	21.5
1973	190465	25.6	51523	6.9	138942	18.7
1974	183811	24.2	55571	7.3	128240	16.9
1975	175745	22.7	54341	7.0	121404	15.7
1976	143973	18.3	53190	6.8	90783	11.5
1977	114031	14.4	54087	6.8	59944	7.6
1978	82372	10.3	48141	6.0	34231	4.3
1979	94811	11.7	49048	6.1	45763	5.6
1980	91450	11.2	49604	6.1	41846	5.1
1981	99299	12.0	40714	4.9	58585	7.1
1982	102489	12.2	41856	5.0	60633	7.2
1983	88709	10.5	51015	6.0	37694	4.5
1984	81265	9.5	51675	6.1	29590	3.4
1985	102427	11.9	51485	6.0	50942	5.9

3-2 续表

年 份	出生 人数（人）	出生率（‰）	死亡 人数（人）	死亡率（‰）	自然增长 人数（人）	增长率（‰）
1986	138763	15.9	51408	5.9	87355	10.0
1987	139874	15.9	52454	6.0	87420	9.9
1988	120285	13.5	57256	6.4	63029	7.1
1989	119200	13.2	56848	6.3	62352	6.9
1990	119446	13.1	58223	6.4	61223	6.7
1991	110067	11.9	58447	6.3	51620	5.6
1992	107086	11.5	61394	6.6	45692	4.9
1993	109881	11.7	58918	6.3	50963	5.4
1994	106333	11.2	58300	6.1	48033	5.1
1995	104362	10.8	61084	6.3	43278	4.5
1996	99279	10.2	60043	6.2	39236	4.0
1997	88460	9.0	57551	5.8	30909	3.1
1998	91112	9.2	61019	6.1	30093	3.0
1999	81729	8.2	59435	5.9	22294	2.2
2000	97092	9.6	66354	6.6	30738	3.1
2001	72504	7.1	56381	5.6	16123	1.6
2002	68338	6.6	65941	6.4	2397	0.2
2003	67966	6.6	62638	6.0	5328	0.5
2004	71601	6.8	62426	5.9	9175	0.9
2005	74638	7.0	56843	5.3	17795	1.7
2006	74226	6.8	50839	4.7	23387	2.1
2007	92522	8.4	96046	8.7	-3524	-0.3
2008	100976	9.0	52889	4.7	48087	4.3
2009	91520	8.1	62950	5.6	28570	2.5
2010	97877	8.6	99671	8.7	-1794	-0.1
2011	105248	9.1	53227	4.6	52021	4.5
2012	116941	10.0	115510	9.9	1431	0.1
2013	106725	9.0	74779	6.3	31946	2.7
2014	121212	10.1	65290	5.4	55922	4.7
2015	141056	11.6	74899	6.1	66157	5.4
2016	173577	12.5	104245	7.5	69332	5.0
2017	196772	13.9	187430	13.2	9342	0.7
2018	182757	12.6	136559	9.4	46198	3.2
2019	200735	13.5	169056	11.4	31679	2.1
2020	182881	12.1	156692	10.4	26189	1.7

注：2007 年、2010 年和 2017 年全市集中开展户口应注销未注销人员清理与注销专项工作，全年死亡注销户口人数较往年大幅增加。

3-3 户籍人口构成及变动(2020年)

Composition of Registered Population and Its Variations(2020)

项 目	单 位	全 市	市 区	县 (市)
总人口	人	**15196953**	**9297465**	**5899488**
人口构成				
按性别分				
男 性	人	7521242	4556601	2964641
女 性	人	7675711	4740864	2934847
性别比例(以女性为100)		97.99	96.11	101.02
按农业、非农业人口分				
城镇人口	人	10156053	7702362	2453691
乡村人口	人	5040900	1595103	3445797
人口自然变动				
出生人口	人	182881	129040	53841
死亡人口	人	156692	91149	65543
出生率	‰	12.11	14.04	9.11
死亡率	‰	10.38	9.92	11.09
自然增长率	‰	1.73	4.12	-1.98
人口机械变动				
迁入人口	人	296199	276185	20014
迁出人口	人	126121	100230	25891
迁入率	‰	19.62	30.05	3.39
迁出率	‰	8.35	10.91	4.38
机械变动增长率	‰	11.26	19.15	-0.99
附:总户数	户	**5764870**	**3638228**	**2126642**

备注:市区数据不含成都东部新区。

3-4 常住人口及城镇化率(2000—2020年)

Resident Population and Rate of Urban Population(2000—2020)

年　份	常住人口 (万人)	城　　镇	乡　　村	城镇化率 (%)
2000	1110.85	596.75	514.10	53.72
2001	1134.22	619.96	514.26	54.66
2002	1157.41	640.63	516.78	55.35
2003	1173.40	674.94	498.46	57.52
2004	1194.13	693.91	500.22	58.11
2005	1221.72	731.20	490.52	59.85
2006	1248.50	768.20	480.30	61.53
2007	1257.94	787.22	470.72	62.58
2008	1270.62	807.86	462.76	63.58
2009	1286.60	834.36	452.24	64.85
2010	1405.40	924.10	481.30	65.75
2011	1457.50	974.50	483.00	66.86
2012	1510.90	1030.10	480.80	68.18
2013	1564.30	1091.10	473.20	69.75
2014	1619.80	1155.90	463.90	71.36
2015	1685.30	1230.40	454.90	73.01
2016	1858.20	1375.30	482.90	74.01
2017	1918.80	1444.70	474.10	75.29
2018	1981.30	1517.70	463.60	76.60
2019	2040.90	1591.90	449.00	78.00
2020	2094.70	1650.00	444.70	78.77

注:根据第七次全国人口普查结果,2010-2019年常住人口、城镇化率有修正。

3-5 婚姻登记和离婚情况

Number of Marriages and Divorces

项 目	单 位	2015 年	2016 年	2017 年	2018 年	2019 年	2020 年
准予登记结婚	对	125085	131802	131111	132891	121780	108875
#初　婚	人	174258	176579	171958	177096	161558	148290
再　婚	人	75912	87025	90264	88686	82002	69460
结 婚 率	%	2.04	1.88	1.83	1.80	1.62	1.43
离婚登记	对	65068	73401	82171	79947	63201	61214
离 婚 率	%	0.93	1.04	1.14	1.08	0.84	0.80

3-6 计划生育情况(2020 年)

Conditions of Family Planning(2020)

项 目	单 位	全 市	市 区	县 (市)
符合政策生育率	%	99.43	99.66	99.02
一 孩 率	%	62.40	64.16	59.31
已婚育龄妇女人数	人	2557750	1449767	1107983
综合避孕率	%	67.48	64.09	71.92

3-7 历年全市年末从业人员情况(按产业分)

Number of Employed Persons by Industry(Year-end)

年 份	从业人员 (万人)	其中:城镇	分产业 第一产业	第二产业	第三产业	从业人员构成(%) 第一产业	第二产业	第三产业
1978	372.30	110.19	235.85	60.26	76.19	63.4	16.2	20.4
1979	376.47	112.67	238.30	60.99	77.18	63.3	16.2	20.5
1980	393.12	116.55	248.83	63.47	80.82	63.3	16.1	20.6
1981	411.87	122.47	260.71	67.96	83.20	63.3	16.5	20.2
1982	427.65	127.35	273.27	73.13	81.25	63.9	17.1	19.0
1983	446.54	129.22	286.69	78.53	81.32	64.2	17.6	18.2
1984	472.87	147.01	279.67	106.19	87.01	59.1	22.5	18.4
1985	493.30	153.86	273.66	131.54	88.10	55.5	26.7	17.8
1986	508.57	159.46	278.10	134.86	95.61	54.7	26.5	18.8
1987	526.81	165.99	288.44	135.35	103.02	54.8	25.7	19.5
1988	538.98	171.59	287.74	141.00	110.24	53.4	26.2	20.4
1989	551.18	173.84	296.66	143.65	110.87	53.8	26.1	20.1
1990	562.67	180.34	301.10	145.76	115.81	53.5	25.9	20.6
1991	580.92	188.72	304.63	153.16	123.13	52.4	26.4	21.2
1992	594.12	193.80	303.96	158.71	131.45	51.2	26.7	22.1
1993	595.94	197.49	301.94	151.47	142.53	50.7	25.4	23.9
1994	602.95	202.72	287.87	172.08	143.00	47.8	28.5	23.7
1995	603.75	206.04	283.52	180.68	139.55	47.0	29.9	23.1
1996	604.59	210.65	273.25	177.44	153.90	45.2	29.3	25.5
1997	606.47	211.57	269.18	176.48	160.81	44.4	29.1	26.5
1998	594.84	205.89	268.03	164.61	162.20	45.0	27.7	27.3
1999	582.98	190.25	253.89	152.96	176.13	43.6	26.2	30.2
2000	574.13	186.21	257.62	151.95	164.56	44.9	26.5	28.6
2001	575.80	186.84	241.02	148.14	186.64	41.9	25.7	32.4
2002	584.42	198.08	231.51	158.30	194.61	39.6	27.1	33.3
2003	593.27	212.71	220.95	166.62	205.70	37.2	28.1	34.7
2004	603.97	238.29	210.78	180.84	212.35	34.9	29.9	35.2
2005	619.04	276.54	200.17	190.59	228.28	32.3	30.8	36.9
2006	640.14	310.09	188.76	196.66	254.72	29.5	30.7	39.8
2007	687.13	360.17	179.33	210.26	297.54	26.1	30.6	43.3
2008	704.49	382.23	173.30	215.15	316.04	24.6	30.5	44.9
2009	729.52	409.50	162.79	232.91	333.82	22.3	31.9	45.8
2010	782.24	475.16						
2011	797.24	507.26						
2012	829.37	536.40						
2013	857.59	567.27						
2014	885.46	600.66						
2015	918.65	639.28						
2016	1006.15	715.81						
2017	1037.09	752.98						
2018	1072.31	792.54	160.85	306.93	604.53	15.0	28.6	56.4
2019	1107.93	832.88	159.54	312.44	635.95	14.4	28.2	57.4
2020	1143.32	869.73	160.21	319.84	663.27	14.0	28.0	58.0

3-8 第七次全国人口普查主要数据

Main Date of the Seventh National Population Census

项 目	2020年		2010年		2020年比2010年	
	数值	占人口总量比重(%)	数值	占人口总量比重(%)	增减	占比增减
常住人口(万人)	**2093.78**		**1511.88**		**581.89**	
按性别分						
男性(万人)	1052.26	50.26	767.12	50.74	285.14	-0.48
女性(万人)	1041.51	49.74	744.76	49.26	296.75	0.48
人口性别比	101.03		103.00		-1.97	
按年龄分						
0-14岁人口(万人)	278.08	13.28	173.95	11.51	104.13	1.78
15-64岁人口(万人)	1530.57	73.10	1186.55	78.48	344.03	-5.38
65岁及以上人口(万人)	285.12	13.62	151.38	10.01	133.73	3.60
0-15岁(万人)	292.17	13.95	191.56	12.67	100.62	1.28
16-59岁(万人)	1425.20	68.07	1095.20	72.44	329.99	-4.37
60岁以上(万人)	376.41	17.98	225.13	14.89	151.28	3.09
城乡人口						
城镇人口(万人)	1649.30	78.77	960.23	63.51	689.07	15.26
乡村人口(万人)	444.48	21.23	551.65	36.49	-107.18	-15.26
城镇化率(%)	78.77		63.51		15.26	
按教育情况						
大学程度(指大专及以上)(万人)	535.63	25.58	237.51	15.71	298.12	9.87
高中程度(含中专)(万人)	338.90	16.19	244.00	16.14	94.90	0.05
初中程度(万人)	593.04	28.32	533.61	35.29	59.43	-6.97
小学程度(万人)	456.48	21.80	382.25	25.28	74.24	-3.48
15岁以上人口平均受教育年限(年)	10.85		9.79		1.06	
16-59岁人口平均受教育年限(年)	11.70					
文盲人口(15岁及以上不识字)(万人)	35.67	1.70	40.28	2.66	-4.61	-0.96
人口流动						
合计人户分离(万人)	1072.24		476.86		595.38	
省内人户分离人口(万人)	922.88		416.36		506.52	
其中:市辖区内人户分离(万人)	226.28		58.91		167.37	
省内流动人口(万人)	696.60		357.45		339.15	
省外流入人口(万人)	149.36	7.13	60.50	4.00	88.86	3.13
流动人口(万人)	845.96					

注:数据为第七次全国人口普查公报数。

3-9 人力资源服务机构及工作情况

Basic Conditions of Employment Services

项　目	单位	2019 年	2020 年
年末人力资源服务机构	家	688	824
公共人力资源服务机构	家	39	72
民营人力资源服务机构	家	649	752
从业人员总数	人	18341	23010
服务人员总数(服务对象)	人次	16906795	18267741
登记求职和要求提供流动服务人员	人次	6671683	15274257
帮助实现就业和流动人数	人次	3589226	5779483
城镇登记失业人数(市就业局登记失业人数)	万人	19.93	20.31

主要统计指标解释

总人口 指一定时点、一定地区范围内的有生命的个人的总和。

年度统计的年末总人口是指每年 12 月 31 日 24 时的人口数。

出生率 指在一定时期内(通常为一年)平均每千人所出生的人数的比率,一般用千分率表示。计算公式:

$$出生率=\frac{年出生人数}{年平均人数}\times 1000‰$$

死亡率 指在一定时期内(通常为一年)一定地区的死亡人数与同期平均人数(或期中人数)之比,一般用千分率表示。计算公式:

$$死亡率=\frac{年死亡人数}{年平均人数}\times 1000‰$$

人口自然增长率 指在一定时期内(通常为一年)人口自然增加数(出生人数减死亡人数)与该时期内平均人数(或期中人数)之比,一般用千分率表示。计算公式:

$$人口自然增长率=\frac{本年出生人数-本年死亡人数}{年平均人数}\times 100‰$$

$$人口自然增长率=人口出生率-人口死亡率$$

从业人员 指从事一定社会劳动并取得劳动报酬或经营收入的人员。包括:

(1)全部职工

(2)再就业的离退休人员

(3)私营业主

(4)个体户主

(5)私营和个体从业人员

(6)乡镇企业从业人员

(7)农村从业人员

(8)其他从业人员(包括民办教师、宗教职业者、现役军人等)

这一指标反映了一定时期内全部劳动力资源的实际利用情况,是研究我国基本国情国力的重要指标。

各单位的从业人员是指在各级国家机关、政党机关、社会团体及企业、事业单位中工作,并取得劳动报酬的全部人员。包括在岗职工、再就业的离退休人员、民办教师以及在各单位中工作的外方人员和港、澳、台方人员。

各单位的从业人员反映了各单位实际参加生产或工作的全部劳动力。因此,从 1998 年开始,各单位的从业人员不包括离开本单位仍保留劳动关系的职工。

平均工资 指报告期内单位发放工资的人均水平。计算公式为:

$$平均工资=\frac{报告期工资总额}{报告期平均人数}$$

城镇私营和个体从业人员 城镇私营从业人员指在工商管理部门注册登记,其经营地址设在县城关镇(含城关镇)以上的私营企业从业人员。包括:私营企业投资者和雇工。城镇个体从业人员指在工商管理部门注册登记,并持有城镇户口或在城镇长期居住,经批准从事个体工商经营的从业人员。包括:个体经营者和在个体工商户劳动的家庭帮工和雇工。

城镇登记失业人员及失业率 指有非农业户口,在一定的劳动年龄内,有劳动能力,无业而要求就业,并在当地就业服务机构进行求职登记的人员。城镇登记失业率,指城镇登记失业人数同城镇从业人数与城镇登记失业人数之和的比。计算公式为:

$$城镇登记失业率=\frac{城镇登记失业人数}{城镇从业人数+城镇登记失业人数}\times 100\%$$

四 固定资产投资 建筑业

简 要 说 明

主要内容

固定资产投资包括：全社会范围内的固定资产投资发展速度及构成；技术改造投资资金状况；房地产开发投资情况等。

建筑业包括：全市建筑施工企业生产情况、财务状况及其他主要指标。

资料来源

固定资产投资和建筑业资料来源于成都市统计局。

其他需要说明的问题

建筑业统计范围：1995年以前为城镇集体及国有建筑企业;1996年起为具有建筑业资质等级四级及四级以上的各种经济类型的建筑企业。

建筑业统计原则:凡公司注册地在成都的建筑企业(含本公司在外地的生产活动)均纳入统计范围。

商品房实际销售面积(万平方米)

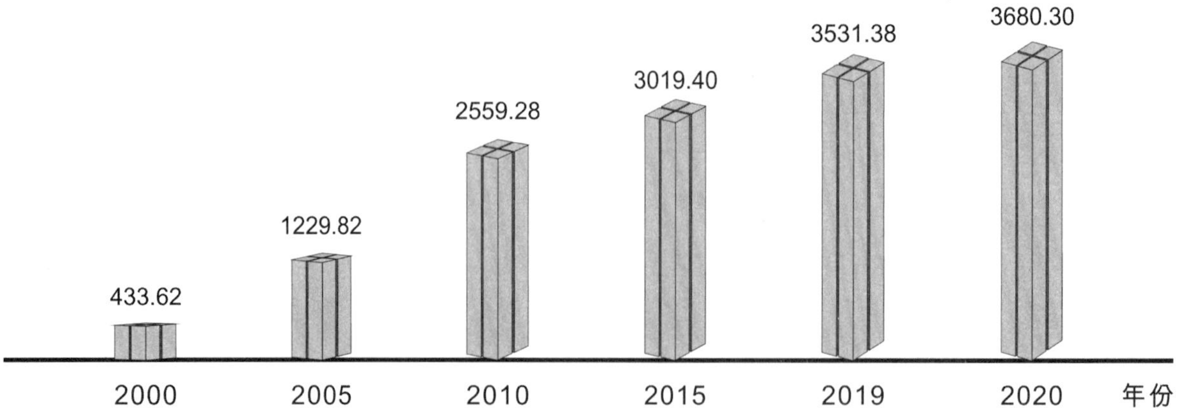

房地产投资完成额(亿元)

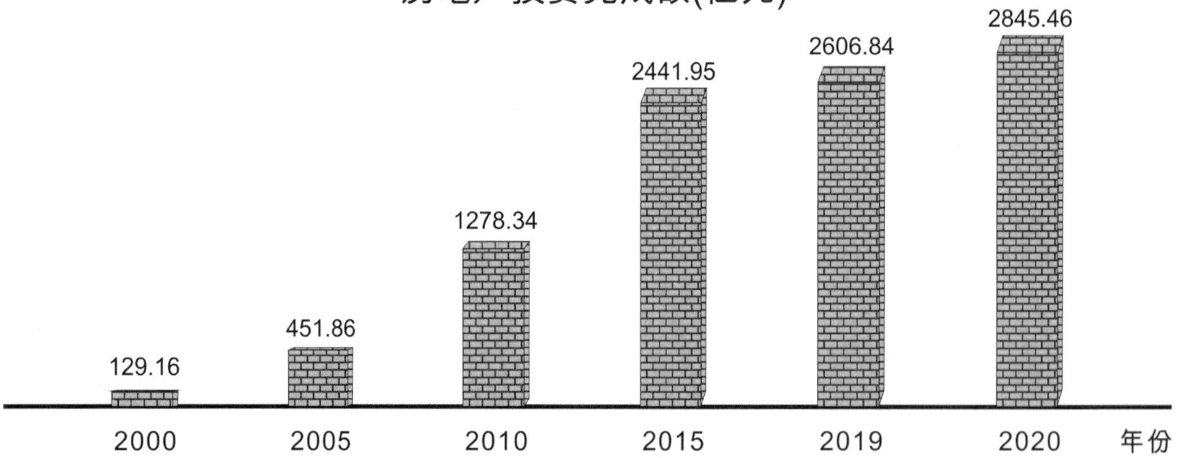

全社会建筑业总产值(亿元)

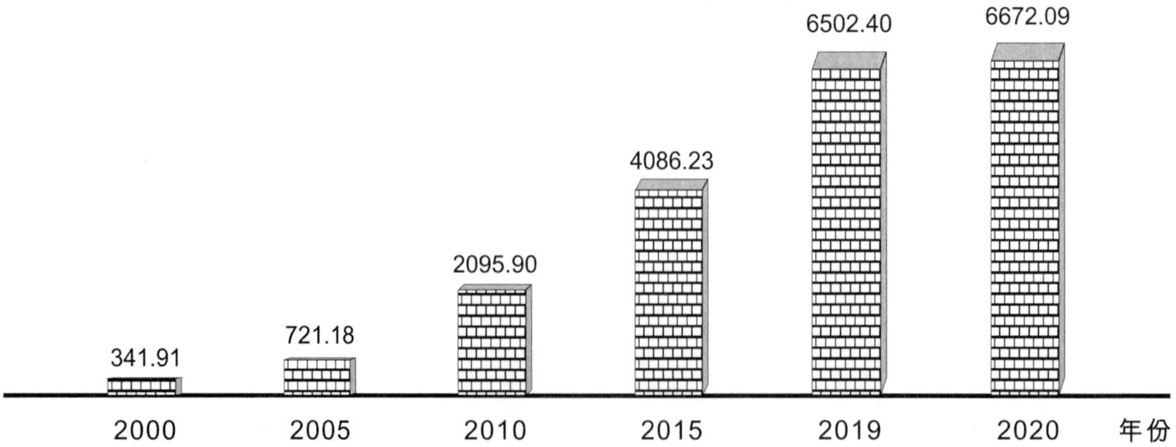

4-1 历年全社会固定资产投资构成(按经济类型分)

Composition of Total Investment in Fixed Assets by Ownership

单位:%

年　份	总　计	# 国有经济	# 集体经济	# 私营及 个体经济	在总计中: 住　宅
1978	100	96.4	3.6		16.1
1979	100	96.3	3.7		25.7
1980	100	93.3	6.7		33.2
1981	100	83.7	9.3	7.0	37.5
1982	100	85.9	7.5	6.6	33.9
1983	100	83.1	7.2	9.7	35.9
1984	100	70.8	11.4	17.8	27.7
1985	100	71.8	18.3	9.9	26.0
1986	100	74.5	11.9	13.6	24.2
1987	100	69.7	13.4	16.9	28.1
1988	100	66.2	12.8	21.0	28.5
1989	100	68.3	12.4	19.3	29.5
1990	100	70.3	11.4	18.3	30.1
1991	100	72.1	11.6	16.3	27.1
1992	100	66.4	19.1	14.5	28.6
1993	100	53.6	24.0	8.9	27.0
1994	100	50.6	22.6	10.5	28.5
1995	100	50.2	25.5	10.1	31.2
1996	100	46.1	21.9	11.9	32.2
1997	100	47.7	20.2	10.7	26.5
1998	100	56.5	14.1	9.8	25.6
1999	100	55.8	10.8	8.7	25.3
2000	100	47.9	7.8	8.9	29.1
2001	100	49.3	7.2	11.4	31.1
2002	100	47.3	6.8	11.6	29.5
2003	100	46.5	4.7	12.2	28.8
2004	100	41.8	4.7	13.2	26.9
2005	100	39.6	0.7	12.3	27.4
2006	100	36.0	0.6	11.5	31.6
2007	100	30.9	0.3	13.8	31.1
2008	100	34.0	0.5	9.9	26.0
2009	100	39.4	0.7	9.9	22.5
2010	100	33.6	0.9	9.1	22.6
2011	100	29.5	0.7	9.5	24.4
2012	100	32.1	0.4	12.2	22.2
2013	100	30.5	0.5	13.6	22.8
2014	100	31.5	0.5	12.9	23.9
2015	100	32.3	0.3	13.0	26.4
2016	100	25.4	0.1	22.6	18.0
2017	100	27.4	0.2	21.3	13.8
2018	100	30.9	0.03	18.2	14.9
2019	100	31.4	0.08	17.0	17.1
2020	100	36.1	0.05	16.9	20.8

4-2 历年全社会固定资产投资发展速度(按经济类型分)

Development Rates of Total Investment in Fixed Assets by Ownership

单位:%

年　　份	总　　计	# 国有经济	# 集体经济	# 私营及个体经济	在总计中:住　　宅	在总计中:房地产投资
1978	149.4	145.5	528.5		161.3	
1979	172.5	172.4	175.5		274.8	
1980	109.9	106.5	200.0		142.2	
1981	131.4	117.8	182.7		148.3	
1982	130.1	133.6	104.4	122.7	117.5	
1983	112.6	108.9	108.8	165.7	119.5	
1984	136.4	116.2	215.8	250.5	105.3	
1985	165.2	167.5	265.9	91.8	154.7	
1986	102.8	106.8	66.9	140.4	95.9	
1987	115.3	107.7	130.1	143.7	133.8	
1988	127.3	120.9	121.2	158.5	128.8	
1989	97.8	100.8	94.7	90.0	101.2	
1990	112.5	115.8	103.7	106.2	114.8	
1991	120.9	124.0	123.2	107.5	108.7	103.8
1992	162.4	149.7	266.3	144.9	171.8	304.5
1993	179.4	144.7	226.0	110.8	168.9	219.5
1994	127.2	120.2	119.6	148.7	134.4	162.8
1995	119.9	118.9	135.4	115.4	131.4	161.6
1996	120.0	110.2	103.2	141.9	123.7	125.5
1997	119.8	124.1	110.5	107.9	98.8	106.7
1998	119.9	142.0	83.8	109.6	115.8	109.5
1999	112.7	111.4	86.2	100.2	111.8	124.9
2000	113.6	97.4	82.2	115.6	130.3	129.3
2001	122.3	125.9	112.7	156.6	130.6	132.2
2002	120.6	115.8	114.1	122.9	114.6	119.1
2003	122.9	120.8	84.5	129.7	119.9	120.7
2004	122.5	110.0	123.7	132.7	114.6	125.9
2005	137.9	130.7	121.3	128.1	140.0	146.2
2006	130.1	118.3	115.6	121.4	150.3	135.8
2007	125.9	108.0	61.8	152.3	124.1	147.5
2008	125.3	138.0	187.1	89.3	104.8	100.8
2009	134.0	155.2	203.8	135.0	116.0	103.6
2010	106.1	90.5	134.3	97.1	106.4	135.3
2011	117.4	103.2	94.6	122.2	126.9	124.0
2012	117.9	128.0	65.8	152.2	107.0	119.2
2013	110.4	105.1	142.9	123.1	113.5	111.7
2014	101.8	105.2	87.4	96.2	106.7	105.2
2015	105.8	108.6	65.4	107.0	117.0	110.0
2016	114.3	87.9	48.4	159.5	78.6	106.5
2017	112.3	121.1	152.9	106.2	86.2	94.3
2018	110.0	127.7	29.9	96.1	81.3	91.2
2019	110.0	111.8	250.9	104.5	126.6	114.9
2020	109.9	126.3	70.1	108.8	128.8	109.2

4-3 历年全社会固定资产投资比重(按管理渠道和构成分)

Proportion of Total Investment in Fixed Assets by Channel of Management and Use of Funds

单位:%

年份	建筑安装工程	设备工器具购置	其他费用
1978	56.7	36.1	7.2
1979	61.1	31.1	7.8
1980	71.1	22.6	6.3
1981	71.6	21.3	7.1
1982	66.4	23.8	9.8
1983	70.3	20.2	9.5
1984	65.8	24.1	10.1
1985	61.7	27.7	10.6
1986	60.2	28.1	11.7
1987	64.6	25.2	10.2
1988	61.9	27.9	10.2
1989	59.5	28.8	11.7
1990	63.1	27.3	9.6
1991	63.0	26.2	10.8
1992	69.2	23.1	7.7
1993	66.4	19.9	13.7
1994	65.9	22.8	11.3
1995	68.7	17.1	14.2
1996	75.4	11.8	12.8
1997	66.9	20.5	12.6
1998	59.0	23.8	17.2
1999	62.4	22.0	15.6
2000	65.8	16.9	17.3
2001	68.7	14.9	16.4
2002	59.3	18.4	22.3
2003	55.4	15.6	29.0
2004	59.4	14.4	26.2
2005	56.2	14.0	29.8
2006	56.5	14.1	29.4
2007	54.8	14.1	31.1
2008	57.7	14.1	28.2
2009	63.9	15.0	21.1
2010	69.1	14.1	16.8
2011	73.6	12.4	14.0
2012	72.8	12.7	14.5
2013	72.1	12.5	15.4
2014	72.9	9.5	17.6
2015	70.8	12.1	17.1
2016	69.3	13.7	17.0
2017	68.2	15.2	16.6
2018	66.7	13.6	19.7
2019	65.2	11.1	23.6
2020	71.3	11.1	17.6

4-4 历年全社会固定资产投资效果主要指标

Main Indicators of Total Investment Results in Fixed Assets over the Years

年份	施工项目（个）	全部建成投产项目（个）	建设项目投产率（%）	新增固定资产（万元）	固定资产交付使用率（%）	房屋面积竣工率（%）	住宅面积竣工率（%）
1978	693	171	24.6	29345	99.8	52.6	56.9
1979	1067	323	30.3	38966	76.8	49.4	50.7
1980	1228	535	43.6	49430	88.7	53.9	53.0
1981	1289	548	42.5	64474	87.8	68.1	70.1
1982	1633	750	45.9	71030	74.6	66.4	69.3
1983	2427	1482	61.1	82754	77.1	76.2	83.5
1984	1708	863	50.5	116641	79.7	76.7	86.8
1985	2386	1290	54.1	170909	70.7	72.1	79.7
1986	1861	929	49.9	201450	80.9	74.2	82.9
1987	1940	788	40.6	217055	75.7	71.8	80.9
1988	1855	881	47.5	271395	74.4	74.7	84.8
1989	1328	640	48.2	268313	75.2	76.2	86.8
1990	1654	736	44.5	330572	82.4	73.8	78.3
1991	2476	1431	57.8	383200	78.9	73.9	79.3
1992	3822	2089	54.7	519400	65.9	58.8	66.7
1993	4493	2639	58.7	836800	59.2	57.5	63.8
1994	3516	2305	65.6	1230700	68.5	58.1	67.2
1995	3553	2438	68.6	1379900	63.9	52.8	63.5
1996	3161	2156	68.2	1768600	68.3	59.1	68.9
1997	2948	1937	65.7	2289851	73.8	60.9	72.2
1998	4106	2826	68.8	2572400	69.1	53.2	61.9
1999	3190	2068	64.8	3180245	75.8	57.8	61.2
2000	2992	1988	66.4	3237100	68.0	56.8	61.8
2001	2145	1266	59.0	4101094	70.4	53.6	59.9
2002	2137	1251	58.5	4542637	64.7	57.5	63.6
2003	1774	668	37.7	4498586	52.1	52.6	59.2
2004	2126	1132	53.2	5704363	53.9	47.3	48.2
2005	3697	1451	39.2	5254965	36.0	30.1	29.2
2006	3820	1984	51.9	8375907	44.1	30.2	26.6
2007	4952	2746	55.5	9527738	39.9	24.9	20.3
2008	4682	2007	42.9	9960505	33.3	17.0	15.0
2009	6700	3653	54.5	26042535	64.9	26.9	26.4
2010	5229	2248	43.0	27546488	64.7	24.2	24.2
2011	4820	2168	45.0	32103672	64.3	24.3	18.0
2012	4684	2249	48.0	37280127	63.3	24.3	18.0
2013	4983	2283	45.8	36893488	56.7	16.1	16.4
2014	5522	2656	48.1	38204182	57.7	13.3	15.1
2015	6198	3482	56.2	40784349	58.2	11.9	9.9
2016	8530	4200	49.2	46332852	55.4	15.8	15.6
2017	9844	4845	49.2	42567434	45.3	13.9	10.9
2018	6877	2818	41.0	33152444	39.7	11.9	10.0
2019	6592	2635	40.0	33810664	36.8	14.4	9.1
2020	6718	2072	30.8	44499309	44.1	7.4	8.0

注:2018 年开始,国家固定资产投资统计口径变化,与往年不可比。

4-5 历年国有经济单位固定资产投资效果主要指标

Main Indicators of Total Investment Results in Fixed Assets of State-owned Units over the Years

年份	施工项目（个）	全部建成投产项目（个）	建设项目投产率（%）	新增固定资产（万元）	固定资产交付使用率（%）	房屋面积竣工率（%）	住宅面积竣工率（%）
1978	667	158	23. 7	28365	100. 1	49. 0	53. 2
1979	1026	314	30. 6	37637	77. 0	48. 9	50. 6
1980	1135	484	42. 6	45634	87. 7	50. 2	52. 2
1981	1202	513	42. 7	51242	83. 6	53. 6	50. 8
1982	1541	710	46. 1	57503	70. 2	49. 0	49. 7
1983	2234	1356	60. 7	65508	73. 5	57. 1	66. 5
1984	1405	671	47. 8	78120	75. 4	49. 2	60. 7
1985	1969	1009	51. 2	108007	62. 2	46. 9	52. 8
1986	1532	792	51. 7	141620	76. 4	48. 1	56. 5
1987	1647	742	45. 1	137999	69. 1	43. 1	44. 4
1988	1855	881	47. 5	157657	65. 3	41. 6	69. 4
1989	1328	640	48. 2	173883	71. 4	46. 2	54. 2
1990	1488	685	46. 0	202219	71. 7	43. 5	46. 6
1991	1553	723	46. 6	226324	64. 7	44. 8	47. 1
1992	1397	542	38. 8	331491	63. 3	31. 0	30. 2
1993	1672	477	28. 5	416878	55. 0	39. 1	40. 7
1994	1070	424	39. 6	656545	72. 1	40. 1	43. 2
1995	990	437	44. 1	714788	66. 1	41. 0	45. 8
1996	1057	533	50. 4	894062	75. 0	44. 4	54. 8
1997	940	393	41. 8	1147845	77. 6	45. 5	54. 3
1998	1258	595	47. 3	1307070	62. 2	36. 3	33. 3
1999	1009	531	52. 6	1752261	74. 8	43. 4	46. 3
2000	962	470	48. 9	1450128	63. 6	49. 9	54. 5
2001	830	322	38. 8	2126044	74. 1	45. 6	53. 2
2002	794	301	37. 9	1884759	56. 7	41. 1	47. 1
2003	734	251	34. 2	1766630	44. 0	31. 5	39. 9
2004	662	282	42. 6	2044878	46. 3	30. 6	26. 1
2005	1081	294	27. 2	1854286	32. 1	18. 8	9. 9
2006	1296	625	48. 2	2711640	39. 7	25. 1	21. 3
2007	1437	798	55. 5	3053096	41. 4	25. 1	25. 5
2008	1451	541	37. 3	2642377	25. 9	52. 7	35. 9
2009	2442	1313	53. 8	9397628	59. 5	24. 2	19. 7
2010	1716	787	45. 7	10156982	71. 1	37. 7	43. 6
2011	1272	665	52. 3	11239382	76. 2	31. 5	37. 9
2012	1541	833	54. 1	12377919	65. 5	31. 4	30. 2
2013	1548	925	59. 8	13664593	68. 9	22. 0	32. 0
2014	3171	1291	40. 7	23396414	54. 3	12. 1	13. 4
2015	2170	1334	61. 5	14174967	59. 9	17. 1	18. 0
2016	2634	1465	55. 6	12634136	59. 5	28. 3	34. 3
2017	2579	1367	53. 0	12363746	48. 0	23. 9	25. 2
2018	1667	711	42. 7	11948695	46. 3	30. 3	31. 0
2019	1560	595	38. 1	9292222	32. 2	20. 3	10. 8
2020	1984	563	28. 4	20731041	56. 9	4. 0	2. 5

4-6 全社会固定资产投资主要指标(2020 年)

Main Indicators of Total Investment in Fixed Assets(2020)

指 标	单 位	合 计	#工业技术改造	#房地产开发
建设项目个数				
施工项目	个	6718	1043	1259
全部建成投产项目	个	2072	438	342
建成项目投产率	%	30.8	42.0	27.2
固定资产交付使用率	%	44.1	53.3	28.4
房屋建筑面积				
施工面积	万平方米	19098.7	—	19098.7
#住　宅	万平方米	10582.1	—	10582.1
竣工面积	万平方米	1419.5	—	1419.5
#住　宅	万平方米	845.0	—	845.0
房屋竣工率	%	7.4	—	7.4
#住　宅	%	8.0	—	8.0

注:2020 年取消固定资产投资项目的房屋建筑面积、竣工面积等相关指标。

4-7 历年全社会房屋建筑情况

Total Construction of Buildings over the Years

单位：万平方米

年 份	施工面积	# 住 宅	竣工面积	# 住 宅
1978	192.63	83.55	101.35	47.54
1979	362.89	212.11	179.27	107.54
1980	448.85	275.03	242.15	145.77
1981	647.35	498.82	440.98	349.49
1982	827.20	607.12	548.85	421.02
1983	982.43	649.33	748.67	542.22
1984	1143.56	730.29	877.53	634.37
1985	1375.25	860.68	990.97	686.02
1986	1331.19	800.09	988.15	663.62
1987	1490.86	911.27	1070.43	737.40
1988	1503.38	998.10	1123.70	846.20
1989	1305.19	870.37	994.42	755.68
1990	1430.50	1031.50	1056.22	807.44
1991	1436.46	993.20	1061.68	788.02
1992	1717.90	1180.60	1010.14	787.97
1993	2348.62	1262.79	1350.48	806.04
1994	2936.40	1572.49	1706.14	1056.89
1995	3177.41	1682.58	1677.18	1068.87
1996	3274.28	1916.11	1936.29	1320.17
1997	3177.66	1950.47	1937.89	1408.19
1998	3180.07	1991.26	1690.54	1232.48
1999	3462.30	2203.34	2000.57	1348.21
2000	3627.93	2502.18	2062.11	1545.80
2001	4147.85	2833.15	2223.60	1696.85
2002	5011.98	3425.59	2881.39	2176.93
2003	5808.96	3960.84	3052.94	2344.61
2004	6624.12	4096.87	3133.47	1975.64
2005	7271.86	4306.92	2188.60	1257.50
2006	10491.10	6238.64	3172.77	1659.36
2007	12629.09	7565.93	3148.19	1534.11
2008	15417.99	8642.48	2616.89	1294.56
2009	18934.16	10941.24	5102.53	2886.43
2010	18645.24	9663.36	4503.37	2334.61
2011	22627.50	11336.63	5497.33	2044.27
2012	23187.71	11729.23	5638.04	2110.39
2013	25259.95	12348.97	4074.33	2027.81
2014	26240.91	12982.94	3491.63	1957.61
2015	26442.11	12751.42	3148.70	1262.00
2016	23976.47	12530.03	3792.66	1953.24
2017	22396.94	11766.96	3102.45	1279.30
2018	21454.76	11354.53	2553.24	1140.80
2019	31516.04	12027.71	4537.30	1097.69
2020	19098.66	10582.13	1419.55	845.03

注：2020 年取消固定资产投资项目的房屋建筑面积、竣工面积等相关指标。

4-8 房地产开发投资情况(1990-2020年)

Real Estate Development(1990—2020)

单位:万元

年份	本年投资完成额	按构成分				#住宅投资	本年新增固定资产
		建筑安装工程	设备工具器具购置	其他费用	土地购置费		
1990	29883	20726	18	9139		23374	16543
1991	31021	19406	302	11313		25863	26278
1992	94446	47386	80	46980		74207	29717
1993	207310	123726	63	83521	67759	172211	59411
1994	337506	227361	2250	107895	53932	226016	69206
1995	545376	375634	8660	161082	73045	319019	212255
1996	684379	497252	36277	150850	65116	372952	451813
1997	730147	511129	36188	182830	57437	349139	540428
1998	799675	525943	19554	254178	172775	455224	441452
1999	998565	649077	33270	316218	257849	554029	791459
2000	1291611	842613	16968	432030	333655	867561	617708
2001	1707554	1247879	40810	418865	260481	1228045	954046
2002	2033104	1298970	33977	700157	445444	1488834	1428225
2003	2453991	1604109	24344	825538	579929	1890935	1249370
2004	3089697	1778861	45143	1265693	923860	1899704	1081187
2005	4518628	2524226	136904	1857498	1376528	2953364	1351383
2006	6136351	3495221	83366	2557764	1630964	4419478	2251461
2007	9052800	4752560	134529	4165711	2920798	5989351	2557663
2008	9125057	5548833	129783	3446441	2290995	6021184	2635238
2009	9451356	6664714	150884	2635758	1455072	6348234	4731138
2010	12783390	8828111	126808	3828471	2312584	8042936	5330101
2011	15852771	11957872	141890	3753009	2391004	10363125	5627297
2012	18900420	13615834	402850	4881736	3204476	11726003	8321899
2013	21102665	14890491	582932	5629242	4065126	12907209	8100343
2014	22208023	15132150	405956	6669917	5680883	13533974	8450183
2015	24419542	16953591	438868	7027083	5874264	14781679	6393509
2016	26388901	19064752	593621	6730528	5468969	14164154	11340556
2017	24878807	18598577	362294	5917936	4910029	12984442	7994386
2018	22678433	15408033	376262	6894138	5775030	12428138	7540622
2019	26068447	16315552	218920	9533975	8781791	15730335	10148208
2020	28454621	19540558	284887	8629176	7657668	18695135	8082259

4-8 续表

单位:万元

年份	本年资金来源合计	#资金来源小计				
		国内贷款	利用外资	自筹资金	个人贷款	定金及预收款
1991	59299	9969		18605		
1992	207851	46276	1437	71642		
1993	329465	72470	5265	128268		
1994	472142	77716	20100	138614		
1995	923929	176119	32625	203744		233879
1996	1018722	187832	46143	276698		202868
1997	1152949	255653	41694	264529		299650
1998	1205556	256554	34733	296355		293054
1999	1406368	270707	6164	455686		363095
2000	1889031	307800	19996	525043		521799
2001	2408900	398929	15980	444538		770449
2002	2923740	632302	17263	693930		990684
2003	3832082	682418	5857	901263		1477360
2004	4606693	555037	16910	1028008		1929043
2005	6113568	592766	140601	2139824		1804209
2006	9759911	1086355	261226	3632142		2963387
2007	15091650	2279336	575108	4727057		3810750
2008	13610612	1945289	901289	4300534		2080414
2009	18676549	2500705	119268	4534096		4587377
2010	25226376	3141389	331378	7305073		4577534
2011	40631081	3390441	664182	9980745		7605884
2012	32769750	3344414	169309	9393406		7605391
2013	39693341	5145514	323252	11106585		9429460
2014	43801428	5718632	393355	13324335		9250006
2015	45827730	6842258	9715	15065473		8150614
2016	49201352	5851211	6300	13711043		11397627
2017	44052385	6827582	5500	15043051		15320729
2018	39179680	6374711		11643112	3438240	16523746
2019	43862397	7410286	65485	12183622	5236577	17906186
2020	47757249	7632880	20000	14037264	6924642	18809820

4-9 房地产开发投资(按资金来源分、2020年)

Real Estate Development by Source of Funds(2020)

单位:万元

项 目	按资质等级分				
	一级	二级	三级	四级	其他
本年资金来源合计	**2327709**	**12017310**	**34699510**	**82480**	**11936347**
上年末结余资金	**954727**	**2485504**	**7292740**	**8616**	**2564520**
本年资金来源小计	**1372982**	**9531806**	**27406770**	**73864**	**9371827**
国内贷款	200829	1687157	4586837	7000	1151057
利用外资			20000		
自筹资金	688383	2513904	7087546	47643	3699788
定金及预收款	402031	3978310	11164890	13288	3251301
个人按揭贷款	81679	1309094	4294232	5457	1234180
其他到位资金	60	43341	253265	476	35501
本年各项应付款合计	**290398**	**2867240**	**6736054**	**49761**	**1564939**
#工 程 款	192160	1466389	3916981	25900	875981

注:根据统计制度,资金来源分项构成较上年有调整。

4-10 房地产开发投资(按工程用途分、2020年)

Real Estate Development by Use(2020)

单位:万元

按经济类型分	本年完成投资	住　　宅	办公楼	商业营业用房	其　　他
合　　计	**28454621**	**18695135**	**2258979**	**3222314**	**4278193**
#国　　有	3654953	2693102	248138	311944	401769
集　　体					
股份制经济	318940	206820	24515	32698	54907
私营个体经济	6064597	3744162	513678	788669	1018088
港澳台投资	940923	363348	127549	325424	124602
外商投资	538279	440427	8658	24714	64480

4-11 房地产开发主要指标(按资质等级分、2020年)

Main Indicators of Real Estate Development by Qualification Grades(2020)

按资质等级分	本年完成投资(万元)	#住　宅	施工面积(万平方米)	#住　宅	竣工面积(万平方米)	#住　宅	销售面积(万平方米)	#住　宅
一　级	698855	524626	698. 3	411. 4	115. 7	82. 2	74. 0	37. 5
二　级	6001952	3883006	4058. 0	2270. 6	187. 6	100. 1	742. 7	571. 8
三　级	16474166	10900829	10911. 9	6048. 6	954. 4	588. 3	2297. 9	1780. 3
四　级	69465	29603	23. 3	13. 7			5. 9	5. 1
其　他	5210183	3357071	3407. 2	1837. 8	161. 9	74. 4	559. 7	432. 0

4-12 房地产开发面积情况(按用途分)

Real Estate Development Area by Use

单位:万平方米

项　目	2016 年	2017 年	2018 年	2019 年	2020 年
施工房屋面积	**19890.34**	**19374.52**	**19489.65**	**20595.19**	**19098.66**
住　　宅	11839.36	11254.91	11138.63	11580.80	10582.13
办 公 楼	1224.13	1190.22	1399.41	1702.08	1769.15
商业营业用房	2673.30	2812.08	2711.79	2583.21	2153.92
其　　他	4153.55	4117.30	4239.81	4729.11	4593.45
房屋新开工面积	**4306.27**	**4238.50**	**4717.80**	**4596.24**	**3844.19**
住　　宅	2554.62	2373.76	2686.76	2394.84	2261.37
办 公 楼	207.04	255.98	442.77	538.98	320.73
商业营业用房	532.81	681.29	517.84	560.46	350.70
其　　他	1011.79	927.47	1070.43	1101.97	911.40
房屋竣工面积	**2737.77**	**1854.95**	**1724.77**	**1823.13**	**1419.55**
住　　宅	1740.50	1073.72	1036.27	1003.00	845.03
办 公 楼	115.30	123.81	107.37	120.63	72.01
商业营业用房	275.47	262.78	210.99	259.23	130.00
其　　他	606.50	394.64	370.14	440.27	372.51

4-13 房地产开发销售情况(按用途分)

Selling of Real Estate Development by Use

项 目	单 位	2016 年	2017 年	2018 年	2019 年	2020 年
商品房实际销售面积	**万平方米**	**3935.31**	**3921.85**	**3681.91**	**3531.38**	**3680.30**
住 宅	万平方米	3285.75	2973.54	2659.41	2556.82	2826.74
办 公 楼	万平方米	116.22	235.26	273.37	293.43	232.89
商业营业用房	万平方米	234.88	342.21	328.62	286.98	298.68
其 他	万平方米	298.46	370.83	420.52	394.15	321.99
商品房实际销售额	**万元**	**29502014**	**34244842**	**36331855**	**38448168**	**44707084**
住 宅	万元	24213205	25562391	26021292	30045258	37400989
办 公 楼	万元	1013581	2348505	3084809	2921159	2380729
商业营业用房	万元	3006270	4821347	5383052	4035538	3774118
其 他	万元	1268958	1512599	1842702	1446213	1151248
商品房待售面积	**万平方米**	**1311.54**	**1105.21**	**1018.95**	**957.04**	**1059.45**
住 宅	万平方米	371.27	211.42	151.79	107.19	136.74
办 公 楼	万平方米	89.42	81.57	69.91	54.39	67.67
商业营业用房	万平方米	266.10	259.39	252.34	269.65	263.35
其 他	万平方米	584.75	552.83	544.91	525.80	591.70

4-14 历年全社会建筑企业基本情况

Basic Conditions of Construction Enterprises over the Years

年 份	企业数（个）	建筑业总产值（万元）	房屋建筑施工面积（万平方米）	房屋建筑竣工面积（万平方米）
1978	44	60412		287.55
1979	50	47391		150.18
1980	53	53531		165.39
1981	100	61993	416.18	212.61
1982	103	76414	642.27	246.19
1983	106	88100	500.82	247.33
1984	110	124050	557.91	292.13
1985	111	142044	656.88	266.83
1986	117	174456	784.67	324.43
1987	118	208230	830.09	355.96
1988	112	230928	833.64	325.93
1989	112	252416	764.69	299.21
1990	121	287922	771.76	348.72
1991	137	290981	805.84	334.78
1992	148	379295	995.60	376.70
1993	164	643554	1323.50	548.40
1994	168	834061	1652.50	608.00
1995	166	1080921	2120.20	571.20
1996	600	1963802	3413.10	1409.90
1997	669	2299019	3369.39	1458.69
1998	715	2554229	3347.05	1456.40
1999	879	2970103	3296.47	1644.62
2000	1017	3419146	3794.68	1860.41
2001	1001	3822085	4447.66	2246.85
2002	1005	4639105	5044.39	2542.58
2003	1112	5709221	5590.85	2801.74
2004	1522	6376470	5918.69	2821.62
2005	1461	7211773	7287.73	2618.62
2006	1343	8677195	9353.15	2748.42
2007	1347	10447809	9918.17	3055.10
2008	1364	12417244	10994.54	4681.56
2009	1512	16121795	11220.13	3968.36
2010	1524	20958969	12668.80	3726.60
2011	1528	28057968	15945.53	4864.35
2012	1499	33239335	17266.37	5174.79
2013	1431	36531697	22115.29	5787.99
2014	1158	38733555	22463.04	5870.98
2015	1172	40862308	23852.51	5985.54
2016	1363	44188806	23327.39	6242.71
2017	1684	49428728	25294.66	5837.73
2018	1769	56814583	26712.85	6833.42
2019	1848	65023985	29707.84	5918.93
2020	2135	66720919	31082.92	6425.78

4-15 分月固定资产投资主要经济指标发展速度(2020年)

Growth Rate of Main Indicators of Investment in Fixed Assets of Each Month (2020)

单位:%

月 份	固定资产投资	#工业技术改造投资	#房地产投资
1-2月	75.7	54.5	87.3
1-3月	92.8	62.0	106.3
1-4月	100.1	80.5	110.2
1-5月	102.0	89.4	110.9
1-6月	104.1	88.3	110.9
1-7月	106.4	91.4	113.5
1-8月	107.1	91.8	112.6
1-9月	107.8	95.1	112.0
1-10月	108.5	100.2	110.9
1-11月	109.1	101.3	110.7
1-12月	109.9	98.8	109.2

主要统计指标解释

全社会固定资产投资 以货币形式表现的在一定时期内全社会建造和购置固定资产的工作量以及与此有关的费用的总称。该指标是反映固定资产投资规模、结构和发展速度的综合性指标，又是观察工程进度和考核投资效果的重要依据。全社会固定资产投资按登记注册类型可分为国有、集体、联营、股份制、私营和个体、港澳台商、外商、其他等。

房地产开发投资 包括各种经济类型的房地产开发公司、商品房建设公司及其他房地产开发单位统一开发的包括统代建、拆迁还建的住宅、厂房、仓库、饭店、宾馆、度假村、写字楼、办公楼等房屋建筑物和配套的服务设施、土地开发工程，如道路、给水、排水、供电、供热、通讯、平整场地等基础设施工程的投资。包括非房地产企业实际从事房地产开发或经营活动，不包括单纯的土地交易活动。

建筑工程 是指各种房屋、建筑物的建造工程，又称建筑工作量。这部分投资额必须兴工动料，通过施工活动才能实现，是固定资产投资额的重要组成部分。

安装工程 指各种设备、装置的安装工程，又称安装工作量。在安装工程中，不包括被安装设备本身价值。

设备工器具购置 是指报告期内购置或自制的，达到固定资产标准的设备、工具、器具的价值。新建单位及扩建单位的新建车间，按照设计或计划要求购置或自制的全部设备、工具、器具，不论是否达到固定资产标准均计入“设备工器具购置”中。

其他费用 指在固定资产建造和购置过程中发生的，除建筑安装工程和设备、工器具购置投资完成额以外的应当分摊计入固定资产投资的费用，不指经营中财务上的其他费用。

新增固定资产 指已经完成建造和购置过程，并已交付生产或使用单位的固定资产的价值，包括已经建成投入生产或交付使用的工程投资和达到固定资产标准的设备、工具、器具的投资及有关应摊入的费用。属于增加固定资产价值的其他建设费用，应随同交付使用的工程一并计入新增固定资产。

建设项目投产率 指一定时期内全部建成投入生产项目个数占同期正式施工项目个数的比率。它是从项目建设速度的角度反映投资效果的指标。

固定资产交付使用率 指一定时期新增固定资产与同期完成投资额的比率。它是反映各个时期固定资产动用速度，衡量建设过程中投资效果的一个综合性指标。

未完工程占用率 指年末未完工程累计完成投资额占全年实际完成投资额的比率。它反映未完工程的相对规模，并可从资金占用的角度反映固定资产投资效果。由于未完工程是指已经开工，但尚未建成交付使用的工程，有个跨年度问题，因此未完工程占用率会出现大于 1 的情况。

建筑业总产值 指以货币表现的建筑业企业在一定时期内生产的建筑业产品和服务的总和。建筑业总产值包括建筑工程产值、安装工程产值和其他产值三部分内容。

房屋施工面积 指报告期内施工的全部房屋建筑面积。包括本期新开工的房屋建筑面积、上期跨入本期继续施工的房屋建筑面积、上期停缓建在本期恢复施工的房屋建筑面积、本期竣工的房屋建筑面积以及本期施工后又停缓建的房屋建筑面积。多层建筑应填各层建筑面积之和。

房屋新开工面积 指报告期内新开工建设的房屋建筑面积，以单位工程为核算对象，即整栋房屋的全部建筑面积，不能分割计算。不包括在上期开工跨入报告期继续施工的房屋建筑面积和上期停缓建而在本期恢复施工的房屋建筑面积。房屋的开工应以房屋正式开始破土刨槽(地基处理或打永久桩)的日期为准。

房屋竣工面积 指报告期内房屋建筑按照设计要求已全部完工，达到住人和使用条件，经验收鉴定合格或达到竣工验收标准，可正式移交使用的各栋房屋建筑面积的总和。

竣工面积以房屋单位工程(栋)为核算对象，在整栋房屋符合竣工条件后按其全部建筑面积一次性计算，而不是按各栋施工房屋中已完成的部分或层次分割计算。

计算房屋竣工面积，要求严格执行房屋竣工验收标准。民用建筑一般应按设计要求在土建工程和房屋本身附属的水、电、卫(包括设计中有的煤气、暖气)工程已经完工，通风、电梯等设备已经安装完毕，做到水通、灯亮，经验收鉴定合格，并正式交付给使用单位后，才能计算竣工面积。工业及科研等生产性房屋建筑一般应按设计要求在土建工程(包括水、暖、电、卫、通风)及属于房屋组成部分的生活间、操作间等已经完成(不包括安装设备的基础工程)，可以进行工艺设备和管线安装时，方可计算房屋竣工面积。

商品房销售面积 指报告期内出售商品房屋的合同总面积(即双方签署的正式买卖合同中所确定的建筑面积)。本月销售面积指从本月1日起至本月最后一天止出售商品房屋的合同总面积。商品房销售面积由现房销售面积和期房销售面积两部分组成。现房销售面积:指在报告期内正式签订买卖合同、已经竣工达到入住条件的商品房屋建筑面积。包括以一次性付款方式和分期付款方式销售的现房建筑面积。期房销售面积:指在报告期内正式签订买卖合同、正在建设尚未竣工交付使用的商品房屋建筑面积。包括以一次性付款方式和分期付款方式销售的商品房屋建筑面积。期房销售建筑面积竣工后不再结转为现房销售建筑面积。

商品房销售额 指报告期内出售商品房屋的合同总价款(即双方签署的正式买卖合同中所确定的合同总价)。本月销售额指从本月1日起至本月最后一天止出售商品房屋的合同总价款。该指标与商品房销售面积同口径,由现房销售额和期房销售额两部分组成。现房销售额:指报告期内销售的已竣工商品房屋的合同总价款。包括现房销售前期预收的定金、预收款、首付款及全部按揭贷款的本金等款项。该指标与现房销售面积同口径。期房销售额:指报告期内销售的正在建设尚未竣工的商品房屋的合同总价款。包括预售房屋前期预收的定金、预收款、首付款及全部按揭贷款的本金等项。该指标与期房销售面积同口径。

五　能源购进、消费与库存

简 要 说 明

主要内容

本部分资料反映成都市能源基本情况。包括规模以上工业企业万元工业总产值综合能源消费量,主要能源购进、消费与库存，主要能源按工业行业分组消费量，工业企业综合能源消费量按行业分类，工业企业水消费按行业分类等资料。

资料来源

本部分资料来源于成都市统计局。

5-1 规模以上工业企业主要能源购进、消费及库存(2020年)

Energy Purchasing Consumption and Inventory of Industrial Enterprises above Designated Size (2020)

项　　目	购进量	工业生产消　费	年末库存
原煤(吨)	3548252	3678930	133522
其他洗煤(吨)	7042	8027	
焦炭(吨)	9148	10838	58
天然气(万立方米)	257279	433602	2
液化天然气(吨)	7432	7624	2
氢气(万立方米)	66726	66726	
原油(吨)	7779479	7754533	348138
汽油(吨)	18312	17821	78
煤油(吨)	7413	7346	677
柴油(吨)	247580	248027	3308
燃料油(吨)	1272	102013	
液化石油气(吨)	107100	244234	1
石脑油(吨)	62372	62372	
润滑油(吨)	267	266	10
石蜡(吨)	741	722	32
溶剂油(吨)	996	993	4
石油焦(吨)	2483	2069	
石油沥青(吨)	988	851	
其他石油制品(吨)	19581	19701	106
热力(百万千焦)	4504404	21954089	
电力(万千瓦时)	3828266	4133126	
煤矸石用于燃料(吨)	163126	159689	26848
城市垃圾用于燃料(吨)	2190912	2813294	7342
生物燃料(吨标准煤)	17176	95887	289
余热余压(百万千焦)	624274	5973635	

5-2 主要能源按工业行业分组消费量(2020年)

Volume of Main Energy Consumption by Industrial Sector (2020)

行业分类	原煤(吨)	天然气(万立方米)	汽油(吨)	柴油(吨)	燃料油(吨)	电力(万千瓦时)
总　计	**3678930**	**433602**	**17821**	**248027**	**102013**	**4133126**
#石油和天然气开采业		178359	3562	2211		66157
非金属矿采选业				446		378
开采专业及辅助性活动		3921	1782	204272		32256
农副食品加工业	22208	6644	223	953		42498
食品制造业		7752	185	465		37901
酒、饮料和精制茶制造业		5263	144	802		30650
烟草制品业		1309		2		9276
纺　织　业		189	54	3		7454
纺织服装、服饰制造业		175	136	36		2279
皮革、毛皮、羽毛及其制品和制鞋业		339	102	30		4632
木材加工和木、竹、藤、棕、草制品业		571	58	604		36912
家具制造业		1003	509	878		36459
造纸和纸制品业		7202	96	816		41430
印刷和记录媒介复制业		3510	512	227	8	33916
文教、工美、体育和娱乐用品制造业		57	38	13		942
石油加工、炼焦和核燃料加工业		55125	3		100741	190384
化学原料和化学制品制造业		60330	762	1070		147929
医药制造业		10172	433	262		71754
化学纤维制造业		3805	2	6		13979
橡胶和塑料制品业	15316	1859	305	738		102358
非金属矿物制品业	1529881	49059	1938	25784	941	283433
黑色金属冶炼和压延加工业	8679	5648	84	279		200924
有色金属冶炼和压延加工业		2614	157	657		21817
金属制品业		5924	1326	1454		76735
通用设备制造业	30	2632	864	561		57025
专用设备制造业		1101	634	1355		27879
汽车制造业		5353	1963	2746		117286
铁路、船舶、航空航天和其他运输设备制造业		470	309	237		21574
电气机械和器材制造业		1190	709	267		128291
计算机、通信和其他电子设备制造业		5212	246	59		480758
仪器仪表制造业		47	143	20		10090
其他制造业		33				537
废弃资源综合利用业		29	40	196	323	2791
金属制品、机械和设备修理业			7			954
电力、热力生产和供应业	2102815	6190	47	321		1735627
燃气生产和供应业		207	322	25		3286
水的生产和供应业		309	126	230		54574

5-3 规模以上工业企业综合能源消费量按行业分类

Volume of Overall Energy Consumption of Industrial Enterprises above Designated Size by Sector

单位:吨标准煤

行业分类	2016 年	2017 年	2018 年	2019 年	2020 年
总　　计	**12996249**	**13176158**	**11956930**	**13860725**	**18590868**
#石油和天然气开采业	479	429	70	168	2403864
非金属矿采选业			2231	1604	1114
开采专业及辅助性活动			17	17	392059
农副食品加工业	199717	200098	167364	149896	166894
食品制造业	170475	180570	163070	160451	160259
酒、饮料和精制茶制造业	143040	131242	134799	137314	122931
烟草制品业	22400	23592	21064	27315	27300
纺　织　业	59105	47264	11800	12013	13900
纺织服装、服饰制造业	12635	10117	8272	6893	5349
皮革、毛皮、羽毛及其制品和制鞋业	44699	34329	23929	10923	10375
木材加工和木、竹、藤、棕、草制品业	104151	86404	127566	62123	54873
家具制造业	121476	130477	74719	69664	59890
造纸和纸制品业	182038	223498	169809	190775	188939
印刷和记录媒介复制业	127122	65047	89140	86779	88193
文教、工美、体育和娱乐用品制造业	6146	6763	3250	2855	2325
石油加工、炼焦和核燃料加工业	5352183	5732219	4699367	6005435	6000235
化学原料和化学制品制造业	991412	1041174	938577	1019294	674997
医药制造业	203296	228466	247728	254157	238871
化学纤维制造业	117037	110901	127559	69800	68282
橡胶和塑料制品业	191474	200735	220331	202547	182443
非金属矿物制品业	2151601	2138201	2122227	2089205	2133502
黑色金属冶炼和压延加工业	458165	304282	310444	316679	331645
有色金属冶炼和压延加工业	78818	77388	60611	68717	72708
金属制品业	148846	147286	195248	205084	175248
通用设备制造业	198134	190554	130059	124835	107219
专用设备制造业	77693	77494	59346	57515	51905
汽车制造业	309406	333033	296288	272691	229341
铁路、船舶、航空航天和其他运输设备制造业	13337	15354	16830	38395	44003
电气机械和器材制造业	132289	127795	114528	148349	174922
计算机、通信和其他电子设备制造业	188942	233043	348052	607600	664288
仪器仪表制造业	13531	15832	12448	14288	13303
其他制造业	19315	1692	1225	1004	1094
废弃资源综合利用业	14311	10152	5484	5194	5957
金属制品、机械和设备修理业	6347	4212	3532	7026	1182
电力、热力生产和供应业	1061927	970981	977643	1362918	3642692
燃气生产和供应业	15713	8763	14354	12452	7059
水的生产和供应业	46852	52744	57949	58750	71706

注:2020 年规模以上工业数据含省划转央属企业,下同。

5-4 规模以上工业企业水消费按行业分类(2020年)

Volume of Water Consumption of Industrial Enterprises above Designated Size by Sector (2020)

单位:万立方米

行业分类	工业取水总量			重复用水总量
	合计	#自来水	#地下及地表水	
总　计	**217669.09**	**40407.20**	**173354.30**	**226204.30**
#石油和天然气开采业	408.09	233.42	174.67	15289.29
非金属矿采选业	4.08	0.08	0.00	4.00
开采专业及辅助性活动	885.24	354.24	531.00	
农副食品加工业	665.17	555.56	109.58	141.46
食品制造业	803.58	597.79	205.78	17.53
酒、饮料和精制茶制造业	1541.14	1390.57	121.15	95.73
烟草制品业	107.25	64.18	42.84	11.37
纺　织　业	31.17	22.17	8.99	0.20
纺织服装、服饰制造业	110.02	91.09	18.93	0.13
皮革、毛皮、羽毛及其制品和制鞋业	63.80	36.61	27.18	1.00
木材加工和木、竹、藤、棕、草制品业	88.90	54.71	34.18	14.39
家具制造业	229.26	170.53	58.63	45.95
造纸和纸制品业	370.51	158.01	203.48	1288.49
印刷和记录媒介复制业	571.18	183.85	387.33	239.01
文教、工美、体育和娱乐用品制造业	14.42	13.51	0.91	
石油加工、炼焦和核燃料加工业	1842.65	281.32	1.50	133393.38
化学原料和化学制品制造业	3073.88	398.52	560.01	11238.52
医药制造业	1518.38	1454.96	61.52	316.28
化学纤维制造业	281.13	109.55	171.58	1571.57
橡胶和塑料制品业	316.87	255.45	60.22	1505.54
非金属矿物制品业	1583.31	781.46	794.16	5795.60
黑色金属冶炼和压延加工业	305.44	76.23	181.42	3027.56
有色金属冶炼和压延加工业	248.41	151.38	97.02	390.12
金属制品业	335.84	276.99	58.77	236.63
通用设备制造业	296.59	275.27	21.21	44.72
专用设备制造业	327.83	319.09	8.72	17.46
汽车制造业	588.97	561.59	18.88	2475.18
铁路、船舶、航空航天和其他运输设备制造业	161.24	160.67	0.57	2.08
电气机械和器材制造业	1179.65	1146.68	32.86	172.51
计算机、通信和其他电子设备制造业	4043.33	4033.31	2.42	40348.75
仪器仪表制造业	96.05	95.62	0.43	12.24
其他制造业	1.79	1.79	0.00	0.03
废弃资源综合利用业	20.40	19.91	0.25	
金属制品、机械和设备修理业	7.79	7.79	0.00	
电力、热力生产和供应业	2686.29	834.91	1851.37	8391.20
燃气生产和供应业	31.75	31.73	0.02	0.10
水的生产和供应业	192827.71	25206.66	167506.71	116.29

主要统计指标解释

能源库存量 指能源使用企业(单位)在报告期的某时间点所拥有的、用于企业(单位)消费或转卖(不包括本企业自己生产的)的各种能源的库存量。

(1)库存量的核算原则:

①时点性原则。库存量是指企业在报告期的某时间点所拥有的各种能源数量,所以必须按照制度所规定的时间点盘点库存,不得提前或推后。

②实际数量原则。企业在库存盘点后,可能出现账面数量与实际库存数量不一致的现象,在这种情况下,应以盘点数量为准来调整账面数量,差额作盘盈或盘亏处理。

③库存量的核算,以验收合格、办理完入库手续为准,未经验收或不合格的,不能计入库存。

④能源使用企业(单位)用于消费的能源库存按照能源的使用权原则统计。

(2)库存量的统计范围:

能源使用企业(单位)的能源库存统计范围,是企业购进和调入(加工来料和借入)的、在报告期某一时点尚未消费或转卖、存放在原材料、能源供应仓库(或场地)、车间、工地中的各种能源,主要包括:

①凡是本单位有权支配的,不论来源(自行采购的、借用的、外单位拨来的等),也不论存放在什么地方(总库、分库、车间、工地、本单位之外的其他地方等),均应统计在本单位的库存量中;

②在统计时点上尚未投入消费的,包括车间、工地、班组从仓库已领取但尚未投入第一道生产工序的(应办理假退料手续);

③外单位来料加工或自外单位借入的,在报告期末尚未消费的;

④已决定外调(卖出、借出、捐赠等),但尚未办理出库手续的;

⑤委托外单位代保管的;

⑥不属于正常周转库存的超出积压或特准储备、战略储备;

⑦清点盘库时查出属于账外的。

不包括:

①已拨交外单位委托加工的;

②已外调(借出、捐赠等),已经办理出库手续的;

③供货单位错发到本单位的;

④代外单位保管的;

⑤已查实确属损失或丢失的;

⑥已付货款,但还在运输途中的;

⑦已运到本单位,但尚未办理或尚未办完验收入库手续的;

⑧能源生产企业的产成品库存。

能源购进量 指能源使用企业(单位)在报告期购进的各种能源数量。购进量的核算原则:

(1)计算购进量的能源必须具备以下三个条件:

一是已实际到达本单位;

二是经过验收、检验;

三是办理完入库手续。但是,在未办理完入库手续前已经投入使用,要计算在购进量中;使用多少,计算多少。

(2)"谁购进,谁统计"。

凡属本单位实际购进的,符合上述原则,不论从何处购进,均应计算在内,包括作价的加工来料。

凡属本报告期实际购进的,办理完入库手续,即计算购进量;什么时间办理入库手续,什么时间计算购进量。

根据以上原则,下述情况不能计算在购进量内:

(1)供货单位已发货,但尚未运到本单位,即使已经付款;

(2)货已运到本单位,但尚未办理验收、入库手续;

(3)经验收发现的亏吨(按验收后的实际数量计算购进量);

(4)借入的,自产自用的,车间、工地上年领用今年退回的,以及加工来料(作价的除外)。

能源购进量按照实物量填报。各种能源的能源购进实物量分别按照报表规定的、体现物质形态属性的计量单位(如:吨、立方米)计算的能源购进量。

购自省外 指企业在报告期内从本省(自治区、直辖市)以外(包括进口)购进的能源产品数量。

能源消费量 指能源使用企业(单位)在报告期内实际消费的各种能源的数量。能源消费量分实物量和标准量两种。能源消费实物量是按照报表规定的、体现物质形态属性的计量单位(如:吨、立方米)计算的能源消费量;能源消费标准量是按照能源标准计量单位(如:吨标准煤)计算的能源消费量。

能源消费量的统计原则:

(1)谁消费、谁统计。即不论其所有权的归属,由哪个单位消费,就由哪个单位统计其消费量。

(2)何时投入使用,何时计算消费量。企业的能源消费,在时间、工艺界限上,以投入第一道生产工序为标志,即投入第一道生产工序即计算消费;何时投入第一道生产工序,何时计算消费量。

(3)在计算企业(单位)的综合能源消费量时,不得重复计算,要扣除二次能源的产出量和余热、余能的回收利用量。

(4)耗能工质(如水、氧气、压缩空气等),不论是外购的还是自产自用的,均不统计在能源消费量中(计算单位产品能耗时是否包括耗能工质,视统计指标的具体规定而定)。

(5)企业自产的能源,作为企业生产另一种产品的原料或燃料,是否计算消费量,视以下两种情况而定:一是自产的能源如果计算产量,消费时则计算消费量,二是自产的能源如果不计算产量,消费时则不计算消费量,视同产品生产过程中的半成品和中间产品。原则是:计算产量,则计算消费;不计算产量,则不计算消费。

工业企业能源消费量 指工业企业在工业生产活动和非工业生产活动中消费的能源,包括工业生产活动中作为燃料、动力、原料、辅助材料使用的能源,生产工艺中使用的能源,用于能源加工转换的能源;非工业生产活动中使用的能源。具体包括:

(1)用于本企业产品生产、工业性作业和其他生产性活动的能源;

(2)用于技术更新改造措施、新技术研究和新产品试制以及科学试验等方面的能源;

(3)用于经营维修、建筑及设备大修理、机电设备和交通运输工具等方面的能源;

(4)用于劳动保护的能源;

(5)生产交通运输工具的企业(如造船厂、汽车制造厂),向成品轮船、汽车中添加动力用油,应算作企业的能源消费,但不作为工业生产消费,应作为非工业生产消费和交通运输工具消费。

(6)其他非生产消费的能源。

不包括:

(1)由仓库发到车间,但在报告期最后一天没有消费的能源。这部分能源应在办理假退料手续后计入库存量。

(2)拨到外单位,委托外单位加工用的能源。

(3)调出本单位或借给外单位的能源。

工业生产能源消费量 指工业企业为进行工业生产活动所消费的能源。主要包括:

(1)用于本企业产品生产、工业性作业的能源,包括用作原料、材料、燃料、动力的能源;作为能源加工转换企业,还包括用作加工转换的能源(这部分能源不能理解为用作原材料,用作原材料的概念见后面的解释);

(2)产品生产过程中作为辅助材料使用的能源;

(3)生产工艺过程使用的能源;

(4)新技术研究、新产品试制、科学试验使用的能源;

(5)为了工业生产活动而在进行的各种修理过程中使用的能源;

(6)生产区内的劳动保护用能等。

用于原材料的能源消费量 指能源产品不作能源使用,即不作燃料、动力使用,而作为生产另外一种产品(非能源产品)的原料或作为辅助材料使用,作原料使用时通常构成这种产品的实体。它与用作加工转换的区别是:用作加工转换,投入的是能源,产出的主要产品还是能源(或产出的产品属于加工转换过程中产生的不作能源使用的其他副产品和联产品)。而用作原材料时,投入的是能源,产出的主要产品是能源范畴以外的产品,包括产出的某种产品在广义上可以用作能源(比如可以燃烧以提供热量),但通常意义上不作能源使用的产品。

非工业生产能源消费量　指在工业企业能源消费中,除“工业生产能源消费”以外的能源消费,即非工业生产用能和工业企业附属的不从事工业生产活动的非独立核算单位用能。比如本企业施工单位进行技术更新改造、维修等过程用能,非生产区的劳动保护用能,科研单位、农场、车队、学校、医院、食堂、托儿所等单位用能。但是必须注意,上述单位如果是独立核算的,其用能既不能包括在“工业企业能源消费”中,亦不能包括在“非工业生产能源消费”中。

生产交通运输工具的企业(如造船厂、汽车制造厂),向成品轮船、汽车中添加动力用油,应算作企业的非工业生产消费。

运输工具能源消费量　指在厂区内、外进行交通运输活动的交通运输工具所消费的能源。生产交通运输工具的企业(如造船厂、汽车制造厂),向成品轮船、汽车中添加动力用油,应作为交通运输工具消费。

如果工业企业所属的车队是独立核算的企业,其消费的能源既不能包括在“工业企业能源消费”中,亦不能包括在“运输工具消费”中,它的消费应为交通运输业企业消费。

综合能源消费量　指企业(单位)在报告期内工业生产实际消费的各种能源(扣除能源加工转换和能源回收利用等重复因素)的总和。计算综合能源消费量时,需要将各种能源品种的消费量换算成按照标准计量单位(如:吨标准煤)计量的消费量。

取水量　指企业从各种水源直接提取或者从市场购买的用于厂区、办公区内工业生产活动的水量,以实际获得的新水量为准。

用于工业生产活动的水量,包括主要生产用水、辅助生产用水(如机修、运输、空压站等)和附属生产用水(如绿化、办公室、浴室、食堂、厕所、保健站等),不包括非工业生产单位的用水量(如基建用水、厂内居民家庭用水和企业附属幼儿园、学校、对外营业的浴室、游泳池等的用水量)和居民生活用水量。

取水量包括企业取自地表、地下、城镇供水工程的水,外购的再生水(中水)、其他水或水的产品,以及企业为生产外供水或水产品而取用的水。不包括重复用水量、直流冷却水量、未利用直接排放的矿井水和雨水量、污水处理企业处理的污(废)水量、水力发电动力用水量。

六 财政、金融和保险

简 要 说 明

主要内容

本部分包括全市财政收支情况;全市税收情况、金融机构及国家银行人民币信贷收支情况；全市保险机构在本市的保险业务开办情况。

资料来源

财政资料来源于成都市财政局。

税收资料来源于国家税务总局成都市税务局。

金融资料来源于中国人民银行成都分行营业管理部。

保险资料来源于四川省保险行业协会。

其他需要说明的问题

金融机构及国家银行信贷收支统计数含省级在蓉金融机构和国家银行在本市发生的人民币信贷收支数。

财政收入与支出（亿元）

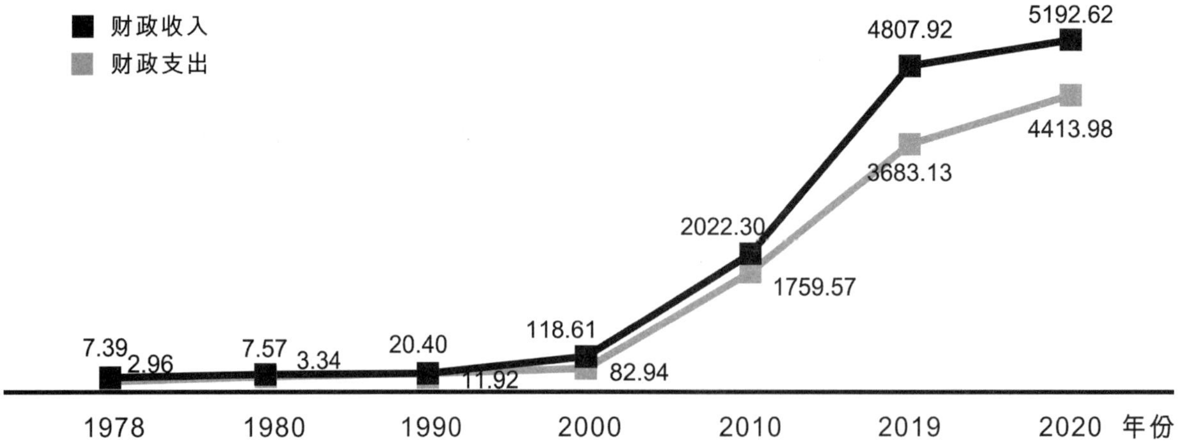

金融机构人民币年末存贷款余额（亿元）

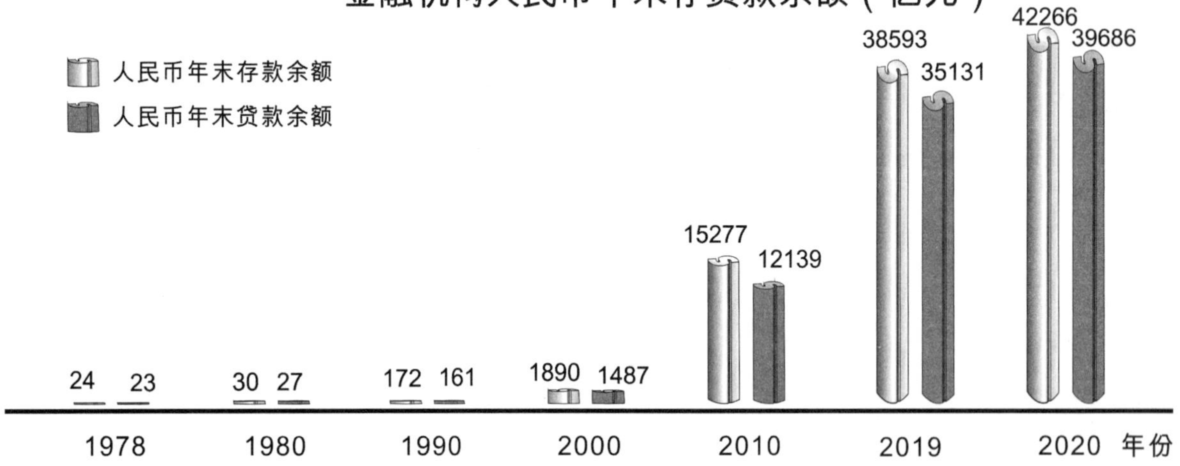

住户存款余额（亿元）

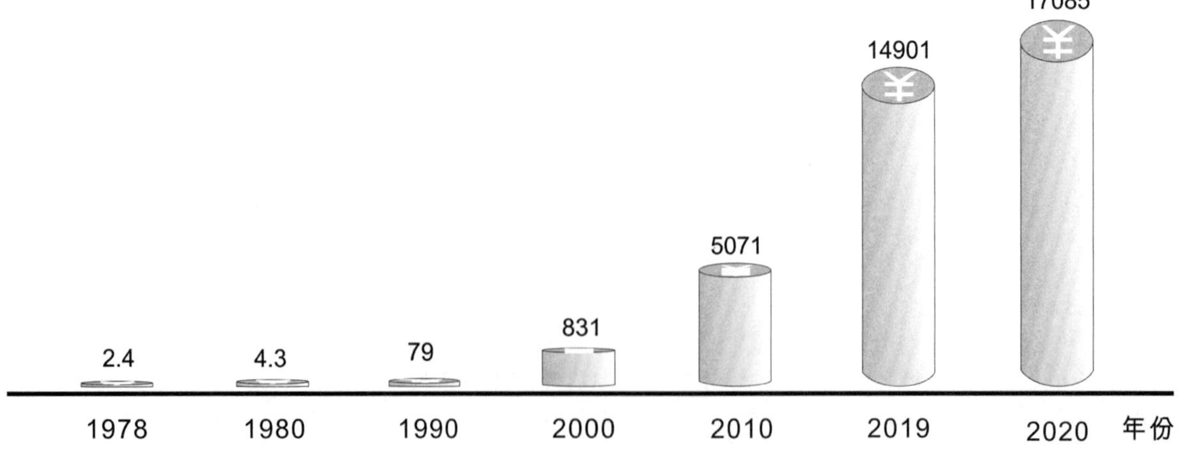

6-1 历年财政收入与财政支出

Government Financial Revenue and Expenditures over the Years

年份	财政收入（万元）	财政支出（万元）	财政收支差额（万元）	增长速度（%）		相当于本地生产总值比例（%）	
				财政收入	财政支出	财政收入	财政支出
1950	52	83	-31			0.1	0.2
1951	282	463	-181	4.4倍	4.6倍	0.6	1.0
1952	794	1407	-613	1.8倍	2.0倍	1.6	2.8
1953	9409	2723	6686	10.9倍	93.5	15.1	4.4
1954	9614	2887	6727	2.2	6.0	14.5	4.4
1955	10520	3188	7332	9.4	10.4	15.1	4.6
1956	12141	4635	7506	15.4	45.4	15.3	5.8
1957	15334	4923	10411	26.3	6.2	17.0	5.5
1958	25431	12174	13257	65.8	1.5倍	24.5	11.7
1959	40407	17679	22728	58.9	45.2	32.2	14.1
1960	60046	26489	33557	48.6	49.8	46.9	20.7
1961	21690	8613	13077	-63.9	-67.5	27.2	10.8
1962	14346	4997	9349	-33.9	-42.0	18.5	6.5
1963	20010	5996	14014	39.5	20.0	23.6	7.1
1964	19321	10375	8946	-3.4	73.0	18.5	10.0
1965	21776	11314	10462	12.7	9.1	16.0	8.3
1966	25184	11583	13601	15.7	2.4	15.1	6.9
1967	18501	9730	8771	-26.5	-16.0	12.6	6.6
1968	9991	7327	2664	-46.0	-24.7	8.4	6.1
1969	18803	12430	6373	88.2	69.6	12.4	8.2
1970	27519	13991	13528	46.4	12.6	13.4	6.8
1971	33571	17326	16245	22.0	23.8	14.5	7.5
1972	35024	18636	16388	4.3	7.6	15.7	8.3
1973	33229	17077	16152	-5.1	-8.4	14.4	7.4
1974	29519	15734	13785	-11.2	-7.9	13.3	7.1
1975	40904	18989	21915	38.6	20.7	16.5	7.7
1976	39098	20009	19089	-4.4	5.4	17.6	9.0
1977	50167	21368	28799	28.3	6.8	17.5	7.5
1978	73882	29626	44256	47.3	38.7	20.6	8.3
1979	74864	34597	40267	1.3	16.8	18.1	8.4
1980	75687	33359	42328	1.1	-3.6	16.4	7.2
1981	70933	30410	40523	-6.3	-8.8	14.5	6.2
1982	73839	30466	43373	4.2	0.2	13.3	5.5
1983	86090	35018	51072	16.6	15.0	13.7	5.6
1984	95642	45790	49852	11.1	30.8	13.4	6.4
1985	116497	59707	56790	21.8	30.4	13.5	6.9

注：①增长速度为同口径可比增速；②1950 - 1952年属新中国建立初期经济恢复时期，我市尚未建立地方级财政，该时期主要税收均由国家、省直接征收，地方仅有极少部分税收项目收入，故数据偏小。

6-1 续表

年　份	财政收入（万元）	财政支出（万元）	财政收支差额（万元）	增长速度(%)		相当于本地生产总值比例(%)	
				财政收入	财政支出	财政收入	财政支出
1986	133535	68105	65430	14. 6	14. 1	14. 1	7. 2
1987	138508	72036	66472	3. 7	5. 8	12. 0	6. 2
1988	163280	81158	82122	17. 9	12. 7	11. 2	5. 6
1989	195905	105061	90844	20. 0	29. 2	12. 0	6. 4
1990	203981	119179	84802	4. 1	13. 4	10. 5	6. 1
1991	224354	144965	79389	10. 0	21. 6	9. 6	6. 2
1992	249041	167589	81452	11. 0	15. 6	7. 0	4. 7
1993	337751	244909	92842	35. 6	46. 1	8. 1	5. 9
1994	458905	284996	173909	35. 9	16. 4	8. 3	5. 1
1995	528933	352085	176848	15. 3	23. 5	7. 6	5. 0
1996	654185	444024	210161	23. 7	26. 1	7. 9	5. 3
1997	772534	528323	244211	18. 1	19. 0	8. 2	5. 6
1998	894140	600676	293464	15. 7	13. 7	8. 7	5. 9
1999	1047867	722136	325731	17. 2	20. 2	9. 4	6. 5
2000	1186106	829432	356674	15. 3	14. 9	9. 6	6. 7
2001	1453175	1056589	396586	22. 5	27. 4	10. 4	7. 6
2002	1819760	1296823	522937	22. 8	22. 7	11. 7	8. 4
2003	2161256	1545576	615680	15. 1	19. 5	12. 2	8. 8
2004	2751491	1875653	875838	27. 1	21. 4	13. 4	9. 1
2005	3657817	2417938	1239879	28. 8	27. 2	15. 4	10. 2
2006	4890756	3369189	1521567	30. 0	37. 3	17. 4	12. 0
2007	9966100	7536223	2429877	36. 0	38. 7	28. 7	21. 7
2008	11322983	9322280	2000703	12. 2	22. 8	26. 9	22. 2
2009	12793694	10458917	2334777	14. 3	11. 5	27. 0	22. 1
2010	20222972	17595722	2627250	58. 1	74. 4	34. 3	29. 9
2011	22694571	17942741	4751830	13. 6	2. 6	30. 9	24. 4
2012	23312621	17704420	5608201	3. 8	-1. 2	27. 0	20. 5
2013	28100196	21508149	6592047	19. 2	22. 8	29. 7	22. 8
2014	30961856	23296247	7665609	10. 2	8. 3	29. 9	22. 5
2015	30789634	22291350	8498284	-0. 6	-4. 3	28. 9	20. 9
2016	33445538	24295200	9150338	8. 6	9. 0	28. 2	20. 5
2017	42222320	29953981	12268339	26. 2	23. 3	30. 3	21. 5
2018	45268174	33918389	11349785	7. 2	13. 2	28. 8	21. 6
2019	48079238	36831309	11247929	6. 2	8. 6	28. 3	21. 6
2020	51926167	44139847	7786320	8. 0	19. 8	29. 3	24. 9

6-2 分级地方公共财政收支情况(2020 年)

Revenue and Expenditures in Local Public Finance by Grade and Source(2020)

单位:万元

项　目	全　市	分级收支		占全市比重(%)	
		市本级	区县级	市本级	区县级
一般公共预算收入	**15203788**	**1962434**	**13241354**	**12.9**	**87.1**
增 值 税	3425015	28353	3396662	0.8	99.2
企业所得税	1832562	38429	1794133	2.1	97.9
个人所得税	596496	28239	568257	4.7	95.3
其他收入	9349715	1867413	7482302	20.0	80.0
一般公共预算支出	**21594765**	**4519495**	**17075270**	**20.9**	**79.1**
#一般公共服务支出	2174073	285847	1888226	13.1	86.9
公共安全支出	1290743	278298	1012445	21.6	78.4
教育支出	3277272	338794	2938478	10.3	89.7
社会保障和就业支出	2138767	501306	1637461	23.4	76.6
卫生健康支出	1708188	640728	1067460	37.5	62.5
城乡社区支出	3584540	585634	2998906	16.3	83.7
资源勘探信息等支出	1436657	151234	1285423	10.5	89.5
粮油物资储备支出	26068	4148	21920	15.9	84.1
商业服务业等支出	332540	105014	227526	31.6	68.4
金融支出	384249	205321	178928	53.4	46.6

6-3 全市税收情况(2020年)

Main Indicators of Taxes Revenue(2020)

单位:万元

项目	合计	内资企业			
		小计	#国有企业	#集体企业	#联营企业
总计	**30485796**	**24448543**	**2209445**	**49693**	**30943**
#增值税	10624871	9067038	623287	20042	566
消费税	2485070	2098567	265589	18	
企业所得税	7223775	5783081	359250	9672	20171
个人所得税	2328206	1753636	100800	1259	9041
资源税	49416	46080	3913	58	36
城市维护建设税	998029	855286	62529	1384	42
房产税	727040	542380	36270	1848	909
印花税	318737	271707	22207	467	14
城镇土地使用税	337883	305901	12113	752	124
土地增值税	1561910	1328502	65914	13951	
车船使用税	206891	198757	2961	2	
车船购置税	720896	158464	1269	150	19

6-3 续表

项目	内资企业		港澳台外商投资企业	个体经营
	#股份公司	#私营企业		
总计	**17386346**	**3471961**	**3884791**	**2152462**
#增值税	6740237	1595774	1252702	305131
消费税	1767918	65038	385838	665
企业所得税	4421180	933242	1440694	
个人所得税	1070466	244421	221990	352580
资源税	28291	12712	2559	777
城市维护建设税	665652	119736	131319	11424
房产税	408672	83512	147832	36828
印花税	209687	37604	39549	7481
镇土地使用税	252214	37654	30389	1593
土地增值税	1071180	171583	208672	24736
车船使用税	193454	1732	7968	166
车船购置税	112820	40589	6533	555899

6-4 各 项 税 收

Taxes of All Kinds

单位:万元

指　　标	2018 年		2019 年		2020 年	
	数值	增长%	数值	增长%	数值	增长%
税收收入合计	**29557885**	**11.6**	**30277727**	**2.4**	**30485796**	**0.7**
按税种分						
#增值税收入	12369774	7.7	12256502	-0.9	10624871	-13.3
#一般纳税人	9875284	7.5	9900847	0.3	9648038	-2.6
消费税收入	2116745	0.2	2767361	30.7	2485070	-10.2
企业所得税	6021609	13.6	6741231	12.0	6741243	0.0
个人所得税	2904471	17.7	2129344	-26.7	2328206	9.3
按行业分						
第一产业	25313	27.8	23281	-8.0	28264	21.4
第二产业	9588341	12.6	9618532	0.3	9510305	-1.1
采矿业	82014	10.1	94568	15.3	100666	6.4
制造业	6970251	9.2	6950533	-0.3	6650545	-4.3
电力、燃气及水的生产和供应业	436472	14.5	379550	-13.0	368107	-3.0
建筑业	2099604	25.1	2193881	4.5	2390987	9.0
第三产业	19944231	11.1	20635914	3.5	20947227	1.5
交通运输、仓储及邮政业	842071	39.4	631262	-25.0	171588	-72.8
批发和零售业	3896139	20.6	3592324	-7.8	4107262	14.3
金融业	2627258	6.5	2614497	-0.5	2868030	9.7
信息传输、计算机服务和软件业	1084724	26.3	894288	-17.6	1104106	23.5
租赁和商务服务业	2042827	25.7	2267347	11.0	2213323	-2.4
房地产业	5889159	10.1	6372369	8.2	6994112	9.8
其他行业	3562053	-6.8	4263827	19.7	3488806	-18.2

6-5 历年信贷及现金收支情况

Income and Expenditures on Credit and Cash over the Years

单位:万元

年　份	金融机构信贷收支		国家银行现金收支		净投放(+) 净回笼(-)
	年末存款余额	年末贷款余额	现金收入	现金支出	
1950	2510	51	3361	4082	721
1951	4641	404	8338	10083	1745
1952	11245	716	13534	15058	1524
1953	8843	6958	18325	20657	2332
1954	18101	40420	30256	29425	-831
1955	22201	23503	34121	33743	-378
1956	14481	18563	45538	47125	1587
1957	20936	21878	55374	54497	-877
1958	38853	37297	63388	63251	-137
1959	103889	79316	70858	67662	-3196
1960	77298	143748	75006	73085	-1921
1961	101189	130652	73303	71947	-1356
1962	70450	90614	60100	55569	-4531
1963	74314	61371	64128	60651	-3477
1964	69339	68163	70908	69027	-1881
1965	88541	90464	78669	77925	-744
1966	112231	126901	84284	82863	-1421
1967	103697	125694	89287	85540	-3747
1968	102058	145786	78624	79804	1180
1969	106782	159196	87936	84430	-3506
1970	143296	169548	89822	82611	-7211
1971	161042	182252	95408	89627	-5781
1972	168218	178822	106045	101187	-4858
1973	158311	187762	114147	108213	-5934
1974	164467	186970	115292	110170	-5122
1975	158736	195459	118666	111249	-7417
1976	156813	183154	114897	111929	-2968
1977	223387	193600	122723	116698	-6025
1978	237967	225304	144048	139022	-5026
1979	281399	250258	184524	180083	-4441
1980	303681	274013	230362	224825	-5537
1981	324079	294740	257694	247998	-9696
1982	375890	297258	285665	274832	-10833
1983	414984	301860	336814	324651	-12163
1984	561629	631535	419970	416516	-3454
1985	590613	539559	591895	575088	-16807

6-5 续表

单位:万元

年 份	金融机构信贷收支		国家银行现金收支		净投放(+) 净回笼(-)
	年末存款余额	年末贷款余额	现金收入	现金支出	
1986	814434	797886	673159	654730	-18429
1987	1000047	942447	913920	887621	-26299
1988	1121097	1139779	1358685	1388848	30163
1989	1327700	1322547	1545823	1467073	-78750
1990	1723157	1605300	1751065	1616964	-134101
1991	2227217	1996183	2256416	2046852	-209564
1992	2975379	2485056	3356674	3199444	-157230
1993	3494672	3091224	5237439	5097752	-139687
1994	4522346	3880226	7241492	6982354	-259138
1995	6019448	4978719	10189352	9467860	-721492
1996	7596120	5990567	12919604	11849209	-1070395
1997	9068225	7022430	15063348	13661810	-1401538
1998	10870715	8160632	16789857	15762008	-1027849
1999	16364174	13742177	24126046	22950528	-1175518
2000	18904394	14871362	28189459	27026857	-1162602
2001	22571432	17622699	33919325	33100139	-819186
2002	26356135	21817846	41130487	40728767	-401720
2003	32407873	25879425	48819720	48347133	-472587
2004	37715442	28598705	53991306	52923407	-1067899
2005	44774948	30187025	58027002	57195480	-831522
2006	54853432	36313698	68830779	66898658	-1932121
2007	63932505	41192044	70844015	68400632	-2443383
2008	83170849	54097178	68423488	66097068	-2326420
2009	124159316	98694021	—	—	—
2010	152772464	121394256	—	—	—
2011	170980221	137668497	—	—	—
2012	203541672	156303941	—	—	—
2013	236622059	176175139	—	—	—
2014	267975023	197789312	—	—	—
2015	294749203	219706426	—	—	—
2016	314336886	250092017	—	—	—
2017	344232848	283593083	—	—	—
2018	366561480	314229604	—	—	—
2019	385928394	351313924	—	—	—
2020	422655764	396862375	—	—	—

6-6 金融机构信贷收入与支出

Credit Income and Expenditures of Financial Institutions

单位:万元

项目	2016 年	2017 年	2018 年	2019 年	2020 年
年末人民币存款余额	**314336886**	**344232848**	**366561480**	**385928394**	**422655764**
#企业存款	113497694	118782701	121232328	128187057	140607860
住户存款	108075605	119708368	131414672	149005522	170849889
1. 活期存款	42937951	47610141	49685653	55261686	61377459
2. 定期存款	65137655	72098227	81729018	93743836	70919988
年末人民币贷款余额	**250092017**	**283593083**	**314229604**	**351313924**	**396862375**
#短期贷款	53840463	50907887	51056016	54886581	60808506
#个人贷款及透支	9410125	9659027	11083782	13462867	13657034
单位普通贷款及透支	44430338	41248860	39972235	41423714	47151472
#固定资产贷款	1021082	933336	2108606	1944383	1258276
中长期贷款	190307939	228669532	257031181	288240142	327222069
#个人贷款	53558423	64615560	74607876	87817434	100346723
单位普通贷款	136749516	164053972	182423305	200422708	226875346

注:指标"住户存款"2014 年为"城乡居民储蓄存款"。

6-7 中资全国性大型银行信贷收入与支出

Credit Income and Expenditures of Chinese national large Banks

单位:万元

项目	2016 年	2017 年	2018 年	2019 年	2020 年
年末存款余额	**135131383**	**152220008**	**167526476**	**206356153**	**218880602**
#单位存款	68918994	80495878	91469067	109160539	109070893
个人存款	60940875	66297241	71797726	90337639	101674795
年末贷款余额	**96738914**	**108029239**	**119120910**	**205472350**	**232312868**
#短期贷款	13437857	14521822	15980511	21063886	23415066
#个人贷款及透支	2917351	3166551	3694667	5658971	5493611
单位普通贷款及透支	10520506	11355272	12285845	15404915	17921456
#固定资产贷款	504787	281515	862974	1782968	1104023
中长期贷款	82161595	93094487	102198794	181582103	206997611
#个人贷款	33934886	38645684	42727881	57041107	64453062
单位贷款	48226709	54448801	59470913	124540996	142544549

注:①中资全国性大型银行包括工行、农行、中行、建行、交行、邮政储蓄银行、国家开发银行;②表中 2015 年-2018 年数据为工农中建四家银行合计数。

6-8 中资全国性大型银行信贷收入与支出(2020年)

Credit Income and Expenditures of Chinese national large Banks by Institutions(2020)

单位:万元

项目	合计	#工商银行	#农业银行	#中国银行	#建设银行	#交通银行	#邮政储蓄银行	#国家开发银行
年末各项存款	**218880602**	**55618306**	**44723821**	**27903465**	**62559966**	**11536145**	**8929919**	**7608979**
#单位存款	109070893	26927385	19413934	15298911	34196942	5961754	1174170	6097796
个人存款	101674795	27223086	23732320	11809555	27064638	4433104	7412092	
年末各项贷款	**232312868**	**46006063**	**40906771**	**27604891**	**42162704**	**9494176**	**8592644**	**57545618**
#短期贷款	23415066	3488126	5090775	3815969	6526868	1507619	1576268	1409442
中长期贷款	206997611	42256061	35698623	23487956	35533786	7847351	6939598	55234236

注:中资全国性大型银行包括工行、农行、中行、建行、交行、邮政储蓄银行、国家开发银行。

6-9 全市金融机构外汇信贷收支情况

Foreign Exchange Credit Revenue & Disbursement of Financial Institutions

单位:万美元

项　目	2019 年	2020 年	项　目	2019 年	2020 年
年末存款余额	**1770524**	**2128638**	短期贷款	743719	1127276
单位存款	1446941	1764894	其中:个人贷款及透支	1528	645
其中:活期存款	318438	305618	单位普通贷款及透支	742191	1126631
个人存款	252846	276286	中长期贷款	289491	290180
年末贷款余额	**1910766**	**2240190**	其中:个人贷款	21	14
境内贷款	1034817	1417456	单位普通贷款	289470	290166

6-10 保 险 业 务

Economic and Technical Indicators of Insurance Companies

单位:万元

项　目	保　费		赔付支出	
	2019 年	2020 年	2019 年	2020 年
总　计	**10374195**	**10447266**	**2842441**	**3089261**
财产保险	2832330	3132094	1564584	1667738
#企业财产险	114541	116559	52643	65868
机动车辆险	1824505	1851523	1062962	1086857
货物运输险	9785	11819	4346	5505
人身保险	7541865	7315172	1277857	1421524
#意外伤害险	143860	138849		
健 康 险	1472067	1643988		
寿　险	5925938	5532335		
#满期给付			168577	185230
死伤医疗给付			603239	708697

主要统计指标解释

财政收入 包括:(1)各项税收包括增值税、营业税、消费税、土地增值税、城市维护建设税、资源税、城市土地使用税、印花税、固定资产投资方向调节税、个人所得税、企业所得税、关税、农牧业税和耕地占用税等。(2)专项收入包括征收排污费、征收城市水资源费收入,教育费附加收入等。(3)其他收入包括基本建设贷款归还收入、国家能源交通重点建设基金收入、国家预算调节基金等。(4)国有企业计划亏损补贴这项为负收入,冲减财政收入。

财政支出 主要包括:基本建设支出、企业挖潜改造资金、地质勘探费用、科技三项费用、支援农村生产支出、农林水利气象等部门的事业费用、工业交通商业等部门的事业费用、文教科学卫生事业费、抚恤和社会福利救济费、国际支出、行政管理费、价格补贴支出等。

属于地方财政的收入包括营业税、地方企业所得税、个人所得税、城镇土地使用税、固定资产投资方向调节税、城镇维护建设税、房产税、车船使用税、印花税、屠宰税、农牧业税、农业特产税、耕地占用税、契税、增值税25%部分,证券交易税(印花税)的50%部分和除海洋石油资源税以外的其他资源税。

地方财政支出 地方财政支出主要包括地方行政管理和各项事业费,地方统筹的基本建设、技术改造支出,支援农村生产支出,城市维护和建设经费,价格补贴支出等。

预算外资金收支 预算外资金是有关单位凭借国家权力或由国家授权而取得的没有纳入国家预算管理的财政性资金。其收入包括地方财政部门的各项附加收入,集中事业收入,专项收入等,事业行政单位的专用基金,经营性服务纯收入,行政事业性收费,专项资金,中小学勤工俭学收入,税收分成等。其支出包括固定资产投资支出,城市维护支出,福利奖励支出,行政事业支出等。

信贷资金 国家银行用于发放贷款的资金叫信贷资金。中国人民银行信贷资金的来源有各项存款、对国际金融机构负债、流通中货币、银行自有资金及当年结益等。信贷资金的运用有各项贷款、黄金占款、外汇占款、财政借款及在国际金融机构中的资产等。

存款 企业、机关、团体或居民根据可以收回的原则,把货币资金存入银行或其他信用机构保管并取得一定利息的一种信用活动形式。根据存款对象的不同可划分为企业存款、财政存款、机关团体存款、基本建设存款、城镇储蓄存款、农村存款等科目。它是银行信贷资金的主要来源。

贷款 银行或其他信用机构根据必须归还的原则,按一定利率,为企业、个人等提供资金的一种信用活动形式。我国银行贷款分为流动资金贷款、固定资产贷款、城乡个体工商户贷款以及农业贷款等科目。

保费 又叫保险费。是保险人根据保险合同的有关规定,为被保险人取得因约定危险事故发生所造成的经济损失补偿(或给付)权利,付给保险人的代价。包括财产险和人身险储金收入。

赔付支出 事故发生后,经查证确属保险责任范围以内的保险标的损失,保险人根据保险合同的规定履行赔偿义务,给予被保险人的款项叫作赔款。赔款可分为已决赔款和未决赔款两种。

七　人民生活、物价

简 要 说 明

主要内容

本部分反映人民生活状况与物价变动情况，主要包括：居民家庭抽样调查的人口、收入、支出总量与结构指标。城镇居民家庭人均食物消费量、穿用商品及耐用消费品拥有量情况；农村居民家庭的人口、文化程度、收支、居住情况以及农村居民家庭消费结构、消费量和耐用消费品拥有量。历年城市居民消费价格指数及商品零售价格指数等。

资料来源

本部分统计资料来源于国家统计局成都调查队。

城乡居民收入（元）

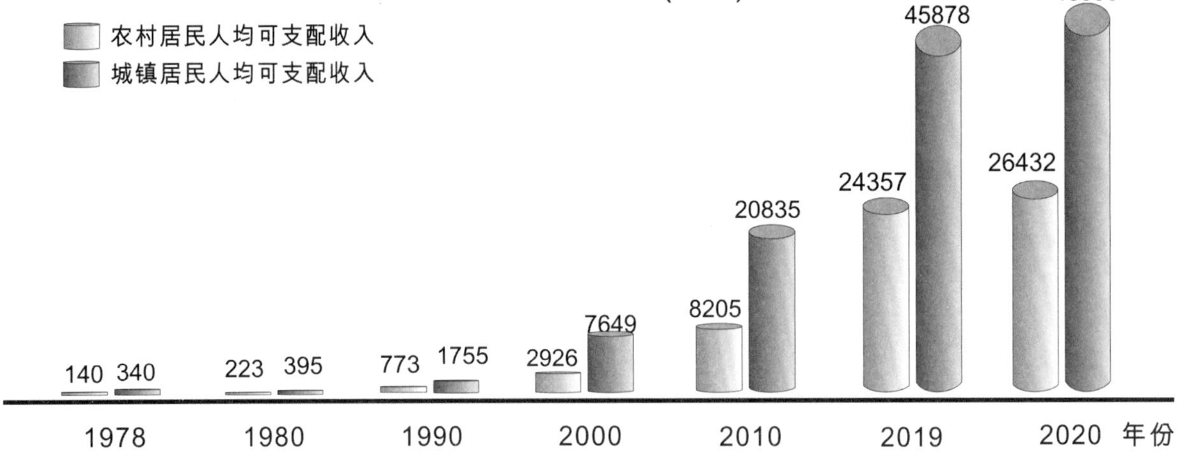

城乡居民人均生活消费支出构成（%）

城镇居民

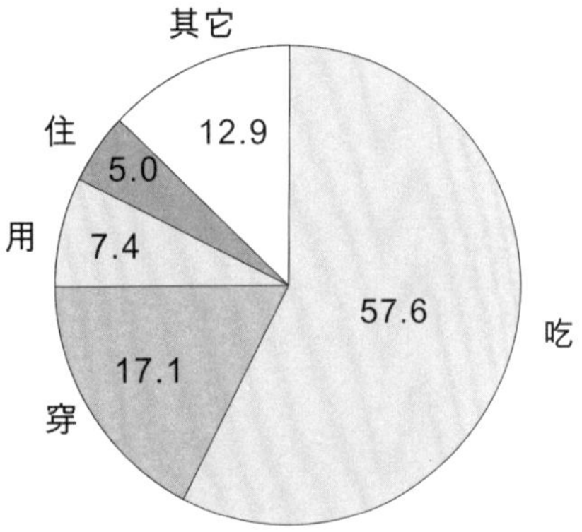

1978年

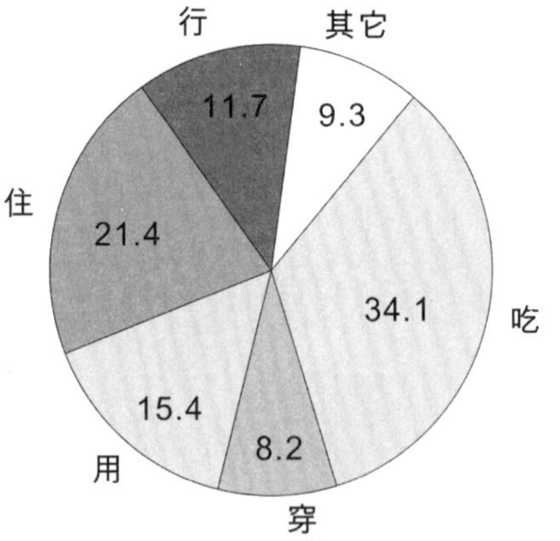

2020年

农村居民

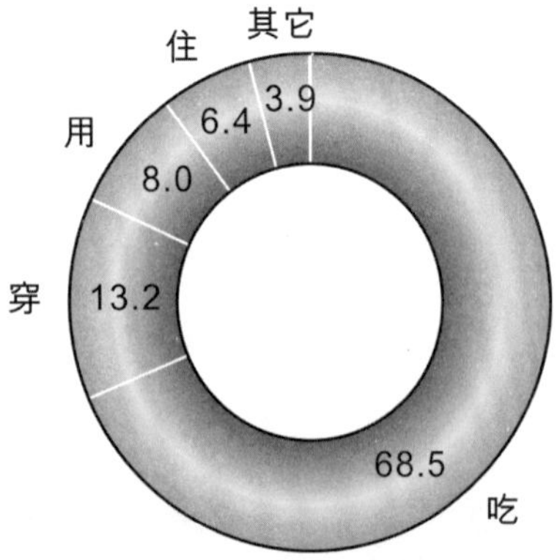

1978年

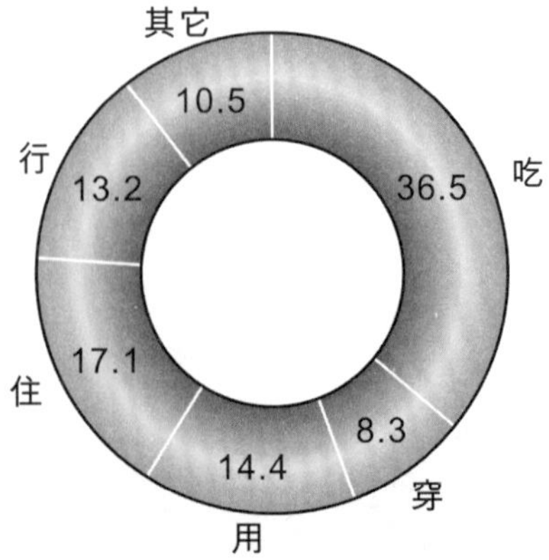

2020年

7-1 历年城镇居民家庭基本情况

Basic Conditions of Urban Households over the Years

年份	调查户数（户）	户均家庭人口（人）	户均就业人口（人）	每一就业者负担人数（人）	平均每户就业面（%）
1954	300	3.91	1.21	3.23	30.95
1955	300	3.90	1.24	3.15	31.79
1956	300	3.72	1.25	2.98	33.60
1957	300	3.62	1.35	2.68	37.29
1958	300	3.64	1.31	2.78	35.99
1959	300	3.80	1.42	2.68	37.37
1960	300	3.31	1.42	2.33	42.90
1961	300	3.61	1.40	2.58	38.78
1962	300	4.34	1.40	3.10	32.26
1963	300	5.88	1.37	4.29	23.30
1964	300	5.18	1.52	3.41	29.34
1965	300	5.25	1.53	3.43	29.14
1966	300	5.10	1.57	3.25	30.78
1967	300	5.00	1.35	3.70	27.00
1968	300	5.01	1.31	3.82	26.15
1969	300	4.66	1.20	3.88	25.75
1970	300	4.52	1.15	3.93	25.44
1971	300	4.54	1.28	3.55	28.19
1972	300	4.50	1.28	3.52	28.44
1973	300	4.44	1.35	3.29	30.41
1974	300	4.37	1.49	2.93	34.10
1975	300	4.29	1.59	2.70	37.06
1976	300	4.12	1.60	2.58	38.83
1977	300	4.09	1.67	2.45	40.83
1978	300	4.19	1.74	2.41	41.53
1979	300	4.39	1.86	2.36	42.34
1980	300	3.84	1.97	1.95	51.30
1981	300	4.00	2.09	1.92	52.17
1982	300	3.82	2.07	1.85	54.14
1983	300	3.80	2.11	1.81	55.39
1984	300	3.75	2.10	1.79	56.00
1985	300	3.40	2.05	1.66	60.26

7-1 续表

年 份	调查户数（户）	户均家庭人口（人）	户均就业人口（人）	每一就业者负担人数（人）	平均每户就业面（%）
1986	300	3.32	1.98	1.68	59.68
1987	300	3.42	2.10	1.63	61.25
1988	300	3.28	1.87	1.76	56.95
1989	300	3.17	1.78	1.78	56.05
1990	300	3.15	1.79	1.76	56.93
1991	300	3.05	1.72	1.77	56.44
1992	300	3.03	1.66	1.83	54.79
1993	300	2.90	1.51	1.92	52.18
1994	300	2.88	1.56	1.85	54.17
1995	300	2.96	1.71	1.73	57.95
1996	300	2.97	1.76	1.69	59.26
1997	300	2.99	1.77	1.69	59.26
1998	300	2.97	1.72	1.73	57.91
1999	300	2.92	1.72	1.70	58.84
2000	300	2.88	1.44	2.00	50.12
2001	300	2.98	1.39	2.14	46.81
2002	300	2.92	1.33	2.20	45.55
2003	400	2.89	1.35	2.14	46.71
2004	400	2.89	1.48	1.95	51.21
2005	400	2.87	1.39	2.06	48.43
2006	400	2.98	1.56	1.90	52.70
2007	400	2.90	1.54	1.88	53.10
2008	396	2.74	1.43	1.92	52.21
2009	400	2.74	1.43	1.92	52.19
2010	400	2.79	1.53	1.82	54.84
2011	400	2.75	1.44	1.91	52.36
2012	400	2.81	1.43	1.97	50.89
2013	403	2.82	1.41	2.00	50.00
2014	2106	2.89	1.49	1.94	51.56
2015	2549	2.93	1.47	1.99	50.17
2016	2672	2.98	1.50	1.99	50.25
2017	2599	2.97	1.50	1.98	50.53
2018	2649	2.93	1.59	1.84	54.35
2019	2649	3.00	1.67	1.80	55.67
2020	2649	3.09	1.62	1.91	52.28

注:2008 年在“5.12”地震期间,个别调查户无法正常记账,故年调查户数为 396 户。

7-2 历年城镇居民家庭就业人口情况

The Number of Employee of Urban Households over the Years

单位:人

年份	调查户家庭人口	就业人口	国有经济单位职工	集体经济单位职工	个体劳动者	其他劳动者
1978	1257	522				
1979	1318	558				
1980	1152	591				
1981	1200	626	479	144		3
1982	1147	621	488	128		5
1983	1141	632	497	132		3
1984	1125	630	507	113	5	5
1985	1019	614	456	143	12	3
1986	997	595	447	135	5	8
1987	1027	629	467	145	6	11
1988	985	561	428	105	8	20
1989	951	533	432	76	7	18
1990	945	538	454	59	4	21
1991	916	517	398	87	12	20
1992	909	498	383	90	11	14
1993	870	454	339	87	14	14
1994	864	468	365	56	20	27
1995	887	514	426	59	11	18
1996	891	528	437	68	8	15
1997	896	531	431	69	17	14
1998	891	516	423	60	21	12
1999	877	516	416	60	20	20
2000	864	433	320	35	37	41
2001	893	418	238	49	72	59
2002	876	399	240	27	75	57
2003	1156	540	328	28	68	116
2004	1156	592	356	20	80	136
2005	1148	556	292	16	84	164
2006	1184	624	296	24	24	280
2007	1160	616	224	20	40	332
2008	1086	567	158	12	52	345
2009	1096	572	168	8	48	348
2010	1116	612	180	12	36	384
2011	1100	576	152	20	36	368
2012	1124	572	152	16	48	356
2013	1146	573	153	18	44	358
2014	6130	3150	543			2607
2015	7546	3731	—	—	—	—
2016	7995	3978	—	—	—	—
2017	7738	3861	—	—	—	—
2018	7996	4212	—	—	—	—
2019	8151	4414	—	—	—	—
2020	8195	4284	—	—	—	—

注:①1980 年以前就业人口未分经济类型;②1997 年以前的国有经济单位职工为全民职工;③2015 年起就业人口未分经济类型。

7-3 历年城镇居民家庭人均现金收入情况

Per Capita Cash Income of Urban Households over the Years

单位:元

年　份	家　庭 总收入	#　可支配 收　入	储蓄借贷 收　入	家　庭 总支出	#消费性 支　出
1954	159. 78	153. 85	20. 35	157. 38	138. 48
1955	178. 66	167. 40	31. 21	175. 44	152. 16
1956	186. 48	173. 16	37. 80	179. 64	166. 32
1957	250. 68	224. 40	56. 16	243. 84	217. 44
1958	228. 36	202. 20	40. 56	215. 04	188. 88
1959	212. 18	209. 99	42. 33	223. 49	197. 79
1960	217. 68	196. 92	31. 08	193. 68	179. 64
1961	208. 44	190. 80	34. 09	204. 27	190. 32
1962	199. 20	187. 56	31. 44	210. 48	198. 84
1963	203. 24	188. 04	24. 96	207. 72	192. 72
1964	214. 80	201. 48	24. 72	210. 84	197. 52
1965	208. 08	194. 52	25. 20	211. 80	198. 24
1966	223. 79	208. 12	26. 34	219. 48	204. 12
1967	208. 77	194. 57	24. 69	204. 35	189. 85
1968	201. 23	186. 94	30. 30	197. 82	186. 23
1969	207. 88	193. 54	28. 79	208. 76	195. 36
1970	204. 10	183. 69	33. 21	199. 87	181. 49
1971	208. 64	193. 82	37. 69	201. 22	183. 12
1972	229. 35	213. 75	32. 03	213. 45	190. 69
1973	241. 11	224. 59	28. 79	237. 56	218. 61
1974	284. 04	264. 64	35. 74	279. 89	261. 13
1975	291. 86	272. 89	37. 23	281. 24	254. 79
1976	314. 03	293. 30	32. 66	311. 03	286. 42
1977	342. 77	327. 08	38. 77	341. 67	329. 13
1978	364. 55	340. 25	39. 88	347. 83	328. 32
1979	389. 60	352. 44	42. 73	366. 92	341. 67
1980	420. 92	395. 04	60. 48	415. 29	391. 26
1981	484. 62	457. 68	58. 56	479. 48	451. 98
1982	516. 04	485. 74	53. 20	490. 39	459. 64
1983	567. 11	520. 59	64. 22	545. 11	513. 60
1984	657. 09	603. 06	66. 49	627. 57	591. 13
1985	852. 91	786. 74	143. 43	851. 67	810. 26

注:①1992 年以前家庭总收入为家庭实际收入,可支配收入为生活费收入;②1992 年以前家庭总支出为家庭实际支出。

7-3 续表

年份	家庭总收入	#可支配收入	储蓄借贷收入	家庭总支出	#消费性支出
1986	991.39	913.19	166.26	999.65	946.17
1987	1101.07	1015.64	151.64	1072.05	1006.60
1988	1340.35	1243.12	266.10	1400.45	1318.01
1989	1661.91	1564.62	256.91	1607.25	1511.89
1990	1870.91	1755.37	246.34	1767.28	1680.77
1991	2062.98	1924.71	262.35	1941.01	1845.11
1992	2254.44	2101.87	443.38	2217.68	1988.08
1993	2807.35	2624.20	532.88	2745.09	2428.32
1994	4239.48	3940.47	682.96	3907.62	3641.19
1995	5075.82	4708.99	676.28	4857.78	4502.46
1996	5700.71	5265.64	808.60	5432.62	4925.45
1997	6046.84	6018.74	1204.41	6083.39	4959.48
1998	6490.18	6446.44	1529.18	6458.53	5482.28
1999	7140.96	7098.01	1321.76	6639.39	5797.97
2000	7694.95	7649.09	1527.74	7174.33	6423.48
2001	8181.60	8128.39	1624.51	7672.85	6801.19
2002	9026.38	8971.91	2616.02	9373.40	6874.17
2003	10177.34	9641.00	2261.10	9582.58	7057.68
2004	11057.90	10394.10	4052.10	12876.30	8996.97
2005	12039.21	11358.81	3275.11	12921.01	9642.45
2006	13646.97	12789.44	3866.76	14263.24	10302.37
2007	15939.29	14849.23	2971.12	14165.27	11702.77
2008	18320.39	16942.62	3421.98	16244.74	12849.93
2009	20410.71	18659.40	6033.15	20145.92	14087.79
2010	22946.69	20835.34	4848.83	20620.59	15510.91
2011	26087.45	23932.08	4463.24	22778.76	17795.00
2012	29893.91	27193.65	4174.45	24704.55	19053.89
2013	32452.00	29968.00	3862.37	26704.26	20362.00
2014	35074.77	32665.00	2570.40	28323.00	21711.00
2015	37350.00	33476.00	—	32682.00	21825.00
2016	40624.00	35902.00	—	34957.00	23514.00
2017	45180.79	38917.50	—	38284.60	25314.43
2018	49384.59	42127.85	—	42849.15	27312.05
2019	53856.62	45878.14	—	45083.66	29720.16
2020	56384.37	48593.00	—	42336.39	28736.03

注:"存入储蓄款"在2002年以前为"存入银行与储金会款"。

7-4 城镇居民家庭人均消费性支出情况

Per Capita Expenditures on Consumption of Urban Households

单位:元

项 目	1980 年	1990 年	2000 年	2010 年	2019 年	2020 年
消费性支出	**391. 26**	**1680. 77**	**6423. 48**	**15510. 91**	**29720. 16**	**28736. 03**
食品烟酒	226. 15	863. 63	2491. 43	5732. 45	9691. 68	9795. 39
#粮 食	45. 02	70. 15	160. 36	392. 01	767. 45	750. 04
油 脂 类		25. 80	90. 41	179. 08	155. 04	186. 26
#食用植物油		25. 80	72. 25	172. 92	137. 53	159. 52
肉禽及制品		225. 33	599. 14	1272. 7	1778. 61	2519. 49
蛋 类		34. 06	61. 82	114. 17	132. 71	156. 14
水产品类		22. 39	71. 58	203. 09	311. 72	339. 45
蔬菜和食用菌		102. 22	240. 15	638. 82	736. 67	854. 12
#鲜 菜		94. 14	227. 44	592. 44	648. 22	758. 69
糖 类		13. 51	35. 58	56. 29	40. 18	33. 82
烟 草 类		61. 73	112. 05	337. 36	501. 75	554. 26
酒和饮料		28. 34	106. 30	218. 43	371. 53	400. 39
干鲜瓜果类		54. 93	127. 83	379. 19	603. 85	603. 60
奶及奶制品		19. 84	137. 00	322. 74	445. 54	500. 21
衣 着	60. 21	246. 07	580. 47	1487. 4	2520. 22	2344. 96
#衣 类		104. 02	417. 10	1084. 5	2096. 62	2000. 89
服装材料		62. 38	14. 26	7. 49	3. 27	2. 88
鞋 类		43. 12	146. 56	383. 96	423. 60	344. 08
生活用品及服务	34. 74	200. 00	565. 00	882. 47	1647. 86	1594. 39
#耐用消费品		73. 83	306. 02	359. 71	238. 67	218. 66
#洗 衣 机		31. 92	9. 71	80. 00	39. 66	34. 81
电 冰 箱		75. 01	34. 60	28. 93	40. 27	27. 03
医疗保健	5. 11	25. 24	417. 32	827. 3	1657. 69	1594. 90
交通和通讯	4. 23	22. 31	378. 95	2652. 83	3561. 10	3364. 74
#交 通	3. 84	20. 67	156. 16	1624. 01	2621. 73	2289. 47
通 信	0. 39	1. 64	222. 8	1028. 82	939. 37	1075. 26
教育文化娱乐服务	27. 94	176. 05	828. 75	2032. 58	3213. 98	2818. 57
#文化娱乐用品		98. 64	211. 67	476. 22	466. 03	546. 89
教 育	5. 88	28. 54	440. 23	654. 95	1736. 81	1507. 23
文化娱乐服务	12. 46	29. 86	176. 85	901. 41	1011. 15	764. 45
居 住	17. 88	81. 91	764. 31	1113. 17	6269. 26	6147. 20
其他用品和服务	15. 00	65. 56	397. 26	782. 70	1158. 37	1075. 90
#首饰及手表			21. 97	39. 14	300. 77	177. 66
理发美容洗浴			44. 70	195. 99	331. 20	255. 27

注:1990 年以前蛋类为鲜蛋;“家庭设备用品及服务”指日用品;“教育”未含教材及参考书;“交通”未含交通工具。

7-5 城镇居民家庭人均食品消费量

Per Capita Foods Consumption of Urban Households

单位:千克

项　目	2015 年	2016 年	2017 年	2018 年	2019 年	2020 年
食用植物油	11.8	11.62	12.31	10.86	9.86	9.84
猪　　肉	33.72	33.05	33.83	30.76	27.61	29.08
牛 羊 肉	2.94	3.22	3.50	3.30	3.57	3.29
鲜　　蛋	8.58	8.47	8.90	8.40	8.75	9.77
鲜　　菜	134.59	134.33	138.03	124.46	121.15	115.41
白　　酒	3.15	2.97	3.10	2.71	2.60	2.49
果　　酒	0.12	0.11	0.17	0.21	0.28	0.17
啤　　酒	2.84	2.77	2.82	3.70	3.30	3.36
茶　　叶	0.32	0.30	0.35	0.39	0.37	0.30
糕　　点	3.18	2.98	3.04	3.95	4.34	3.84
鲜 乳 品	16.91	17.90	18.37	16.45	13.83	13.76
奶　　粉	0.82	0.88	0.97	1.12	1.07	1.00

注:鲜蛋包括鸡蛋、鸭蛋和鹅蛋等;2017 年及以前为购买量。

7-6 城镇居民家庭人均食品消费额

Per Capita Foods Expenditure of Urban Households

单位:元

项　目	2015 年	2016 年	2017 年	2018 年	2019 年	2020 年
粮　　食	548.87	647.74	683.47	709.40	767.45	750.04
油 脂 类	197.31	213.22	221.89	187.76	155.04	186.26
#食用植物油	189.46	190.21	202.51	165.94	137.53	159.52
猪　　肉	892.97	992.63	972.47	752.40	861.27	1424.18
家禽及制品	396.30	399.63	387.03	353.04	425.42	484.73
蛋　　类	135.16	132.28	140.21	131.53	132.71	156.14
#鲜　　蛋	122.30	118.94	125.50	118.44	120.93	142.35
鲜　　菜	749.99	769.34	810.87	716.56	648.22	758.69
干菜及菜制品	28.54	30.61	33.94	29.93	27.37	28.48
酒　　类	206.92	228.40	227.91	235.86	198.28	211.68
#白　　酒	166.16	181.84	171.63	174.34	142.81	160.22
果　　酒	10.52	12.69	20.24	22.69	18.98	18.41
啤　　酒	23.46	25.09	24.62	30.95	25.24	27.09
茶　　叶	57.20	55.35	68.62	64.55	59.24	64.93
鲜 乳 品	180.87	190.05	205.36	187.20	164.27	184.69
奶　　类	379.20	416.42	447.24	483.37	445.54	500.21

7-7 历年城镇居民家庭每百人购买穿用商品情况

Consumption of Clothing and Using Per 100 Citizens over the Years

年 份	体育户外用品（元）	滋补保健品（元）	液化石油气（公斤）	首饰及手表（元）	化妆品（元）
1980			51.6		
1981			32.6		
1982			22.8		
1983			30.6		
1984			62.6		
1985			46.4	154.4	
1986			51.7	149.7	
1987			29.2	120.2	
1988			36.6	702.1	
1989			106.0	1613.8	
1990			122.2	1360.9	
1991			90.1	1967.4	
1992			181.5	858.4	904.2
1993			440.6	1422.5	1340.9
1994			319.5	3174.7	1828.1
1995			222.3	2958.0	2967.9
1996			242.3	1663.9	3646.6
1997			262.3	536.2	3430.6
1998			264.5	672.2	4800.4
1999			239.0	1648.9	5174.7
2000			305.1	2197.2	4436.0
2001			279.7	1298.6	4526.3
2002			345.9	2428.3	5116.2
2003			350.0	793.0	5070.0
2004			237.0	1355.0	7286.0
2005			174.0	700.0	8637.0
2006			185.0	1775.0	9919.0
2007			228.0	678.0	9247.0
2008			48.0	1747.0	8974.0
2009			104.0	2344.0	13505.0
2010			77.0	3914.0	19102.0
2011			180.0	7123.0	23036.0
2012			220.0	6387.0	20536.0
2013			210.0	9090.0	10469.0
2014			819.0	14441.0	10238.0
2015	1450.7	13245.4	760.0	27478.2	9597.3
2016	1607.8	15024.8	669.0	26797.4	11790.7
2017	2370.2	14432.8	620.2	18086.1	13333.2
2018	2647.5	15370.6	361.4	37277.9	21256.3
2019	2340.0	16695.0	353.2	30076.9	27160.5
2020	2944.5	12042.6	216.2	17766.1	30913.1

注：本表中"首饰及手表"1980-2014 年名为"金银珠宝饰品"；"化妆品"1980-2014 年名为"美容化妆品"。

7-8 历年城镇居民家庭平均每百户年末耐用消费品拥有量

The Number of Major Durable Consumer Goods Owned Per 100 Urban Households over the Years

年份	洗衣机(台)	电冰箱(台)	彩电(台)	摩托车(辆)	照相机(架)	电话(部)	电脑(台)
1978							
1979			0.3		2.7		
1980			0.7		3.0		
1981			0.7		3.7		
1982			1.3		5.0		
1983			3.0		10.7		
1984			8.7		11.7		
1985	63.7	8.7	26.7	0.7	18.3		
1986	25.3	7.8	42.3	0.7	26.7		
1987	80.3	33.3	49.3	0.7	29.0		
1988	82.0	45.7	65.3	0.3	32.0		
1989	85.7	60.3	79.3		38.7		
1990	93.0	76.0	92.0	0.7	43.3		
1991	87.0	72.3	88.0	0.7	42.3		
1992	86.7	70.7	92.3		40.7	4.7	
1993	86.0	72.3	89.0	0.3	36.0	5.3	
1994	92.0	83.7	100.0	0.3	40.7	15.3	
1995	95.7	89.0	111.3	1.7	49.0	25.3	
1996	95.7	88.7	114.0	2.0	51.0	35.3	
1997	99.0	91.3	117.7	4.0	50.0	57.0	2.7
1998	97.3	93.0	119.3	7.3	53.7	65.3	9.0
1999	99.7	93.7	124.0	6.7	56.0	70.7	9.3
2000	96.0	94.0	141.0	5.0	64.3	81.0	17.7
2001	99.3	94.0	145.0	4.7	63.3	91.3	25.0
2002	98.5	96.6	140.4	4.3	54.2	93.8	26.4
2003	98.3	96.1	143.4	4.1	46.7	92.1	30.2
2004	99.3	98.5	147.1	5.5	56.1	94.5	42.1
2005	98.3	96.5	145.8	5.3	60.0	95.0	50.5
2006	99.0	98.0	151.3	2.8	58.5	93.8	58.5
2007	100.7	99.0	148.0	1.0	50.5	92.6	65.1
2008	96.3	94.8	133.8	2.2	42.7	76.9	65.7
2009	99.3	97.2	145.5	2.1	49.9	80.5	76.6
2010	100.5	100.9	151.9	2.4	59.7	76.9	89.2
2011	99.3	99.8	144.8	3.7	56.6	65.8	86.6
2012	98.8	98.6	146.3	5.2	59.4	70.3	99.6
2013	94.5	95.1	145.2	5.0	—	65.5	86.8
2014	95.9	95.7	141.4	5.5	—	54.6	88.9
2015	98.6	98.2	135.3	12.0	37.6	53.1	81.2
2016	99.2	99.8	136.5	10.5	32.0	45.0	81.9
2017	100.4	101.1	137.8	10.5	33.5	41.4	84.9
2018	101.0	102.1	126.6	9.0	25.9	33.9	81.0
2019	102.4	103.3	128.5	7.5	26.4	24.3	80.8
2020	102.5	103.9	128.4	7.1	29.2	23.0	82.6

7-8 续表

年 份	汽 车(辆)	空调器(台)	中高档乐 器(件)	热水器(台)	抽 排油烟机(台)	健身器材(件)	移动电话(部)
1978							
1979							
1980							
1981							
1982							
1983							
1984							
1985			4.3				
1986			6.3				
1987			7.7				
1988			13.0				
1989			11.0				
1990			13.0				
1991			7.3				
1992			8.0	41.7	19.0		
1993			9.3	44.3	18.7		
1994		1.3	9.0	72.7	28.7		
1995		3.0	8.7	78.0	33.7		
1996		6.0	9.0	76.0	33.3		
1997		8.7	8.0	83.0	47.7	2.0	0.7
1998		13.7	9.7	80.0	42.7	3.3	3.7
1999	0.7	25.7	10.3	87.0	48.0	5.6	8.3
2000	1.3	34.3	8.7	87.0	45.0	6.0	25.7
2001	3.3	47.7	11.0	90.3	51.7	8.0	54.7
2002	3.4	44.9	7.1	89.4	55.8	3.3	68.3
2003	3.1	55.2	6.1	89.2	45.6	2.9	94.9
2004	8.5	90.2	7.3	94.5	48.9	4.5	137.3
2005	8.8	103.8	5.5	96.5	54.5	4.3	165.3
2006	9.3	114.3	5.0	97.5	57.0	3.0	185.0
2007	9.9	108.9	3.2	98.3	—	4.0	186.4
2008	18.1	111.9	2.6	98.9	—	4.2	175.3
2009	17.7	131.5	5.5	99.3	—	4.6	200.2
2010	22.6	143.6	4.3	99.3	—	5.7	228.5
2011	28.2	133.7	2.1	98.2	—	4.9	222.6
2012	30.6	149.2	2.4	100.2	—	3.3	226.4
2013	31.0	148.3	1.0	94.8	—	1.0	225.1
2014	34.0	136.1	—	91.8	—	—	236.2
2015	42.1	125.1	4.5	95.0	71.1	4.2	244.3
2016	44.6	127.9	4.7	94.8	71.3	4.5	252.0
2017	50.8	148.8	5.7	97.2	75.3	5.5	254.8
2018	59.9	159.0	8.5	98.9	83.0	9.4	251.1
2019	55.0	172.1	9.0	100.9	86.8	10.8	256.8
2020	55.2	176.8	10.6	102.8	87.5	12.9	255.9

7-9 农村居民家庭基本情况

Basic Conditions of Rural Households

项　目	单　位	1980 年	1990 年	2000 年	2010 年	2019 年	2020 年
调查户数	户	**162**	**1380**	**2240**	**5000**	**1281**	**1281**
人口状况							
平均每户人口	人	5.20	4.20	3.60	3.42	3.30	3.34
平均每一劳动力赡养人口	人	2.00	1.40	1.40	1.31	1.22	1.74
劳动者文化程度构成							
未上过学	%		11.60	2.40	1.98	3.06	3.23
小学程度	%		45.40	33.70	19.43	31.24	30.32
初中程度	%		35.50	51.20	57.21	43.94	44.11
高中程度	%		7.00	10.20	14.57	14.48	13.85
大学专科	%		0.10	0.60	3.45	4.78	6.27
大学本科	%					2.33	2.05
研 究 生	%					0.18	0.17
人均收入状况							
可支配收入	元	223	773	2926	8205	24357	26432
人均居住情况							
年末住房面积	平方米	10.04	20.61	34.85	48.80	52.02	49.84
#砖木结构面积	平方米		11.43	17.08	19.15	—	—
钢筋混凝土结构面积	平方米		2.26	15.29	—	—	—
年末住房价值	元	156	917	4835	24898	52540	56354
人均生产性固定资产情况							
年末生产性固定资产原值	元		214.8	1404.8	3246.8	1271.91	809.3
#役畜、产品畜	元		26.7	66.8	308.7	244.43	33.52
大中型铁木农具	元		29.7	89.8	—	—	—

注:2015 年以前均为农村居民人均纯收入,2015 年以后为农村居民人均可支配收入。

7-10 农村居民家庭人均总收入

Per Capita Annual Gross Income of Rural Households

单位:元

项　目	1980 年	1990 年	2000 年	2010 年	2019 年	2020 年
全年总收入	**262.06**	**1195.27**	**4298.28**	**10625.82**	**30871.39**	**33514.93**
工资性收入	42.41	130.20	1006.78	3776.44	12192.43	13088.37
家庭经营收入	190.57	1003.28	2911.70	5299.93	10801.54	11868.25
#农业收入	111.16	491.52	1210.01	1980.01	3279.13	2943.35
林业收入	0.67	7.74	40.83	96.52	379.90	845.48
牧业收入	71.88	355.61	895.43	1433.17	1309.36	856.37
渔业收入	0.22	4.26	60.59	107.27	21.59	30.09
工业收入		24.72	88.06	177.59	248.43	729.52
建筑业收入		21.82	80.90	242.22	444.75	645.29
交通运输仓储和邮政业	3.33	18.04	97.25	363.35	633.42	859.44
批发零售业或住宿和餐饮业		20.53	153.12	522.57	3111.93	3902.87
居民服务修理和其他服务业		19.61	92.68	183.31	1063.26	892.95
转移性和财产性收入	29.08	61.79	379.80	1549.44	7877.42	8558.31

注:从 2003 年起转移性和财产性收入不含“调查补贴”等项。

7-11 农村居民家庭人均现金收支情况

Per Capita Cash Income and Expenditures of Rural Households

单位:元

项 目	1980 年	1990 年	2000 年	2010 年	2019 年	2020 年
全年现金收入	**160.79**	**995.95**	**3302.32**	**10083.51**	**29764.85**	**32576.27**
工资性收入	42.41	130.20	1006.48	3747.94	12045.87	12959.07
家庭经营收入	98.34	668.39	1922.96	4793.65	10189.62	11344.41
#农 业	90.90	210.60	479.54	1445.15	2857.15	2606.10
牧 业		309.07	679.12	1450.22	1159.04	716.86
建筑业现金收入		21.82	80.90	241.25	444.75	645.29
交通运输仓储和邮政业	3.33	18.04	97.25	363.35	633.42	859.44
转移性和财产性收入	9.62	76.14	372.89	1541.91	7529.36	8272.80
非收入所得	**10.42**	**121.22**	**326.27**	**1087.57**	**2261.35**	**2584.90**
全年现金支出	**154.45**	**949.23**	**2922.27**	**8280.47**	**25745.14**	**26837.21**
#生产费用支出	29.29	286.07	915.30	2137.51	4494.15	4810.24
生活消费支出	103.31	459.39	1769.71	5443.67	14756.63	15645.19

7-12 农村居民家庭人均支出情况

Per Capita Expenditure of Rural Households

单位:元

项 目	1980 年	1990 年	2000 年	2010 年	2019 年	2020 年
全年总支出	**234. 84**	**1124. 89**	**3495. 51**	**8695. 98**	**28642. 93**	**29773. 43**
家庭经营费用支出		354. 23	999. 79	2102. 57	4576. 47	4890. 71
#农业支出		86. 96	240. 59	477. 53	1069. 92	865. 93
牧业支出		229. 36	618. 72	962. 58	762. 27	439. 26
购置生产性固定资产		16. 40	46. 14	77. 67	95. 83	94. 35
生活消费支出	185. 70	692. 92	2200. 74	5796. 33	17572. 10	18500. 95
食品烟酒	129. 90	440. 96	1126. 03	2359. 11	6323. 09	6749. 00
衣 着	18. 69	46. 12	146. 76	517. 00	1477. 43	1535. 99
居 住	16. 56	114. 68	320. 79	624. 54	2996. 99	3161. 50
生活用品及服务	13. 31	28. 19	113. 72	378. 43	1016. 35	1068. 83
医疗保健	0. 93	16. 43	99. 72	324. 59	1253. 40	1316. 00
交通通信	1. 21	10. 91	120. 10	821. 91	2349. 73	2441. 98
教育文化娱乐	5. 10	31. 67	209. 37	489. 03	1557. 46	1602. 29
其他商品和服务		3. 96	64. 25	114. 56	597. 66	625. 36
财产转移性支出		14. 97	169. 46	693. 37	1652. 84	1816. 98

7-13 农村居民家庭人均可支配收入

Per Capita Disposable Income of Rural Households

单位:元

项　目	2012 年	2013 年	2014 年	2015 年	2019 年	2020 年
可支配收入	**11501**	**12985**	**14478**	**17690**	**24357**	**26432**
工资性收入	5440	6424	7349	9211	12192	13088
经营净收入	4040	4187	4328	4032	5940	6602
#农业收入	1883	1954	1958	2330	2158	2032
林业收入	63	51	66	358	274	650
牧业收入	576	607	653	377	515	409
渔业收入	61	50	57	48	4	25
工业收入	20	-2	28	15	127	133
建筑业收入	276	347	287	-50	208	450
交通运输仓储和邮政业收入	220	274	299	108	417	479
批发零售贸易餐饮业收入	461	458	613	391	1307	2192
居民服务修理和其他服务业	247	274	173	253	678	344
转移净收入	989	1150	1460	2755	3894	4212
财产净收入	1032	1224	1341	1692	2330	2529

注:本表中2014年及以前,可支配收入为纯收入,经营净收入为家庭经营收入,转移净收入为转移性收入,财产净收入为财产性收入。

7-14 农村居民家庭人均主要食物消费量

Major Foods Consumption Per Capita of Rural Households

项　目	单　位	1980 年	1990 年	2000 年	2010 年	2019 年	2020 年
粮　食	千克		301.81	230.77	159.03	123.76	126.54
蔬　菜	千克	122.63	203.51	117.63	76.51	111.02	102.65
植物油	千克	3.14	4.07	7.90	5.69	11.48	11.05
动物油	千克	0.65	1.29	1.69	0.67	0.72	0.68
猪　肉	千克	12.20	22.55	30.10	26.49	30.81	27.53
蛋　类	千克	1.23	2.95	5.67	5.14	8.87	9.98
家　禽	千克	1.40	1.82	5.09	6.42	16.42	16.93
鱼　虾	千克	0.11	0.59	2.83	4.81	9.92	9.20
糖　类	千克	1.12	1.62	1.63	1.02	1.34	1.21
酒　类	千克	2.04	5.29	8.19	10.78	9.25	7.99
水　果	千克		4.40	18.07	18.20	46.71	45.16

7-15 农村居民家庭每百户耐用物品拥有量

The Number of Durable Consumer Goods Owned Per 100 Rural Households

项　目	单　位	1980 年	1990 年	2000 年	2010 年	2019 年	2020 年
自行车	辆	68	161	149	92.5	—	—
热水器	台				50.4	86.8	95.6
洗衣机	台		8.3	50.1	94.1	103.6	104.5
电冰箱	台		0.3	16.9	81.4	106.3	106.5
摩托车	辆		0.7	39.9	65.6	37.3	35.0
微波炉	台				14.2	23.8	25.5
抽油烟机	台			1.6	14.1	37.6	41.8
彩色电视机	台		4.0	69.1	124.6	138.9	138.1
照像机	架		0.4	5.0	9.6	5.6	6.7
空调机	台			1.2	21.1	94.4	106.9
电话机	部			29.8	40.5	6.3	5.7
移动电话	部			9.2	200.5	278.5	281.7
家用计算机	台			3.0	17.5	36.0	39.2

7-16 农村居民家庭平均每百户生产性固定资产原值

Original Value of Productive Fixed Assets Owned Per 100 Rural Households

单位:元

项 目	1990 年	2000 年	2010 年	2019 年	2020 年
合 计	**90094**	**500273**	**1105403**	**419773**	**268870**
役畜、产品畜	11178	23788	105092	80669	11136
大中型铁木农具	12446	31979	15630	—	—
农林牧渔业机械	4066	25069	41067	41728	24225

7-17 农村居民家庭平均每百户拥有生产性固定资产数量

The Number of Productive Fixed Assets Owned Per 100 Rural Households

项 目	单 位	1990 年	2000 年	2010 年	2019 年	2020 年
汽 车	辆	0. 30	1. 90	4. 52	—	—
大中型拖拉机	台	0. 36	0. 80	0. 31	—	—
小型及手扶拖拉机	台	2. 23	2. 72	1. 04	1. 98	1. 00
机动脱粒机	台	0. 30	10. 76	5. 93	3. 96	2. 66
胶轮大车	辆	0. 51	5. 40	1. 08	—	—
农用水泵	台	2. 13	19. 33	26. 77	—	—
役 畜	头	8. 12	9. 72	10. 72	—	—
产 品 畜	头	30. 09	45. 31	62. 34	42. 53	12. 96

7-18 历年农村居民家庭每百人购买穿用商品

The Purchase of Clothing and Using Per 100 Rural Residents over the Years

年份	服装(件)	电话(部)	电视机(部)	#彩电	收录机(部)
1983			1.09		0.13
1984			1.75		0.31
1985			1.28	0.07	0.21
1986			1.58	0.07	0.51
1987			2.20	0.02	0.53
1988			2.14	0.15	0.65
1989			1.09	0.10	0.77
1990			1.19	0.21	0.36
1991			1.38	0.11	0.55
1992			1.46	0.47	0.47
1993			2.17	0.68	0.52
1994			1.11	0.42	0.50
1995			1.18	0.62	0.62
1996			1.16	0.69	0.38
1997			1.24	1.01	0.36
1998			1.53	1.27	0.26
1999			2.05	1.81	0.21
2000	121.79	2.47	1.70	1.60	0.24
2001	141.58	1.97	1.70	1.65	0.31
2002	148.03	2.23	1.66	1.65	0.60
2003	243.68	1.94	1.93	1.87	0.13
2004	251.09	1.85	1.53	1.49	0.24
2005	259.63	2.66	1.39	1.36	0.13
2006	295.54	1.63	1.46	1.42	0.13
2007	297.38	1.91	1.43	1.43	0.18
2008	295.74	1.32	1.65	1.61	0.15
2009	310.70	2.95	1.15	1.15	0.10
2010	345.30	1.35	1.76	1.74	0.08
2011	425.23	1.77	1.98	1.94	0.15
2012	408.22	0.82	1.85	1.85	0.51
2013	412.14	0.78	1.72	1.66	0.37
2014	—	1.00	2.00	2.00	—
2015	—	0.73	2.77	2.77	—
2016	—	0.31	3.14	3.14	—
2017	—	0.18	2.87	2.87	—
2018	—	0.32	2.19	2.19	—
2019	—	0.10	2.30	2.30	—
2020	—	0.03	2.03	2.03	—

7-18 续表

年 份	自行车(辆)	洗衣机(台)	电风扇(台)	电冰箱(台)	摩托车(辆)	手 机(部)
1983	3.03		0.20			
1984	3.65	0.03	0.12			
1985	3.29	0.09	0.31			
1986	3.33	0.10	0.58			
1987	3.62	0.24	0.98			
1988	4.14	0.42	1.44			
1989	2.29	0.33	0.82			
1990	2.49	0.14	0.79			
1991	3.50	0.28	1.71			
1992	3.46	0.47	1.42			
1993	4.46	0.71	2.72			
1994	3.21	0.50	2.55			
1995	2.72	0.45	3.43			
1996	1.74	0.45	2.70			
1997	1.97	0.66	1.71			
1998	1.68	0.55	2.46			
1999	2.07	0.58	1.86	0.35	1.25	
2000	2.98	0.66	2.37	0.23	0.94	0.30
2001	2.72	0.93	2.81	0.46	1.21	0.71
2002	2.82	0.94	2.55	0.37	1.52	2.12
2003	3.25	1.11	2.22	0.55	1.38	3.27
2004	2.49	1.21	1.98	0.64	1.43	3.31
2005	2.21	1.50	1.76	0.60	1.12	3.67
2006	2.15	1.42	3.59	0.92	1.11	4.39
2007	1.54	1.24	2.47	1.90	1.60	7.11
2008	1.80	1.38	2.14	2.27	1.40	8.30
2009	1.52	1.31	2.18	1.90	1.13	8.78
2010	1.66	1.16	2.86	2.00	1.06	8.54
2011	1.99	1.62	3.65	1.32	1.22	9.10
2012	1.89	1.56	3.11	0.98	0.97	10.90
2013	2.11	1.37	3.52	0.88	0.59	10.25
2014	2.00	2.00	—	1.00	1.00	16.00
2015	1.80	1.89	—	1.66	0.77	17.92
2016	1.88	2.45	—	1.79	0.66	18.24
2017	1.74	2.37	—	2.37	0.53	19.06
2018	1.04	2.26	—	2.38	0.54	16.06
2019	0.90	2.40	—	2.00	0.20	14.80
2020	1.20	1.89	—	2.45	0.14	16.60

7-19 历年居民消费价格指数与商品零售价格指数(以上年同期为100)

Consumer Price Indices and Retail Price Indices over the Years(Preceding Year=100)

年　　份	居民消费价格指数	#食品类	#衣着类	#家庭设备用品及维修服务	#娱乐教育文化用品及服务	#医疗保健	商品零售价格指数
1951	114.8	114.0	107.7	112.3	98.2	128.8	113.8
1952	110.6	112.6	96.7	97.8	80.8	93.1	110.3
1953	102.2	103.9	101.3	93.1	89.9	89.9	102.1
1954	103.2	100.8	99.3	97.3	90.8	87.3	103.1
1955	103.6	106.2	98.2	101.7	100.0	103.9	103.1
1956	104.9	107.4	96.4	100.3	103.2	102.9	103.4
1957	106.0	103.9	99.9	101.0	97.7	136.2	104.3
1958	101.0	100.5	99.8	101.0	99.7	98.5	100.1
1959	100.3	99.5	100.2	101.2	100.1	102.7	100.2
1960	100.6	101.1	100.0	98.9	102.2	98.8	100.9
1961	116.0	130.0	100.0	100.0	100.1	99.6	117.7
1962	99.8	99.0	101.4	109.1	109.4	106.3	99.5
1963	91.2	93.0	101.6	101.7	100.3	101.5	90.0
1964	94.4	94.6	99.1	92.8	96.4	88.1	93.8
1965	97.5	93.5	99.2	95.9	94.9	94.3	98.1
1966	100.7	103.0	100.5	99.9	99.7	99.0	101.2
1967	102.0	104.0	99.4	99.2	96.5	91.7	102.0
1968	100.2	100.2	100.0	100.1	98.8	100.0	100.2
1969	100.1	100.0	100.0	100.0	100.0	87.3	99.8
1970	99.5	100.2	100.0	100.0	100.0	77.7	99.5
1971	100.2	100.1	100.0	100.0	100.0	98.7	100.2
1972	100.5	100.8	100.2	99.9	99.1	97.2	100.5
1973	100.0	99.9	100.0	99.6	97.6	99.2	99.9
1974	100.2	100.2	100.0	100.7	100.9	98.9	100.2
1975	100.3	100.1	100.0	99.9	100.3	99.6	100.3
1976	100.0	100.0	100.0	100.0	101.2	100.0	100.0
1977	100.2	99.6	100.0	100.0	100.0	100.7	100.2
1978	101.1	101.1	100.0	100.0	100.0	103.1	101.1
1979	102.0	104.6	99.4	100.4	100.5	103.7	102.1
1980	106.6	110.6	99.6	101.2	100.3	101.3	107.1
1981	102.1	101.7	100.3	100.6	100.5	103.7	102.1
1982	101.9	103.6	99.2	97.4	100.0	100.8	102.0
1983	100.3	100.7	98.8	98.8	97.0	103.8	100.0
1984	104.6	105.3	101.4	100.0	100.1	101.8	103.8
1985	111.4	115.0	102.2	102.5	102.3	106.1	111.3

注:居民消费价格指数中1994年以前"家庭设备及用品"指日用品类;"娱乐教育文化用品"指文化娱乐用品类;"医疗保健"指药及医疗用品类。

7-19 续表

年份	居民消费价格指数	#食品类	#衣着类	#家庭设备用品及维修服务	#娱乐教育文化用品及服务	#医疗保健	商品零售价格指数
1986	104.8	104.9	104.8	104.8	100.4	97.3	104.7
1987	108.8	112.4	102.6	107.4	103.4	113.2	109.4
1988	124.6	130.5	115.6	115.0	122.8	132.0	125.7
1989	116.2	113.6	125.0	113.1	111.0	125.9	116.1
1990	103.5	102.5	106.4	103.4	95.3	100.6	102.9
1991	105.2	105.8	102.6	105.0	94.3	100.9	104.7
1992	110.8	113.5	101.4	100.4	94.3	102.6	108.5
1993	115.9	118.7	107.2	108.9	102.4	115.0	115.1
1994	126.5	136.2	123.1	111.3	113.6	107.2	123.3
1995	117.5	124.2	107.4	106.4	104.3	109.3	114.5
1996	109.7	109.4	109.5	102.1	112.3	109.0	106.5
1997	105.7	104.1	102.1	103.2	100.3	105.5	102.9
1998	100.3	96.9	103.3	99.7	100.4	102.0	98.4
1999	98.3	96.3	99.3	98.4	96.5	101.2	97.1
2000	100.2	96.3	100.2	99.2	94.0	102.2	98.2
2001	100.8	101.6	98.4	99.4	103.9	97.0	100.7
2002	98.7	98.4	98.0	99.0	98.3	99.2	98.8
2003	102.1	103.0	100.8	99.4	99.1	102.3	100.2
2004	103.9	107.6	97.1	98.0	106.0	104.1	101.4
2005	102.3	104.5	91.0	98.0	107.8	101.2	99.8
2006	101.8	102.5	100.9	103.7	99.4	100.3	101.2
2007	105.2	112.4	101.1	102.7	100.0	101.7	104.2
2008	104.3	112.9	94.9	102.9	98.6	101.4	104.5
2009	100.3	103.1	94.4	100.0	99.9	100.3	99.0
2010	103.0	106.4	94.5	100.4	98.7	107.9	102.4
2011	105.4	112.6	98.9	104.0	97.3	102.8	104.3
2012	103.0	103.9	111.6	101.6	100.7	101.9	101.4
2013	103.1	105.5	101.6	103.0	101.3	101.9	101.7
2014	101.3	102.6	100.2	101.5	100.3	100.4	100.4
2015	101.1	102.0	100.1	100.9	102.3	101.3	99.5
年份	居民消费价格指数	#食品烟酒	#衣着	#生活用品及服务	#教育文化和娱乐	#医疗保健	商品零售价格指数
2016	102.2	104.0	99.2	100.4	104.1	102.7	100.8
2017	102.0	99.4	100.8	100.3	105.8	106.4	99.4
2018	101.4	101.9	100.4	101.1	101.9	102.8	100.7
2019	102.8	108.8	102.6	100.8	101.3	102.7	101.9
2020	102.5	110.2	99.8	101.4	101.9	100.5	102.2

注：由于2016年基期年，CPI八大类结构发生较大变化，部分指数较基期前可比性不强，因而将指数调整为现有指数。

7-20 居民消费价格分类指数(以上年同期为100)

Consumer Price Indices by Category(Preceding Year=100)

项　目	2020年	项　目	2020年
居民消费价格指数	**102.5**	奶　　类	102.4
食品烟酒类	110.2	烟　　酒	100.8
食　　品	113.7	衣着类	99.8
#粮　　食	103.2	生活用品及服务	101.4
食用油	102.2	医疗保健	100.5
畜肉类	136.6	交通和通信类	95.5
蛋　　类	94.8	教育文化和娱乐	101.9
水产品	100.6	居住类	97.6
菜	110.3	**服务项目价格指数**	**99.5**
干鲜瓜果类	93.4		

7-21 商品零售价格分类指数(以上年同期为100)

Retail Price Indices by Category(Preceding Year=100)

项　目	2019年	2020年	项　目	2019年	2020年
商品零售价格指数	**101.9**	**102.2**	体育娱乐用品类	101.4	98.5
食品类	110.7	112.2	交通、通信用品类	94.4	100.2
#粮　食	103.2	103.0	家具类	102.0	104.9
饮料、烟酒类	101.5	100.6	化妆品类	99.9	102.6
服装、鞋帽类	102.5	99.9	金银珠宝类	108.0	111.4
纺织品类	103.7	100.8	中西药品及医疗保健用品类	103.3	100.9
家用电器及音像器材类	96.7	95.6	书报杂志及电子出版物类	102.0	100.5
文化办公用品类	99.2	98.6	燃料类	99.6	92.7
日用品类	101.1	100.2	建筑材料及五金电料类	100.0	100.9

7-22 工业生产者购进价格指数(以上年同期为100)

Purchasing Price Indices of Industrial Producers(Preceding Year=100)

项 目	2016年	2017年	2018年	2019年	2020年
工业生产者购进价格指数	**98.6**	**105.4**	**103.4**	**99.4**	**98.1**
燃料、动力类	97.3	104.7	99.5	98.8	94.7
黑色金属材料类	97.6	117.1	109.9	99.1	98.3
有色金属材料及电线类	98.3	116.7	106.1	97.7	96.0
化工原料类	98.6	105.5	104.8	99.3	94.0
木材及纸浆类	102.2	119.4	105.5	91.6	98.4
建筑材料及非金属矿类	97.8	117.7	112.3	102.7	97.3
农副产品类	98.6	98.9	105.6	95.4	105.1
其它工业原材料及半成品类	101.0	102.9	102.1	100.7	99.3
纺织原料类	99.3	111.2	108.0	96.2	93.8

7-23 工业生产者出厂价格指数(以上年同期为100)

Ex-factory Price Indices of Industrial Producers(Preceding Year=100)

项 目	2019年	2020年	项 目	2019年	2020年
工业生产者出厂价格指数	**100.1**	**98.7**	#生产资料	100.2	97.8
			采掘工业	108.0	103.4
#轻 工 业	100.3	101.2	原材料工业	96.9	92.2
以农产品为原料	100.6	102.0	加工工业	100.9	98.9
以非农产品为原料	99.7	99.2	生活资料	100.2	100.9
重 工 业	100.1	98.0	食 品	100.9	102.0
采掘工业	108.0	103.4	衣 着	102.1	100.3
原材料工业	97.4	93.1	一般日用品	101.1	100.2
加工工业	100.7	98.9	耐用消费品	98.8	100.2

7-24 分月居民消费价格指数

Monthly Consumer Price Indices

项 目	全 年 (2020)	1月	2月	3月	4月
居民消费价格总指数		**105.4**	**106.0**	**104.5**	**103.3**
非食品(原口径)指数		100.6	99.6	99.7	99.0
服务价格指数		100.5	98.9	100.1	99.2
扣除鲜菜鲜果总指数		105.1	105.6	104.6	103.8
消费品价格指数		**108.6**	**110.6**	**107.3**	**106.0**
一、食品烟酒		117.0	121.5	115.9	113.8
二、衣　着		100.5	101.8	101.9	101.6
三、居　住		97.7	97.4	97.6	97.6
四、生活用品及服务		101.1	101.3	101.9	101.6
五、交通和通信		100.6	97.7	94.5	93.7
六、教育文化和娱乐		103.3	100.8	104.1	101.1
七、医疗保健		101.8	100.9	100.7	100.3
八、其他用品和服务		103.4	101.9	101.8	101.8
商品零售价格指数		**104.2**	**105.7**	**103.6**	**103.0**
一、食 品 类		120.7	126.6	119.5	116.6
二、饮料、烟酒类		102.0	101.6	100.7	100.6
三、服装、鞋帽类		100.4	101.8	101.9	101.6
四、纺织品类		102.5	102.0	102.0	102.0
五、家用电器及音像器材		95.2	95.1	95.0	95.6
六、文化办公用品		98.8	98.7	98.9	98.5
七、日用品类		99.5	101.9	101.7	100.4
八、体育娱乐用品		96.5	96.5	98.5	97.7
九、交通、通信用品		95.4	98.2	98.7	101.0
十、家　具		104.3	104.3	103.7	103.7
十一、化妆品类		103.8	103.5	103.2	103.7
十二、金银珠宝类		113.8	117.0	115.5	116.2
十三、中西药品及医疗保健用品类		102.9	102.2	101.9	100.9
十四、书报杂志及电子出版物类		99.8	100.3	100.3	100.0
十五、燃 料 类		102.9	98.3	92.1	89.2
十六、建筑材料及五金电料类		100.5	101.2	100.2	100.7

及商品零售价格指数(以上年同月为100)

and Retail Price Indices(Preceding Month=100)

5月	6月	7月	8月	9月	10月	11月	12月
103.2	**103.7**	**103.0**	**102.3**	**101.4**	**99.8**	**98.7**	**99.5**
99.8	99.8	98.4	98.4	99.0	98.9	98.6	98.9
100.9	100.8	98.3	98.1	99.3	99.5	99.0	99.3
103.9	104.0	103.4	101.9	100.8	99.2	98.3	99.3
104.7	**105.5**	**106.0**	**105.0**	**102.6**	**100.0**	**98.4**	**99.7**
111.5	113.2	114.1	111.4	106.5	101.8	99.0	100.9
100.9	100.6	99.3	99.2	99.4	98.0	96.7	97.6
97.8	97.3	97.4	97.2	97.3	97.5	97.9	98.4
101.4	101.7	101.6	101.4	101.3	101.3	101.2	101.4
93.7	94.3	93.7	95.2	95.9	95.4	95.3	96.2
106.0	106.5	99.9	98.8	101.4	101.5	99.9	99.9
100.1	100.1	100.4	100.2	100.4	100.3	100.4	100.3
101.8	101.4	101.2	101.2	102.0	101.2	101.8	101.2
102.4	**102.7**	**102.9**	**102.6**	**101.3**	**99.7**	**99.0**	**99.8**
113.5	115.8	117.1	113.8	107.8	101.9	98.4	101.0
100.8	100.5	100.2	100.0	99.8	101.0	100.6	100.0
101.0	100.7	99.4	99.4	99.5	98.1	96.8	97.8
102.0	101.1	101.1	101.1	101.1	99.6	98.0	97.2
94.7	95.3	95.1	95.5	95.5	95.8	97.1	96.9
98.8	98.6	98.5	99.0	98.2	98.1	98.4	98.3
100.2	99.9	99.3	98.2	99.0	100.5	101.2	101.2
99.7	100.1	99.4	100.1	100.4	98.1	98.1	97.6
101.9	100.1	100.1	101.4	101.6	100.5	101.4	102.8
104.0	104.3	106.1	107.2	104.0	107.0	105.8	104.5
104.0	103.3	102.4	102.0	102.9	101.8	100.8	100.3
116.8	113.2	112.9	110.6	106.0	103.7	107.5	106.1
100.5	100.3	100.6	100.2	100.6	100.4	100.5	100.3
100.0	100.0	100.3	100.3	101.1	101.1	101.1	101.0
88.2	89.8	91.8	92.6	92.3	91.2	91.0	93.1
101.2	101.9	101.7	100.8	100.9	101.2	101.1	99.8

7-25 城乡居民家庭人均收入及恩格尔系数(1978-2020年)

Per Capita Annual Income and Engle Coefficient of Urban and Rural Households(1978-2020)

年 份	农村居民家庭人均可支配收入		城镇居民家庭人均可支配收入		农村居民家庭恩格尔系数(%)	城镇居民家庭恩格尔系数(%)
	绝对值(元)	指数(1978=100)	绝对值(元)	指数(1978=100)		
1978	140	100	340	100		
1979	175	125	352	104		
1980	223	159	395	116		
1981	276	197	458	135		
1982	310	221	486	143		
1983	334	239	521	153		
1984	366	261	603	177		
1985	413	295	787	231		
1986	458	327	913	268		
1987	526	376	1016	298		
1988	632	451	1243	365		
1989	693	495	1565	455		
1990	773	552	1755	516		51.4
1991	832	594	1925	566		52.7
1992	903	645	2102	618		54.7
1993	1029	735	2624	771		53.4
1994	1303	931	3941	1158		51.9
1995	1649	1178	5047	1483		50.5
1996	2051	1465	5669	1666		50.3
1997	2427	1734	6019	1769		50.4
1998	2631	1879	6446	1895		44.4
1999	2783	1988	7098	2086		43.9
2000	2926	2090	7649	2248		38.8
2001	3178	2270	8128	2389		37.4
2002	3377	2412	8972	2637		39.1
2003	3655	2611	9641	2834		38.3
2004	4072	2909	10394	3055		35.4
2005	4485	3204	11359	3338		35.3
2006	4905	3504	12789	3759		33.9
2007	5642	4030	14849	4364		39.1
2008	6481	4629	16943	4979	41.4	37.4
2009	7129	5092	18659	5483	40.8	37.5
2010	8205	5861	20835	6123	41.9	37.0
2011	9895	7068	23932	7033	42.0	37.0
2012	11501	8215	27194	7998	41.1	35.4
2013	12985	9275	29968	8814	40.4	35.1
2014	14478	10341	32665	9607	39.8	34.8
2015	17690	12636	33476	9846	38.4	34.1
2016	18605	13289	35902	10559	37.8	34.2
2017	20298	14499	38918	11446	37.3	33.7
2018	22135	15811	42128	12391	36.6	33.0
2019	24357	17398	45878	13494	36.0	32.6
2020	26432	18880	48593	14292	36.5	34.1

主要统计指标解释

可支配收入　指调查户在调查期内获得的、可用于最终消费支出和储蓄的综合，即调查户可以用来自由支配的收入。可支配收入既包括现金，也包括实物收入。按照收入的来源，可支配收入包含四项，分别为：工资性收入、经营净收入、财产净收入和转移净收入。计算公式为：可支配收入=工资性收入+经营净收入+财产净收入+转移净收入

工资性收入　指就业人员通过各种途径得到的全部劳动报酬和各种福利，包括受雇于单位或个人、从事各种自由职业、兼职和零星劳动得到的全部劳动报酬和福利。

经营净收入　指住户或住户成员从事生产经营活动所获得的净收入，是全部经营收入中扣除经营费用、生产性固定资产折旧和生产税之后得到的净收入。计算公式为：

经营净收入=经营收入-经营费用-生产性固定资产折旧-生产税

财产净收入　指住户或住户成员将其所拥有的金融资产、住房等非金融资产和自然资源交由其他机构单位、住户或个人支配而获得的回报并扣除相关的费用之后得到的净收入。财产净收入包括利息净收入、红利收入、储蓄性保险净收益、转让承包土地经营权租金净收入、出租房屋净收入、出租其他资产净收入和自有住房这算净租金等。

转移净收入　计算公式为：转移净收入=转移性收入-转移性支出

转移性收入　指国家、单位、社会团体对住户的各种经常性转移支付和住户之间的经常性收入转移。包括养老金或退休金、社会救济和补助、政策性生产补贴、政策性生活补贴、经常性捐赠和赔偿、报销医疗费、住户之间的赡养收入，以及本住户非常住成员寄回带回的收入等。转移性收入不包括住户之间的实物馈赠。

消费支出　指住户用于满足家庭日常生活消费需要的全部支出，包括用于消费品的支出和用于服务性消费的支出。根据用途不同，消费支出可划分为食品烟酒、衣着、居住、生活用品及服务、交通通信、教育文化娱乐、医疗保健、其他用品及服务八大类。根据来源不同，消费支出可划分为现金消费支出、实物消费支出（含自产自用、来自单位、来自政府和其他社会组织）。

商品零售价格指数　是反映市场商品零售价格变动趋势和变动程度的一种经济指数。零售物价的调整变动直接影响到居民的生活支出和国家的财政收入，影响居民购买力和市场供需平衡，影响消费与积累的比例。

居民消费价格指数　是反映一定时期内居民所消费商品及服务项目的价格水平变动趋势和变动程度。

工业生产者价格指数　包括工业企业产品第一次出售时的出厂价格和企业作为中间投入的原材料、燃料、动力购进价格，即工业生产者出厂价格和工业生产者购进价格。通常，我们把工业生产者出厂价格指数称为PPI。

八　城市公用事业

简 要 说 明

主要内容

本部分资料反映城市基本情况，主要包括：城市规模、建设用地，城市绿化、环境卫生、道路、桥梁、自来水、天然气等城市基础设施情况；城市公共交通，全市及分行业用电量情况，工业企业主要污染物排放及处理利用情况。

资料来源

城市基础设施建设资料来源于成都市住房和城乡建设局。

用电量资料来源于成都电业局。

环保资料来源于成都市生态环境局。

城市公共交通资料来源于成都市交通运输局。

其他需要说明的问题

城市基础设施建设和城市公共交通资料统计口径为市区“11+2”口径。

用电量资料仅为成都电业局售给成都地区的售电量，不含各县（市）未入网的自行发电量。

环保资料为全社会统计口径。

建成区面积与绿地面积

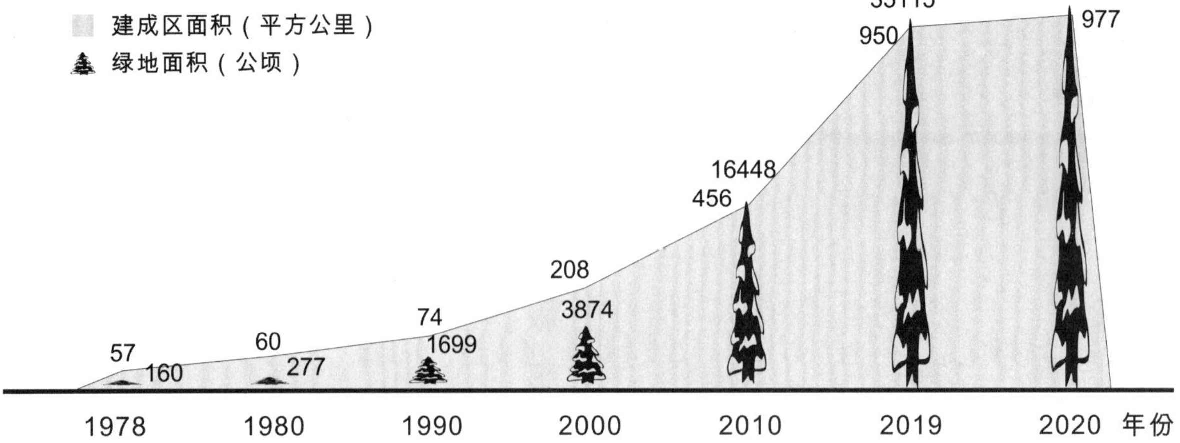

全市用电量（亿千瓦小时）

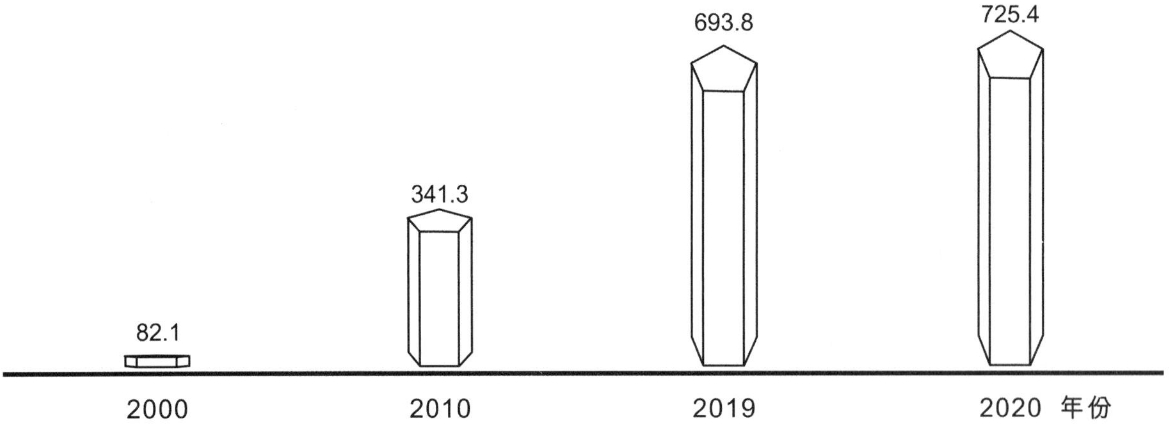

城市供水量（万吨）

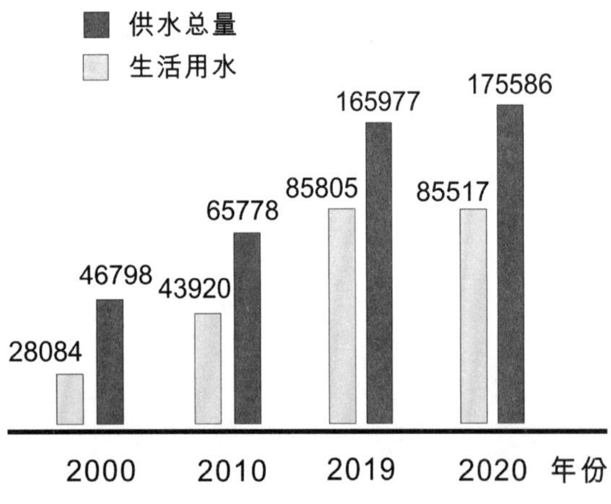

城市供天然气量（亿立方米）

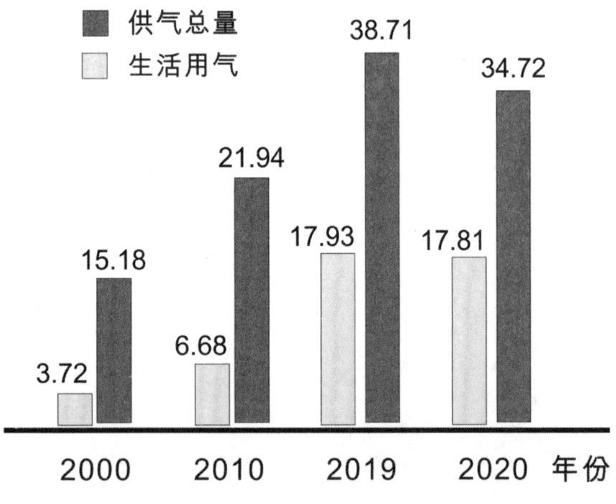

8-1 城市规模和建设用地情况

Urban Scale and Construction Land

项　目	单　位	2019 年	2020 年	项　目	单　位	2019 年	2020 年
市区人口	万人	876.47	895.73	#居住用地	平方公里	300.7	306.58
市区面积	平方公里	3639.81	3639.81	公共管理与公共服务用地	平方公里	82.18	83.01
建成区面积	平方公里	949.58	977.12	工业用地	平方公里	137.95	141.25
城市建设用地面积	平方公里	879.19	909.65	道路与交通设施用地	平方公里	158.32	168.00
				物流仓储用地	平方公里	16.88	19.74

8-2 市政设施水平

Level of Urban Public Facilities

项　目	单　位	2019 年	2020 年	项　目	单　位	2019 年	2020 年
用水普及率	%	99.81	99.64	人均公园绿地面积	平方米	14.58	14.51
用气普及率	%	98.82	99.35	建成区绿地率	%	36.98	37.68
人均拥有道路面积	平方米	15.87	18.70	建成区绿化覆盖率	%	43.46	43.90

8-3 市政工程设施情况
Municipal Engineering Facilities

项　目	单　位	2019 年	2020 年	项　目	单　位	2019 年	2020 年
年末实有铺装道路长度	公里	4941.1	7915.1	排水管道长度	公里	13632	15480
年末实有铺装道路面积	万平方米	12962.2	16916.2	#污水管道	公里	6107	6782
#人行道面积	万平方米	3180.5	3918.5	污水排放量	万立方米	107301	112517
路灯盏数	千盏	382	458	污水处理厂座数	座	31	33
桥 梁 数	座	1618	2028	污水处理厂处理能力	万立方米/日	314	327
#立 交 桥	座	169	179	污水处理总量	万立方米	101668	107491

8-4 自来水供应情况
Basic Statistics of Tap Water Supply

项　目	单　位	2019 年	2020 年	项　目	单　位	2019 年	2020 年
水厂综合生产能力	万立方米/日	543.7	546.7	全年供水量	万吨	165977	175586
#地 下 水	万立方米/日	5.0	5.0	#生活用水	万吨	85805	85517
供水管道长度	公里	22081	23470				

8-5 天然气、液化石油气情况

Basic Statistics of Urban Supply for Natural Gas and Liquefied Petroleum Gas

项　目	单　位	2019 年	2020 年	项　目	单　位	2019 年	2020 年
天 然 气				**液化石油气**			
输气管道长度	公里	20985	22232	供气量	吨	119755	130894
供气总量	万立方米	387098	347236	#家庭用量	吨	53646	51910
#家庭用量	万立方米	179349	178066	用气人口	万人	25.7	24.3
用气人口	万人	781.7	857.5				

8-6 城市公共交通

Public Traffic in City

项　目	单　位	2019 年	2020 年	项　目	单　位	2019 年	2020 年
公共汽车				年末营运线路	条	1132	1171
年末公共营运汽车	辆	15948	14542	**年末出租汽车**	**辆**	16524	16233
年末公共营运汽车	标台	19152	17835	**地　　铁**	公里		
年末全市公交线路长度	公里	16833	17350	运营线路长度	公里	342	558
全年公交客运总量	万人次	164197	109862	客运总量	万乘次	139943	121962

8-7 园林绿化情况

Basic Statistics of Parks, Gardens and Green Areas

项　目	单　　位	2016 年	2017 年	2018 年	2019 年	2020 年
绿地面积	**公顷**	**31084**	**32617**	**34094**	**35115**	**36334**
#建 成 区	公顷	30550	32617	34094	35115	36334
#主 城 区	公顷	13938	—	—	—	-
年末公园绿地面积	**公顷**	**9821**	**10474**	**11173**	**11911**	**12528**
绿化覆盖面积	**公顷**	**35231**	**36870**	**38499**	**41266**	**42748**
#建 成 区	公顷	34658	36870	38499	41266	42748
#主 城 区	公顷	15734	—	—	—	-

8-8 工业主要污染物排放及处理利用情况

Discharge, Treatment and Utilization of Industrial Pollutants

单位:万元

项　目	单　位	2019 年	2020 年	项　目	单　位	2019 年	2020 年
工业废水				**一般工业固体废物**			
排放总量	万吨	9290.36	9199.7	产 生 量	万吨	325.39	304.00
工业废气				综合利用量	万吨	300.79	278.06
排放总量	亿标立方米	4429.62	5895.57	贮 存 量	万吨	1.01	1.33
工业烟(粉)尘				处 置 量	万吨	24.16	26.13
排 放 量	万吨	0.89	0.83				

8-9 历年全市用电量

Total Electricity Consumption over the Years

单位:万千瓦小时

年份	用电量	# 工业用电	# 交通运输用电	# 城乡居民生活用电
1950	770	377		
1951	1019	591		
1952	1141	722		
1953	1540	909		
1954	1929	1206		
1955	2331	1457		
1956	3426	2209		
1957	4276	2777		
1958	8386	6559		
1959	21717	18984		
1960	47508	43455		
1961	42103	38514		
1962	35633	30704		
1963	37319	32107		
1964	46417	42619		
1965	70084	62821	25	
1966	96492	86855	63	
1967	77595	68445	147	
1968	44587	35257	123	
1969	85931	72706	267	
1970	147391	127357	3637	
1971	163559	137687	6098	
1972	165761	140600	6093	
1973	173619	147826	5389	
1974	181273	152666	6457	
1975	138626	112246	1100	
1976	135847	115992	1765	
1977	162564	140421	2125	
1978	197000	171281	2268	
1979	219477	188343	2174	
1980	236796	200477	2160	
1981	232955	192777	1879	
1982	242919	199843	2032	
1983	262682	217953	2206	
1984	269408	220028	4625	
1985	273763	218888	5771	

8-9 续表

单位:万千瓦小时

年　　份	用电量	# 工业用电	# 交通运输用电	# 城乡居民生活用电
1986	283501	233569	8362	
1987	297163	237476	8862	
1988	302933	236183	7353	
1989	337198	263915	6964	
1990	356117	269271	7112	
1991	405748	310748	7139	
1992	446621	335390	9110	
1993	511759	374196	9526	
1994	555674	391665	10206	
1995	594427	410396	10415	
1996	647423	424693	11740	
1997	678070	425725	14004	
1998	699964	427596	11861	
1999	734982	431075	13570	
2000	821001	453625	15699	191046
2001	903557	476157	23247	209509
2002	1115973	625479	27461	236596
2003	1181635	632120	47087	256962
2004	1318347	691741	37818	292576
2005	1465839	760470	24318	334690
2006	1671532	867800	34905	382409
2007	2399000	1311200	29277	502204
2008	2610793	1351903	37628	586859
2009	2961226	1534439	42441	657674
2010	3413139	1766106	57531	746640
2011	3858208	1971939	72363	826941
2012	4117967	2098735	81215	874030
2013	4449331	2289153	98572	916529
2014	4780323	2440120	97826	976000
2015	4863458	2339117	109169	1048009
2016	5562783	2652744	130477	1253832
2017	5699242	2574020	157330	1323354
2018	6374116	2896822	194996	1452564
2019	6938431	3144389	255587	1541402
2020	7254343	3176414	295753	1703770

注:用电量2007年及以后为全口径,2007年以前为直供口径。

8-10 分行业用电量

Electricity Consumption by Sector

单位:万千瓦小时

行 业	2016 年	2017 年	2018 年	2019 年	2020 年
全社会用电量	**5562783**	**5699242**	**6374116**	**6938431**	**7254343**
农、林、牧、渔业	40092	40083	38504	37714	41795
工 业	2652744	2574020	2896822	3144389	3176414
建 筑 业	127944	137787	165826	178008	185295
交通运输、仓储和邮政业	150387	178991	219128	255587	295753
信息传输、软件和信息技术服务业	101459	126279	149342	167063	194968
批发零售和住宿餐饮业	441217	471541	502080	556710	587214
其他服务业	795109	847186	949849	1057558	1069135
城乡居民生活用电	1253832	1323354	1452564	1541402	1703770
城 镇	890233	921480	1003850	1063578	1167324
乡 村	363599	401874	448714	477824	536446

8-11 分月全社会用电情况(2020 年)

Monthly Total Electricity Consumption(2020)

单位:万千瓦时

月 份	用电量	# 工业	# 城镇居民	# 农村居民
总 计	**7254343**	**3176414**	**2374160**	**1703770**
一季度	**1473282**	**554429**	**481317**	**437536**
1 月	613507	246701	210377	156429
2 月	401588	88823	154887	157878
3 月	458187	218905	116053	123229
二季度	**1740784**	**868758**	**530454**	**341571**
4 月	534186	272082	151534	110570
5 月	550113	275800	166924	107389
6 月	656485	320876	211997	123612
三季度	**2099856**	**840747**	**742468**	**516641**
7 月	688021	299247	235904	152870
8 月	719866	294501	254059	171305
9 月	691970	246999	252505	192465
四季度	**1940421**	**912480**	**619920**	**408022**
10 月	580987	268470	199835	112682
11 月	623126	308700	198777	115648
12 月	736308	335309	221308	179691

主要统计指标解释

自来水生产能力 指城建部门管理的自来水厂和自备水源的社会单位取水、净化、送水、出厂输水干管等环节的实际生产能力。

城市人口用水普及率 指城市用水的人口数(不包括临时人口和流动人口)与城市总人口数之比。计算公式:

用水普及率=(城市用水的人口数÷城市总人口数)×100%

城市用气普及率 指使用煤气(包括人工煤气、液化石油气、天然气)的城市总人口数(不包括临时人口和流动人口)与城市人口总数之比。计算公式:

$$城市煤气普及率=\frac{城市用气的人口数}{城市总人口数}\times100\%$$

营运线路长度 指设置的固定营运线路长度,包括郊区营运线路长度。不包括临时行驶的线路长度。

城市园林绿地面积 指城市公共绿地、专用绿地、生产绿地、防护绿地、郊区风景名胜区的全部面积。

工业废水排放量 指经过企业厂区所有排放口排到企业外部的工业废水量。包括生产废水、外排的直接冷却水、超标排放的矿井地下水和与工业废水混排的厂区生活污水,不包括外排的间接冷却水(清污不分流的间接冷却水应计算在内)。

工业废水排放达标量 指各项指标都达到国家或地方排放标准的外排工业废水量,包括未经处理外排达标的和经过处理后外排达标的两部分。国家排放标准见 GB8978-88。

工业废气排放量 指企业厂区内燃料燃烧和生产工艺过程中产生的各种排入空气的含有污染物的气体的总量,以标准状态[273K,101325Pa]计。

工业粉尘排放量 指企业在生产工艺过程中排放的颗粒物重量。如钢铁企业的耐火材料粉尘、焦化企业的筛焦系统粉尘、烧结机的粉尘、石灰窑的粉尘、建材企业的水泥粉尘等。不包括电厂排入大气的烟尘。

工业固体废物产生量 指企业在生产过程中产生的固体状、半固体状和高浓度液体状废弃物的总量,包括危险废物、冶炼废渣、粉煤灰、炉渣、煤矸石、尾矿、放射性废物和其他废物等;不包括矿山开采的剥离废石和掘进废石(煤矸石和呈酸性或碱性的废石除外)。酸性或碱性废石是指采掘的废石其流经水、雨淋水的 pH 值小于 4 或 pH 值大于 10.5 者。

工业固体废物综合利用量 指通过回收、加工、循环、交换等方式,从固体废物中提取或者使其转化为可以利用的资源、能源和其他原材料的固体废物量(包括当年利用往年的工业固体废物累计贮存量)。如用作农业肥料、生产建筑材料、筑路等。综合利用量由原产生固体废物的单位统计。

工业固体废物贮存量 指以综合利用或处置为目的,将固体废物暂时贮存或堆存在专设的贮存设施或专设的集中堆存场所内的量。专设的固体废物贮存场所或贮存设施必须有防扩散、防流失、防渗漏、防止污染大气、水体的措施。工业固体废物处置量指将固体废物焚烧或者最终置于符合环境保护规定要求的场所并不再回取的工业固体废物量(包括当年处置往年的工业固体废物累计贮存量)。处置方法如:填埋(其中危险废物应安全填埋)、焚烧、专业贮存场(库)封场处理、深层灌注、回填矿井等。

九 农 业

简 要 说 明

主要内容

本部分资料反映全市农业生产和农村经济的基本情况，主要包括农业生产条件、农林牧渔生产产量、农林牧渔业总产值、农业机械拥有量、水利设施、林业生产等方面的统计资料。

其他需要说明的问题

根据四川省统计局，四川省第三次全国农业普查领导小组关于印发《四川省根据第三次全国农业普查结果核定和修订常规年报相关数据方案》的通知要求，成都市统计局于2018年按照四川省统计局的统一部署和安排，根据农业普查数据结果，对2016年常规年报数据进行了核定；依据核定结果对两次农业普查年度之间（2007-2015年）和2017年的常规统计调查数据进行了修订。核定修订内容包括：粮食、经济作物等主要农作物播种面积和产量；茶叶、水果等年末实有面积和产量；主要畜禽存栏出栏肉产量以及其他畜禽产品产量；水产养殖面积、水产品产量；其他与农业普查有关但没有常规年报数据的指标。

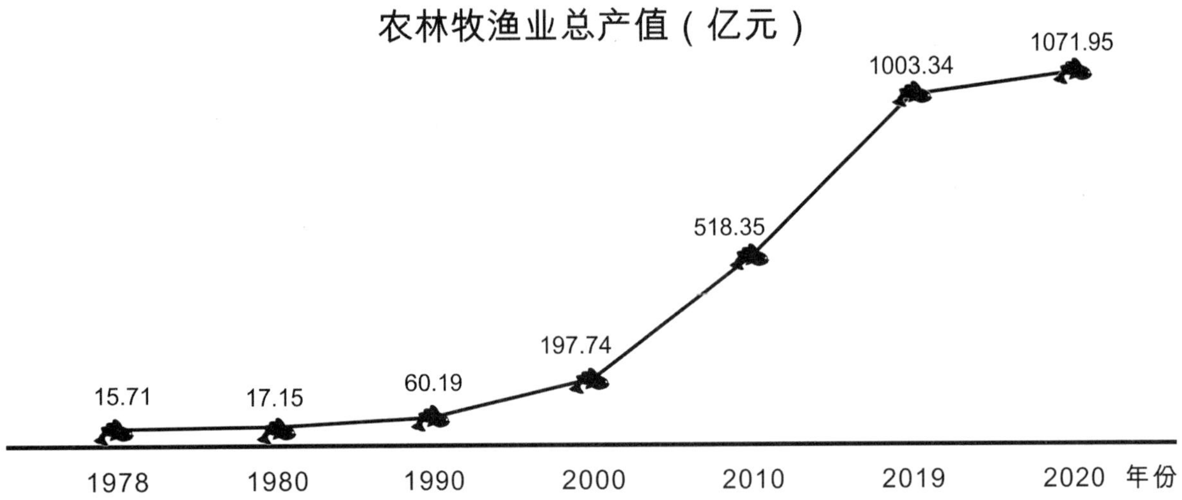
农林牧渔业总产值（亿元）
15.71
17.15
60.19
197.74
518.35
1003.34
1071.95
1978
1980
1990
2000
2010
2019
2020
年份

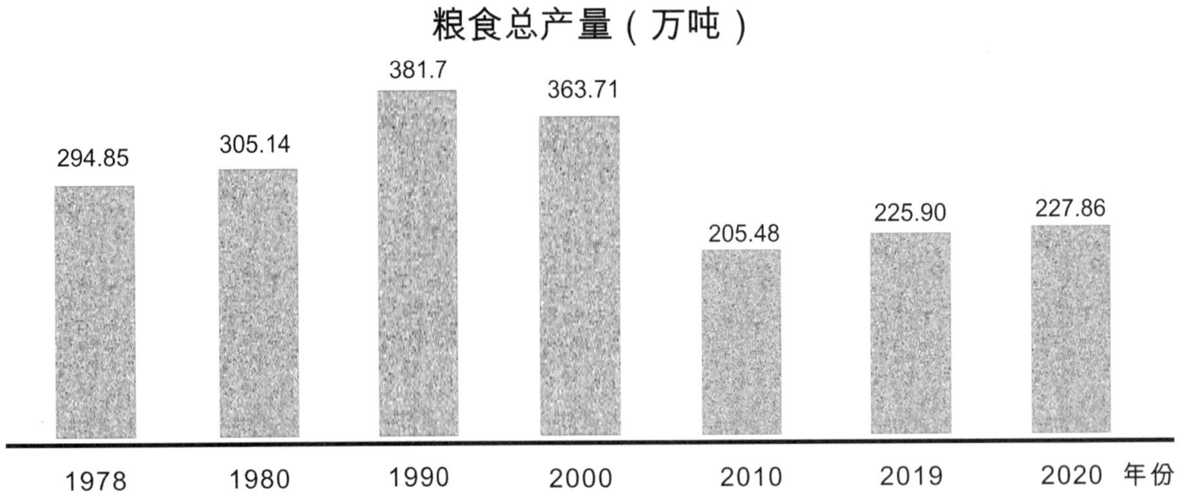
粮食总产量（万吨）
294.85
305.14
381.7
363.71
205.48
225.90
227.86
1978
1980
1990
2000
2010
2019
2020
年份

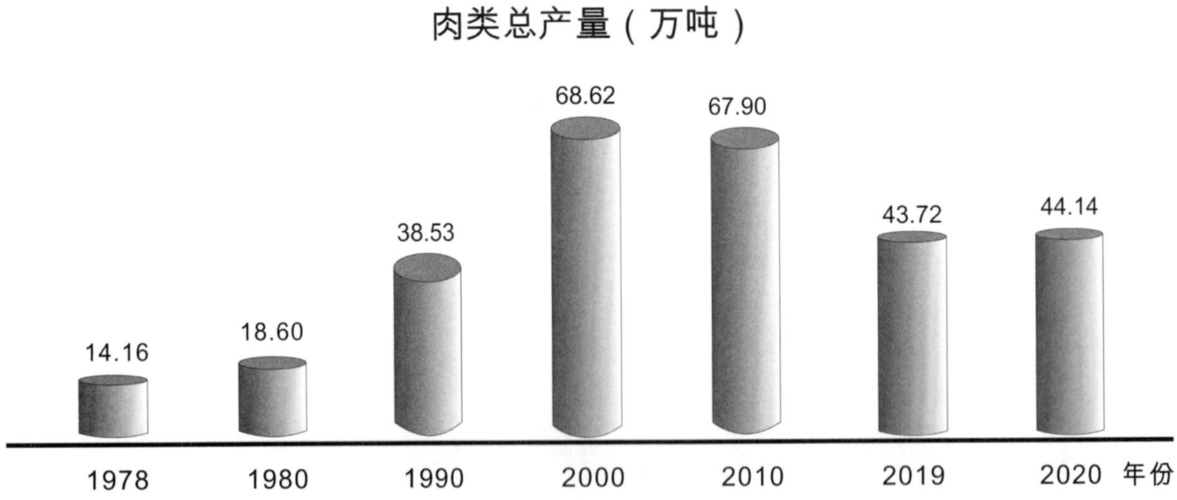
肉类总产量（万吨）
14.16
18.60
38.53
68.62
67.90
43.72
44.14
1978
1980
1990
2000
2010
2019
2020
年份

9-1 农业生产条件

Basic Conditions of Agriculture Production

项 目	单 位	1978 年	1990 年	2000 年	2010 年	2019 年	2020 年
乡村户数、人口与从业人员							
乡村户数	户	1445797	1977835	2081843	2276745	2549808	2480189
乡村人口数	人	6348345	6918256	6841033	6715987	7425700	7218530
#乡村从业人员	人	2635876	3916699	4088305	4063402	4101685	3913134
#转移出省的从业人员	人		13904	126959	272350	324415	—
按性别分							
男	人	1342399	2028586	2113385	2152128	2188279	2085003
女	人	1293477	1888113	1974920	1911274	1913406	1828131
按行业分							
农、林、牧、渔业	人	2413646	3051316	2440924	1526538	1367146	—
工 业	人	87706	348459	412239	647603		
建 筑 业	人	40133	158749	351166	646895		
交通运输仓储业及邮电通讯业	人	6126	52632	101882	180518		
批发、零售贸易业	人	9452	110166	258698	262461		
其他行业	人	78813	195377	523396	799387		

注:①2008 年以来交通运输仓储业及邮电通讯业包含计算机服务和软件业;其他行业包含住宿和餐饮业。②2012 年以来镇(街道)村委会个数包含涉农街道、镇及村委会。③2011 年起取消分行业人数指标。

9-1 续表

项 目	单 位	1978 年	1990 年	2000 年	2010 年	2019 年	2020 年
农村社会基础设施							
自来水受益村数	个			1897	1670	2595	1791
通有线电视村数	个					3163	2038
通宽带村数	个					3160	2038
农业主要能源及物质消耗							
农村用电量	万千瓦小时	12033	77482	222405	315870	380265	363527
农用化肥施用量(折纯)	万吨	15. 59	15. 78	21. 42	17. 17	16. 98	15. 87
#氮 肥	万吨	11. 50	11. 67	9. 42	6. 85	6. 25	5. 43
磷 肥	万吨	4. 09	2. 99	4. 58	3. 77	3. 23	3. 01
钾 肥	万吨		0. 38	1. 73	1. 95	1. 78	1. 77
复 合 肥	万吨		0. 74	5. 69	4. 60	5. 72	5. 66
农用塑料薄膜使用量	吨		1131	7331	10548	12864	12560
#地膜使用量	吨			4449	7308	8055	7804
地膜覆盖面积	万公顷			4. 67	5. 67	7. 44	6. 84
农用柴油使用量	万吨			2. 42	2. 49	3. 25	3. 03
农药使用量	吨		4080	7146	5897	4712	4330
机耕面积	公顷				839067	458100	482650
机播面积	公顷				41162	236805	246874

9-2 历年农林牧渔业总产值

Gross Output Value of Farming, Forestry, Animal Husbandry and Fishery over the Years

单位:万元

年份	农林牧渔业总产值	其中:			
		农业	林业	牧业	渔业
1950	35140	30850	1070	3192	28
1951	37231	32527	1116	3557	31
1952	40583	35315	1269	3967	32
1953	46049	39992	1526	4489	42
1954	49264	41788	2105	5327	44
1955	50101	42344	2249	5458	50
1956	53498	44926	2428	6089	55
1957	57859	48160	2681	6950	68
1958	67215	54521	5265	7338	91
1959	52465	42641	4281	5471	72
1960	42184	35224	3340	3546	74
1961	36998	31938	1997	2971	92
1962	45840	39385	2041	4345	69
1963	55284	45216	2336	7642	90
1964	65290	51599	3026	10573	92
1965	76227	60247	3053	12829	98
1966	83034	65507	3151	14293	83
1967	84823	66425	3038	15264	96
1968	77963	60731	2856	14293	83
1969	81898	64835	2868	14111	84
1970	90799	73016	2893	14792	98
1971	97206	77463	2989	16658	96
1972	97890	75476	3211	19096	107
1973	105872	81759	3636	20366	111
1974	110799	86075	3801	20795	128
1975	113923	88472	3807	21503	141
1976	113083	87941	3887	21064	191
1977	124834	98381	4059	22121	273
1978	157073	122713	4725	29349	286
1979	173161	132675	5308	34852	326
1980	171518	126158	5175	39849	336
1981	177416	128085	4975	43949	407
1982	219738	166598	5527	47001	612

9-2 续表

单位:万元

年　份	农林牧渔业总产值	其中:			
		农　业	林　业	牧　业	渔　业
1983	237768	176620	5983	54107	1058
1984	262666	193216	8339	59181	1930
1985	291302	203470	8756	75682	3394
1986	324607	219259	8041	92244	5063
1987	395987	255562	7935	125554	6936
1988	479787	284690	9386	176896	8815
1989	520868	312455	9886	188248	10279
1990	601911	375241	11248	204964	10458
1991	639111	401953	11361	214000	11797
1992	739631	462607	14415	249449	13160
1993	884061	544490	14837	307831	16903
1994	1279351	750677	16651	491217	20806
1995	1504482	899164	18877	562630	23811
1996	1683751	1020560	21279	612394	29518
1997	1812981	1073548	20612	685333	33488
1998	1919066	1187104	28482	667369	36111
1999	1935590	1207099	28117	666298	34076
2000	1977360	1210837	28556	700601	37366
2001	2121433	1238181	33819	810704	38729
2002	2256349	1227188	29649	909268	42981
2003	2438091	1303164	33584	990880	51820
2004	2832163	1418945	30644	1258726	59444
2005	3077972	1513190	36452	1391177	69542
2006	3279600	1594729	42177	1489285	78951
2007	4102090	2028799	76328	1841755	90225
2008	4766046	2477076	109886	2018242	109109
2009	4677923	2797462	73588	1626908	124899
2010	5183474	3172332	114801	1689345	136205
2011	6244423	3780713	145809	2084686	154393
2012	6905144	4259245	168073	2218183	171820
2013	7163264	4446542	178608	2239530	186210
2014	7516526	4727096	192610	2278567	201800
2015	8153367	5107444	213205	2459790	220857
2016	8807580	5702258	236194	2451019	230820
2017	9161479	6168343	248739	2241309	246461
2018	9514355	6407666	272304	2288545	260118
2019	10033425	6610352	311903	2535867	263074
2020	10719451	6758267	282129	3031475	305350

注:①从 2002 年起农林牧渔业总产值中增加农林牧渔服务业产值;农民家庭兼营性商品工业产值从农业产值中扣除;林业产值改为全社会口径。②2007-2018 年农林牧渔业总产值数据根据第四次全国经济普查数据进行调整。

9-3 历年农林牧渔业总产值发展速度

Development Rates of Gross Output Value of Farming, Forestry, Animal Husbandry and Fishery over the Years

单位:%

年份	农林牧渔业总产值	其中: 农业	林业	牧业	渔业
1950	100.0	100.0	100.0	100.0	100.0
1951	106.0	105.3	104.2	111.4	109.8
1952	109.0	108.5	113.7	111.5	105.1
1953	106.9	106.0	112.6	111.7	121.8
1954	106.4	104.4	137.8	112.5	104.0
1955	101.7	101.3	106.8	102.5	114.4
1956	106.4	105.6	107.4	111.0	107.9
1957	103.2	102.1	105.1	108.7	118.6
1958	105.8	103.6	178.7	96.6	122.9
1959	82.1	82.3	85.6	78.5	83.5
1960	79.0	81.7	76.1	64.0	101.3
1961	79.0	81.7	53.8	75.4	111.3
1962	119.5	118.4	98.2	140.4	72.3
1963	120.6	113.3	113.0	174.0	129.7
1964	118.1	113.4	128.7	137.6	100.9
1965	116.2	115.9	100.2	120.5	105.4
1966	108.8	108.6	103.0	110.8	101.4
1967	102.2	101.1	96.2	106.9	96.1
1968	91.9	91.3	93.9	93.5	86.6
1969	105.0	107.1	100.7	99.0	102.0
1970	110.9	112.9	101.1	105.1	116.4
1971	104.7	103.5	100.8	109.9	95.8
1972	98.6	94.8	104.5	111.5	108.0
1973	108.1	108.4	113.3	106.7	104.6
1974	101.8	102.6	101.8	99.5	112.0
1975	100.2	100.1	97.6	100.7	107.5
1976	97.6	97.8	100.5	96.4	133.2
1977	108.1	109.8	102.5	103.1	139.6
1978	109.6	108.3	101.1	115.2	91.2
1979	108.2	105.6	109.8	116.1	111.3
1980	100.2	95.9	87.0	114.0	98.9
1981	100.4	97.2	104.9	107.6	124.0
1982	112.7	119.4	102.6	98.4	133.9

注:发展速度以上年为基数,按可比价格计算。

9-3 续表

单位:%

年 份	农林牧渔业总产值	其 中:			
		农 业	林 业	牧 业	渔 业
1983	110.9	109.3	105.5	115.2	145.3
1984	105.3	103.0	121.3	108.8	166.6
1985	105.1	101.2	105.7	113.3	149.0
1986	105.7	103.5	90.2	110.5	144.1
1987	106.5	105.0	95.7	110.3	108.3
1988	100.6	96.1	103.6	108.6	113.2
1989	105.4	109.1	97.3	99.2	111.6
1990	103.0	103.0	97.9	103.3	99.3
1991	104.8	104.0	95.9	106.6	107.2
1992	105.1	103.5	118.8	107.5	105.5
1993	104.8	103.8	98.8	106.5	116.1
1994	105.5	103.5	99.2	109.1	107.2
1995	105.5	105.1	97.0	106.4	110.2
1996	104.6	103.7	106.7	105.2	116.8
1997	104.7	103.5	93.0	106.7	110.0
1998	104.3	105.1	105.0	102.9	107.5
1999	104.1	104.8	112.4	102.9	99.5
2000	105.0	103.3	97.6	107.4	114.3
2001	105.5	101.9	106.0	110.9	105.0
2002	106.6	103.1	119.7	111.0	107.9
2003	106.2	101.5	115.7	110.2	117.8
2004	107.4	99.4	92.6	116.8	105.1
2005	106.7	104.9	117.7	108.3	111.7
2006	105.4	104.1	113.8	106.1	112.9
2007	105.8	105.9	111.2	105.3	111.8
2008	104.4	105.4	97.4	103.4	98.9
2009	103.7	103.5	112.8	103.0	110.3
2010	104.4	105.0	107.3	103.2	106.9
2011	103.8	107.7	113.1	98.3	107.7
2012	103.5	105.2	101.9	101.1	107.1
2013	103.5	106.9	104.6	99.1	102.3
2014	103.7	105.2	103.2	101.2	106.2
2015	104.4	106.7	115.3	100.2	112.3
2016	103.9	105.8	109.3	100.6	109.0
2017	103.9	105.9	109.3	100.4	110.2
2018	103.4	104.8	106.5	101.0	106.0
2019	102.1	105.9	104.0	93.1	104.2
2020	103.3	102.4	89.5	106.5	108.1

9-4 农林牧渔业总产值

Gross Output Value of Farming, Forestry, Animal Husbandry and Fishery

项 目	绝对额(万元)		构 成(%)	
	2019 年	2020 年	2019 年	2020 年
农林牧渔业总产值	**10033425**	**10719451**	**100**	**100**
一、农业产值	6610352	6758267	65.88	63.05
(一)谷物及其它作物	971057	1154181	9.68	10.77
#谷 物	567375	617105	5.65	5.76
薯 类	127335	258289	1.27	2.41
油 料	204968	196500	2.04	1.83
豆 类	43800	58265	0.44	0.54
(二)蔬菜园艺作物	4017010	3758638	40.04	35.06
#蔬 菜(含菜用瓜)	2849414	2658419	28.40	24.80
花 卉	800040	814608	7.97	7.60
(三)水果、坚果、饮料和香料作物	1392595	1551663	13.88	14.48
水果、坚果(含果用瓜)	1329503	1418870	13.25	13.24
茶及其他饮料	63092	132794	0.63	1.24
香料作物				
(四)中药材	229690	293785	2.29	2.74
二、林业产值	311903	282129	3.11	2.63
(一)林木的培育和种植	226805	148609	2.26	1.39
(二)竹木采运	85098	74657	0.85	0.70
三、牧业产值	2535867	3031475	25.28	28.28
(一)牲畜饲养	341891	281667	3.41	2.63
(二)猪的饲养	1225693	1825708	12.22	17.03
(三)家禽饲养	915180	875782	9.12	8.17
(四)其它畜牧业	53103	48319	0.53	0.45
四、渔业产值	263074	305350	2.62	2.85
#养 殖	263074	305350	2.62	2.85
五、农林牧渔专业及辅助性活动产值	312229	342230	3.11	3.19

9-5 历年农业机械拥有量

Agricultural Machinery over the Years

年 份	农业机械总动力(千瓦)	农用大中型拖拉机		农用排灌动力机械		农用载重汽车(辆)
		台	千瓦	台	千瓦	
1978	401045	3130	86634	9437	90139	150
1979	547861	3830	108568	11903	115810	355
1980	668943	4132	117947	12096	110984	663
1981	751754	4323	144493	12261	120805	864
1982	810771	4337	125921	13921	136008	944
1983	880933	4307	125918	13266	131190	1359
1984	916337	4033	118510	12364	125120	2177
1985	1001914	4162	123521	12091	124118	2821
1986	1060317	4209	125978	12651	122034	3288
1987	1103871	4196	127139	13885	133852	3346
1988	1221017	4115	126475	13397	130678	3925
1989	1251611	3790	117789	13464	133430	4265
1990	1348769	3376	106235	14990	157097	4329
1991	1394756	2730	86817	14090	153435	4517
1992	1451580	2334	74572	14414	156764	4829
1993	1557072	2153	69849	14672	160099	4942
1994	1623060	2100	68988	16234	167906	5459
1995	1759407	1912	63316	16445	174122	6018
1996	1803993	1773	58770	16329	168709	6292
1997	1856009	1831	59375	17003	173272	6485
1998	1920602	2118	65814	17013	177142	6367
1999	2024727	3307	98472	19718	186752	6822
2000	2052884	6415	223449	20173	193664	7056
2001	2113830	7061	240621	20911	185356	6956
2002	2279774	7725	296129	20912	204102	6831
2003	2352992	8396	313535	22528	211477	6819
2004	2359000	9058	327840	22873	215661	6905
2005	2408373	9108	312182	21803	199653	6027
2006	2473248	9119	312041	23078	225018	6267
2007	2555461	9506	324920	30632	227560	5548
2008	2634140	9145	315074	35455	246379	5815
2009	2803328	11138	366972	37180	251738	5792
2010	2881638	12062	410813	37713	247709	5729
2011	3106474	12215	400936	39737	258621	5673
2012	3203188	13744	460530	41110	262566	—
2013	3422104	14990	528080	42660	271535	—
2014	3659536	11182	406814	45239	282653	—
2015	3706601	11695	432500	45890	288000	—
2016	3900000	11838	440000	54565	276000	—
2017	4129351	10845	418746	54818	424907	—
2018	3843648	9769	440736	—	—	—
2019	4129455	9528	424910	—	—	—
2020	4148924	9508	452685	—	—	—

9-6 历年农村用电量及化肥施用量情况

The Number of Electricity Consumption and Consumption of Chemical Fertilizers in Rural Areas over the Years

年 份	农村用电量（万千瓦小时）	化肥施用量（折纯：吨）
1978	12033	155921
1979	21018	149627
1980	17173	132170
1981	22619	145630
1982	25529	145480
1983	28262	147081
1984	34179	132185
1985	38963	119625
1986	50939	143128
1987	55167	134453
1988	59329	136772
1989	68113	152904
1990	77482	157815
1991	79777	176083
1992	91325	168497
1993	104562	165078
1994	117276	172344
1995	148686	184865
1996	161258	191553
1997	180553	191557
1998	195302	199910
1999	206600	216103
2000	222405	214166
2001	240596	214635
2002	253682	207116
2003	261202	195859
2004	280271	200261
2005	292141	197055
2006	290845	192601
2007	294031	199310
2008	295403	197939
2009	301709	185335
2010	315870	171692
2011	316136	173593
2012	319152	158358
2013	324176	156374
2014	316671	156336
2015	321190	154885
2016	363262	185761
2017	366457	183597
2018	371510	181126
2019	380265	169844
2020	363527	158726

9-7 农 业 机 械

Main Indicators of Agricultural Machinery

项 目	单 位	1978 年	1990 年	2000 年	2010 年	2019 年	2020 年
农业机械总动力	万千瓦	40.1	134.88	205.29	288.16	412.95	414.89
农用大中型拖拉机	台	3130	3376	6415	12062	9528	9508
	万千瓦	8.66	10.62	22.34	41.08	42.49	45.27
小型拖拉机	台	8183	42563	33878	25855	19310	18090
	万千瓦	7.12	43.58	36.83	30.23	24.80	23.45
农用排灌动力机械	台	9437	14990	20173	37713	—	—
	万千瓦	9.01	15.71	19.37	24.77	—	—
农用载重汽车	辆	150	4329	7056	5729	—	—
	万千瓦	0.91	31.08	53.13	45.65	—	—
大中型拖拉机配套农具	部	6522	3228	1994	5141	—	—
小型拖拉机配套农具	部	15859	56787	44854	29686	—	—
农用水泵	台	8522	14701	19950	45454	95178	97539
节水灌溉机械	套	3033	596	1765	3578	11292	11070
机动喷雾机	台	1176	7672	7693	28614	—	—
机动脱粒机	台	6065	6243	49617	74346	95290	94649
粮食初加工机械	台	18323	24871	24905	46771	57466	56582
油料初加工机械	台	662	588	1528	1609	2876	2877
拖拉机配套农具	部					31372	31189

9-8 历年粮食、油菜籽、蔬菜产量

Yield of Grains, Rapeseeds and Vegetables over the Years

单位:万吨

年 份	粮 食	#小 麦	#稻 谷	油菜籽	蔬菜及食用菌
1949	127.37	7.68	98.11	4.05	36.49
1950	137.02	8.52	105.37	4.47	37.25
1951	143.02	9.84	109.99	4.73	42.86
1952	154.47	9.20	119.70	5.61	38.22
1953	163.26	9.66	125.88	5.48	39.05
1954	169.58	9.27	130.93	6.46	44.87
1955	176.55	10.52	134.34	6.92	52.88
1956	188.06	13.24	136.13	6.56	55.87
1957	187.03	13.96	134.68	6.12	54.92
1958	192.05	14.59	130.91	5.00	61.71
1959	150.14	13.78	109.79	4.81	102.85
1960	125.22	13.39	88.81	2.58	116.12
1961	105.49	8.50	78.08	1.86	98.17
1962	137.28	12.65	98.33	2.11	66.35
1963	148.10	10.19	112.46	2.46	59.71
1964	160.18	12.25	122.27	5.24	63.21
1965	191.78	16.09	136.68	7.07	60.10
1966	200.47	23.35	148.96	6.85	63.79
1967	199.11	24.74	146.11	8.36	60.25
1968	176.86	23.10	126.26	7.18	60.09
1969	199.09	20.79	145.18	6.51	62.76
1970	233.94	27.27	161.31	7.88	70.96
1971	231.23	32.48	163.07	8.88	74.04
1972	214.73	35.78	147.17	9.18	75.53
1973	242.20	36.70	167.15	9.09	78.60
1974	237.68	43.53	157.34	9.67	76.88
1975	253.97	40.27	166.33	8.76	76.68
1976	237.85	45.82	148.39	6.75	85.13
1977	266.63	43.82	176.23	6.78	89.03
1978	294.85	60.64	182.83	10.82	87.61
1979	310.41	63.57	188.80	12.24	84.57
1980	305.14	62.26	189.78	13.70	75.09

9-8 续表

单位:万吨

年 份	粮 食	#小 麦	#稻 谷	油菜籽	蔬菜及食用菌
1981	301.08	63.65	192.35	16.87	82.97
1982	352.66	76.45	228.31	21.52	102.66
1983	371.22	92.20	230.32	18.69	130.62
1984	359.36	84.33	226.70	17.89	132.67
1985	344.74	76.49	219.74	22.96	154.60
1986	357.73	80.65	231.30	22.32	174.10
1987	353.89	85.12	224.30	23.61	192.68
1988	329.57	74.04	211.03	18.46	203.76
1989	356.80	77.75	230.70	18.08	205.76
1990	381.70	90.14	243.10	19.85	222.80
1991	392.26	96.24	248.22	19.92	227.29
1992	399.05	92.21	255.14	17.88	244.93
1993	397.53	93.70	250.99	13.05	258.10
1994	397.30	99.11	245.79	14.38	271.33
1995	398.97	97.54	246.23	18.30	283.87
1996	400.61	92.68	250.88	15.68	292.47
1997	402.10	90.29	252.92	14.11	307.00
1998	403.86	91.71	252.14	15.06	337.77
1999	397.02	88.59	246.89	14.37	361.81
2000	363.71	72.72	234.50	18.59	409.82
2001	310.73	59.27	201.36	18.40	398.40
2002	299.08	55.85	194.85	18.64	425.93
2003	265.12	46.71	174.14	18.16	423.23
2004	276.03	46.14	177.92	18.70	394.58
2005	259.91	47.37	160.42	19.06	410.02
2006	265.10	45.82	170.87	19.89	425.21
2007	225.72	34.16	143.83	19.66	393.5
2008	221.70	29.86	145.02	21.09	403.85
2009	211.93	26.22	140.59	24.04	416.49
2010	205.48	24.63	135.02	24.54	425.61
2011	198.74	23.01	129.61	24.83	462.32
2012	193.43	21.82	126.16	24.95	463.23
2013	189.16	19.95	122.24	25.06	458.75
2014	180.88	18.83	115.85	25.63	464.00
2015	177.44	17.35	113.46	25.41	487.66
2016	230.73	17.02	123.42	31.01	536.4
2017	231.85	16.56	123.48	32.52	543.58
2018	230.28	16.33	123.06	32.95	575.85
2019	225.90	16.28	118.90	31.27	606.21
2020	227.86	16.18	119.25	30.44	610.40

注:本表中从2007年起,各指标数据均按农业普查调查结果进行了修订。

9-9 农作物播种面积

Sown Area of Crops

单位:公顷

项 目	1978 年	1990 年	2000 年	2010 年	2019 年	2020 年
农作物总播种面积	**997341**	**990944**	**988093**	**639887**	**733323**	**728870**
粮食作物	735222	702559	616275	344753	376592	379021
谷 物	624324	607380	507259	286338	280040	279420
稻 谷	353555	332677	290118	174578	148463	148573
小 麦	185990	203745	161237	63578	35904	34564
玉 米	77444	65201	54922	48135	95660	96220
高 粱	650	376	78		13	13
其他谷物	6685	5381	904	47	14	40
豆 类	36169	26116	25156	21382	39386	41459
#大 豆	2853	9509	10638	12708	22047	23093
薯 类	74729	69063	83860	37033	57166	58142
#马铃薯	29157	13301	27082	20380	24187	24444
油 料	67388	108210	105278	115174	140029	134488
#花 生	2976	5059	9835	9680	14647	14283
油菜籽	64408	103146	95430	104833	125327	120200
糖 类	2544	1261	1123	291	261	217
#甘 蔗	2544	1261	1123	291	261	217
烟 叶	3507	2070	1844	224	141	108
药材类	3028	3194	9148	9710	14417	14546
蔬菜、瓜果类	34357	79823	159035	144472	183335	182740
蔬 菜	34357	78384	157824	137994	175184	174630
瓜果类		1439	1211	6478	8151	8110
其他农作物	151295	93827	95390	25263	18454	17736
#青饲料	82425	63383	45520	14011	10045	8499

注:本表中 2010 年各指标数据均按农业普查调查结果进行了修订。

9-10 主要农产品产量

Yield of Major Agricultural Products

单位:吨

项　目	1978 年	1990 年	2000 年	2010 年	2019 年	2020 年
主要农产品产量						
粮　　食	2948539	3817016	3637072	2054792	2259048	2278585
谷　　物	2720127	3606758	3332937	1844019	1916562	1924432
稻　　谷	1828295	2430986	2344973	1350189	1188979	1192521
小　　麦	606425	901383	727238	246327	162842	161807
玉　　米	257943	251793	256931	247503	564688	569859
高　　粱	1445	1294	271		51	51
其他谷物	26019	21302	3524		2	164
豆　　类	42580	44997	59757	56082	90768	96362
#大　　豆	6944	18213	24958	33686	53414	55590
薯　　类	185832	165261	244378	154691	251718	257792
#马 铃 薯	47224	28163	84254	82680	104173	106818
油　　料	112545	207283	209143	276198	354108	345914
#花　　生	4306	8784	23250	29233	41330	41516
油 菜 籽	108238	198492	185880	245445	312704	304382
糖　　类	106952	74088	66588	11991	10423	9497
#甘　　蔗	106952	74088	66588	11991	10423	9497
烟　　叶	4276	3791	4097	700	479	400
蔬菜及食用菌	876104	2227982	4098199	4256081	6062099	6104021

注:本表中 2010 年各指标数据均按农业普查调查结果进行了修订。

9-11　历年畜牧业生产情况

Productive Statistics of Animal Husbandry over the Years

年　份	年末牛存栏数（万头）	年末生猪存栏数（万头）	当年生猪出栏数（万头）	猪肉产量（万吨）	牛奶（吨）
1949	17. 92	80. 22	28. 42	1. 63	15
1950	18. 50	82. 23	30. 14	1. 69	15
1951	19. 73	92. 63	35. 10	1. 96	15
1952	21. 02	100. 45	41. 06	2. 28	48
1953	21. 68	116. 30	47. 40	2. 36	58
1954	21. 66	129. 85	56. 91	2. 91	78
1955	22. 30	123. 72	58. 80	3. 10	139
1956	22. 96	133. 16	65. 75	3. 36	173
1957	23. 08	172. 84	73. 17	4. 13	2537
1958	22. 01	203. 03	60. 54	2. 88	2988
1959	21. 12	155. 31	50. 24	2. 36	3933
1960	19. 43	93. 32	20. 24	0. 94	4044
1961	18. 27	64. 91	10. 23	0. 46	2912
1962	18. 57	97. 19	21. 72	1. 08	4103
1963	19. 77	159. 98	56. 48	2. 76	5737
1964	20. 98	202. 35	91. 65	4. 75	8575
1965	22. 68	265. 83	120. 28	6. 24	10073
1966	24. 00	310. 79	138. 83	6. 87	9845
1967	24. 55	312. 18	147. 51	7. 76	9555
1968	24. 92	293. 16	147. 25	7. 27	7867
1969	25. 52	279. 79	144. 92	7. 05	8539
1970	25. 94	302. 01	145. 74	7. 52	9498
1971	25. 75	410. 84	160. 41	7. 98	10455
1972	24. 68	459. 93	191. 71	9. 46	10283
1973	24. 54	441. 36	198. 91	9. 89	9121
1974	24. 03	432. 67	193. 09	9. 52	8668
1975	23. 22	441. 99	208. 50	10. 71	8340
1976	21. 73	428. 61	195. 97	9. 52	8276
1977	20. 70	416. 45	193. 84	9. 80	9587
1978	20. 88	459. 01	238. 88	12. 95	11717
1979	20. 09	526. 37	292. 12	15. 35	11698
1980	18. 68	542. 20	334. 40	17. 14	12997
1981	17. 99	502. 62	362. 28	18. 49	12515

9-11 续表

年　　份	年末牛存栏数(万头)	年末生猪存栏数(万头)	当年生猪出栏数(万头)	猪肉产量(万吨)	牛　奶(吨)
1982	17.73	483.08	349.18	17.98	11707
1983	18.04	488.83	350.59	20.77	14237
1984	17.62	527.43	369.98	22.17	15708
1985	16.48	540.26	436.32	26.74	18492
1986	15.85	543.68	468.99	29.42	21678
1987	16.40	540.67	479.00	30.81	27000
1988	16.52	547.43	520.81	34.27	28610
1989	16.20	525.92	521.32	33.01	31449
1990	16.14	532.93	533.52	33.79	31700
1991	16.47	535.05	552.52	34.76	31995
1992	16.61	529.51	567.12	35.87	35530
1993	20.22	520.52	581.67	37.40	37740
1994	22.80	532.87	617.94	39.49	39420
1995	22.48	525.45	637.94	41.81	37011
1996	20.05	521.58	655.07	43.00	36103
1997	16.03	502.56	670.65	44.19	39568
1998	15.40	490.76	676.03	44.82	42750
1999	15.30	436.83	665.26	45.41	44502
2000	15.45	433.17	680.06	46.52	49753
2001	17.92	438.29	724.25	49.81	62778
2002	18.08	447.97	753.68	52.02	84183
2003	18.13	457.67	792.73	54.63	93343
2004	18.01	492.54	888.95	60.96	100439
2005	18.28	526.14	1007.94	69.13	102151
2006	19.13	531.32	1095.35	75.40	108947
2007	10.66	503.56	626.18	41.89	136523
2008	10.95	502.94	664.41	43.94	129152
2009	12.25	482.24	707.83	46.83	130565
2010	11.50	483.69	731.28	48.79	133748
2011	10.64	450.03	712.89	48.07	124959
2012	9.72	460.81	725.14	50.36	125503
2013	10.11	416.14	695.30	48.85	116807
2014	10.55	413.02	691.27	49.55	111768
2015	10.45	376.13	640.57	46.26	99077
2016	7.94	377.67	673.35	48.56	96266
2017	7.84	402.32	608.53	44.10	86435
2018	7.31	367.62	585.87	42.73	85550
2019	7.16	158.25	369.23	26.86	77120
2020	7.50	260.00	400.39	28.10	80173

注:本表中从 2007 年起,各指标数据均按农业普查调查结果进行了修订。

9-12 主要畜牧产品产量

Yield of Main Livestock Products

项　目	单　位	1978 年	1990 年	2000 年	2010 年	2019 年	2020 年
出栏生猪头数	万头	238.88	533.52	680.06	731.28	369.23	400.39
出售和自宰肉用牛	万头	1.23	1.20	5.46	6.12	3.63	3.80
出售和自宰肉用羊	万只	3.92	5.81	73.44	42.49	81.42	82.97
肉类总产量	万吨	14.16	38.53	68.62	67.90	43.72	44.14
#猪　　肉	万吨	12.95	33.79	46.52	48.79	26.86	28.10
牛 羊 肉	万吨	0.17	0.22	2.17	1.40	1.70	1.72
禽　　肉	万吨	1.04	4.14	18.30	13.37	13.18	12.25
奶类产量	吨	11717	31759	49779	133748	77120	80222
#牛　　奶	吨	11717	31700	49753	133748	77120	80173
禽蛋产量	吨	17652	59660	146369	201204	195042	184724
蜂蜜产量	吨		5575	4735	3528	2714	8358

注:①1978 年、1980 年禽肉产量含兔肉。②2010 年和 2017 年各指标数据均按农业普查调查结果进行了修订。

9-13 渔业生产情况

Productive Statistics of Fishery

项　目	单　位	1978 年	1990 年	2000 年	2010 年	2019 年	2020 年
水产品总产量	吨	**2300**	**23885**	**49622**	**102400**	**149321**	**149464**
#养殖产量	吨	1926	23253	49032	100981	148698	149363
#池　　塘	吨	1350	16682	43788	90690	117991	118751
稻　　田	吨	469	5797	1775	1351	13825	13315
鱼　　苗	万尾		154286	159136	193241	390778	413411
养殖水面	公顷	4473	8386	9202	8804	11523	11654
#池　　塘	公顷	3413	7099	7698	7323	7889	8004
稻田养鱼	公顷		19516	4186	1062	8533	8020

9-14 蚕茧、茶叶和水果、花卉生产情况

Productive Statistics of Silkworm Cocoons, Tea, Fruits and Flowers

项　目	单　位	1978 年	1990 年	2000 年	2010 年	2019 年	2020 年
蚕茧产量	吨	564	766	1654	5007	748	876
茶叶产量	吨	1067	1917	2531	11434	22825	22959
水果产量	吨	26644	111714	523978	1225996	1703575	1722152
#苹　果	吨	4013	2606	3303	4905	3390	3175
柑　桔	吨	11136	74473	241252	296162	442492	487547
茶园面积	公顷	4108	5022	3054	11200	11179	10995
果园面积	公顷	6702	23477	38567	61940	87426	84425
#柑 桔 园	公顷	4853	14420	16646	21015	32560	33676
花卉种植面积	公顷		442	4978	22386	35914	37317
花卉当年销售收入	万元		719	30394	251748	800040	814608

注:本表中 2010 年各指标数据均按农业普查调查结果进行了修订。

9-15 林业生产情况

Productive Statistics of Forestry

<table>
<tr><th>项　目</th><th>单　位</th><th>1978 年</th><th>1990 年</th><th>2000 年</th><th>2010 年</th><th>2019 年</th><th>2020 年</th></tr>
<tr><td>造林面积</td><td>公顷</td><td>6724</td><td>3958</td><td>12037</td><td>1031</td><td>3026</td><td>1827</td></tr>
<tr><td>#用 材 林</td><td>公顷</td><td></td><td>2879</td><td>3833</td><td>365</td><td>726</td><td>600</td></tr>
<tr><td>经 济 林</td><td>公顷</td><td></td><td>312</td><td>5769</td><td>274</td><td>1908</td><td>1173</td></tr>
<tr><td>幼林抚育实际面积</td><td>公顷</td><td></td><td>10205</td><td>4752</td><td>5104</td><td rowspan="2">3547</td><td rowspan="2">5367</td></tr>
<tr><td>成林抚育实际面积</td><td>公顷</td><td></td><td>987</td><td>5005</td><td>5635</td></tr>
<tr><td>育苗面积</td><td>公顷</td><td></td><td>197</td><td>840</td><td>838</td><td>—</td><td>—</td></tr>
<tr><td>四旁植树</td><td>万株</td><td></td><td>1935</td><td>1122</td><td>2903</td><td>—</td><td>—</td></tr>
<tr><td>棕片产量</td><td>吨</td><td></td><td>625</td><td>601</td><td>36</td><td>—</td><td>—</td></tr>
</table>

注:①本表中“幼林抚育实际面积”和“成林抚育实际面积”从 2017 年起合并为“中幼林抚育面积”,2019 年“中幼林抚育面积”统称“森林抚育面积”。②2019 年开始四旁植树、育苗面积、棕片产量指标取消,无统计数据。

主要统计指标解释

农林牧渔业总产值 是以货币表现的农林牧渔业的全部产品总量和对农林牧渔业生产活动进行的各种支持性服务活动的价值。它反映一定时期内农林牧渔业生产总规模和总成果，是观察农林牧渔业生产水平和发展速度，研究农林牧渔业内部比例关系、农林牧渔业与工业、农林牧渔业与国家建设、人民生活比例关系的重要指标，同时也是计算农林牧渔业劳动生产率和农林牧渔业增加值的基础资料。

农林牧渔业总产值的核算范围

农林牧渔业总产值的统计范围是辖区内各种经济组织类型、各个系统的全部农林牧渔业生产单位和非农行业单位附属的农林牧渔业生产活动单位。军委系统的农林牧渔业生产（除军马外）也包括在内，但不包括农业科学试验机构进行的农业生产。

农林牧渔业总产值的核算范围也就是本辖区内在一定时期内生产的农业、林业、牧业、渔业产品的价值量和对农林牧渔业生产活动进行的各种支持性服务活动的价值的总和，执行日历年度。对于收获期延长到次年年初的个别农产品（如甘蔗），仍然把延期收获的部分算在本年度内。

粮食总产量 指全社会的产量。包括国有经济经营的、集体统一经营的和农民家庭经营的粮食产量，还包括工矿企业家属办的农场和其他农业生产单位的产量。粮食除包括稻谷、小麦、玉米、高粱及其他杂粮外，还包括薯类和豆类。其产量计算方法，豆类按去豆荚后的干豆计算；薯类（包括甘薯和马铃薯，不包括芋头和木薯）1963 年以前按每 4 公斤鲜薯折 1 公斤粮食计算，从 1964 年开始及以后改为按 5 公斤鲜薯折 1 公斤粮食计算。城市郊区作为蔬菜的薯类（如：马铃薯、嫩玉米、青豌豆、葫豆）按鲜品计算，并且不作为粮食统计。其他粮食一律按脱粒后的原粮计算。

油料产量 指全部油料作物的生产量。包括花生、油菜籽、芝麻、向日葵籽、胡麻籽（亚麻籽）和其他油料。不包括大豆，也不包括木本油料和野生油料。花生以带壳干花生计算。

肉类总产量 是指当年出栏并已屠宰的畜禽肉产量，即屠宰后除去头蹄下水后带骨肉的重量，也叫酮体重。

农作物播种面积 指实际播种或移植有农作物的面积。凡是实际种植有农作物的面积，不论种植在耕地上还是种植在非耕地上，均包括在农作物播种面积中。在播种季节基本结束后，因遭灾而重新改种和补种的农作物面积，也包括在内。

有效灌溉面积 指具有一定的水源，地块比较平整，灌溉工程或设备已经配套，在一般年景下当年能够进行正常灌溉的耕地面积。

农用化肥施用量（折纯） 指本年内实际用于农业生产的化肥数量，包括氮肥、磷肥、钾肥和复合肥。化肥施用量要求按折纯量计算数量。折纯法化肥施用量是把氮肥、磷肥和钾肥分别按含氮、含五氧化二磷、含氧化钾的百分之百成份折算后的数量。复合肥按其所含主要成分折算。

农业机械总动力 指主要用于农、林、牧、渔业生产的各种动力机械的动力总和。包括耕作机械、农用排灌机械、收获机械、农用运输机械、植物保护机械、牧业机械、林业机械、渔业机械和其他农业机械（内燃机按引擎马力折成瓦（特）计算，电动机按功率折成瓦（特）计算）。不包括专门用于乡、镇、村、组办工业、基本建设、非农业运输、科学试验和教学等非农业生产方面用的动力机械与作业机械。

乡村从业人员 是指实际参加生产经营活动并取得实物或货币收入的人员，既包括劳动年龄内实际参加劳动的人员，也包括不在劳动年龄实际参加劳动人员，但不包括户口在家的在外学生、现役军人和丧失劳动能力的人，也不包括待业人员和家务劳动者。从业人员年龄 16 岁以上，从业时间为一个农事季节，一般为 2 个月以上的劳动时间。

十 工 业

简 要 说 明

主要内容

本部分包括全市规模以上工业企业主要产品产量、主要经济指标、大中型工业企业主要经济指标等资料。

资料来源

本部分资料来源于成都市统计局。

其他需要说明的问题

为保证历史资料的可比性，本资料按1999年计算方法及统计口径对相关资料的历史数据作了调整。

表内规模以上工业企业指主营业务收入2000万元以上的工业企业。

10-1 历年主要工业产品产量

Output of Major Industrial Products over the Years

年 份	合成洗涤剂（万吨）	卷 烟（亿支）	饮料酒（混合量）（亿升）	# 白 酒	# 啤 酒	软饮料（万吨）	配混合饲料（万吨）	化学药品原药（吨）
1949		0.28	0.40					
1950		0.54	0.35					
1951		0.95	0.54					
1952		0.71	0.46					
1953		0.74	0.55					
1954		0.74	0.59					
1955		0.78	0.50					
1956		1.02	0.64					
1957		1.13	0.67					
1958		1.79	0.92					
1959		2.41	1.17					
1960		1.45	1.39					
1961		1.62	0.83					
1962		1.19	0.44					
1963		1.21	0.61					
1964		3.08	0.75					
1965		3.09	0.70					
1966		4.34	0.50					
1967		3.98	0.54					
1968		2.07	0.55					
1969		3.96	0.57					
1970	0.04	5.31	0.66					229
1971	0.10	7.03	0.66					275
1972	0.12	4.88	0.79					276
1973	0.25	6.3	0.75					290
1974	0.20	7.25	0.94					264
1975	0.35	8.53	0.98					346
1976	0.41	8.61	0.99					309
1977	0.51	10.64	1.15					374
1978	0.81	11.19	1.28					544
1979	1.07	12.10	1.70					517
1980	1.27	12.60	2.77					447

10-1 续表 1

年份	合成洗涤剂(万吨)	卷烟(亿支)	饮料酒(混合量)(亿升)	#白酒	#啤酒	软饮料(万吨)	配混合饲料(万吨)	化学药品原药(吨)
1981	1.58	12.50	2.89					686
1982	1.88	12.00	2.86					801
1983	2.13	12.50	3.70					1112
1984	2.62	12.50	5.80					837
1985	2.84	13.23	8.00	4.96	2.27	0.70	7.29	614
1986	3.08	15.57	8.52	5.26	2.63	0.75	10.33	930
1987	3.34	16.00	12.31	8.87	2.96	0.77	12.79	1104
1988	3.63	16.05	9.61	6.11	2.97	0.87	16.29	1105
1989	5.15	20.01	9.82	6.43	2.91	1.32	16.37	1120
1990	6.53	22.01	11.00	8.53	2.47	1.26	24.34	1344
1991	5.92	26.00	15.93	12.28	3.65	1.50	33.72	1462
1992	6.33	27.00	24.71	19.91	4.80	1.15	48.95	2271
1993	7.33	28.00	32.93	26.69	6.24	1.30	72.24	2127
1994	8.04	27.00	41.72	34.62	7.10	1.03	112.78	2598
1995	13.01	28.00	54.02	44.76	9.26	3.28	115.47	5098
1996	9.31	30.00	44.28	34.55	8.86	5.30	150.30	2366
1997	10.10	30.00	43.89	30.89	12.99	9.04	103.43	5459
1998	10.92	50.24	47.52	35.99	11.53	10.79	94.65	2964
1999	10.62	49.00	50.90	40.96	9.94	17.52	92.62	2975
2000	6.49	51.10	48.54	36.41	10.65	22.28	88.88	3109
2001	12.27	54.00	55.99	44.79	11.20	30.39	72.26	3174
2002	13.41	53.47	51.03	39.76	11.27	39.45	77.22	3612
2003	16.85	57.79	48.45	39.30	9.15	43.53	85.69	6570
2004	35.79	299.05	6.73	5.46	1.27	54.60	106.95	3630
2005	36.67	461.25	6.64	4.22	2.42	61.70	113.29	5060
2006	33.41	473.93	6.76	4.00	2.76	82.63	135.65	6021
2007	37.06	484.87	7.09	3.85	3.24	100.81	138.43	7299
2008	34.37	704.70	6.75	3.35	3.16	106.51	206.99	8012
2009	34.67	873.95	5.09	0.74	4.33	117.98	193.30	6173
2010	35.00	914.24	6.72	1.03	5.69	164.71	188.29	6123
2011	34.16	944.20	7.25	1.23	5.83	220.50	233.40	12595
2012	35.17	978.85	6.33	1.34	4.94	227.94	264.28	22999
2013	47.36	998.67	7.19	1.28	5.91	370.03	335.09	17961
2014	66.94	1003.69	7.81	1.17	6.63	372.12	353.89	170753
2015	62.29	945.76	7.40	1.18	6.22	324.63	307.94	198162
2016	63.77	668.16	8.70	1.37	7.33	285.12	329.45	168847
2017	61.18	734.10	11.01	1.50	9.51	290.11	326.51	150818
2018	67.75	755.19	13.77	2.12	11.49	284.41	318.39	97378
2019	43.18	870.25	18.45	2.74	15.36	287.22	279.43	53093
2020	43.18	895.22	18.54	3.12	15.00	289.54	370.37	31640

注:2003 年以前(含 2003 年)卷烟单位为万箱,饮料酒、白酒和啤酒单位万吨;2018 年前为软饮料、配混合饲料。

10-1 续表2

年 份	粗 钢 (万吨)	钢 材 (万吨)	移动通信手持机(手机)(万台)	发电量 (万千瓦时)	化学纤维 (吨)	布 (万米)	印染布 (万米)
1949				1027		113	276
1950				524		106	281
1951				1533		317	275
1952				1556		413	455
1953				2057		600	568
1954				2522		885	700
1955				2983		763	616
1956				4261		878	710
1957				5215		1932	549
1958	0. 01			10714		2203	707
1959	0. 67	1. 01		26544		2872	924
1960	1. 33	1. 64		57168		3306	1451
1961	1. 43	1. 16		51524		1499	937
1962	0. 19	0. 29		43846		1224	591
1963	0. 08	0. 83		45076		2025	711
1964	0. 37	1. 76		57789		2501	618
1965	1. 10	3. 67		82843	27	2452	763
1966	2. 57	8. 30		111263	1767	9150	1857
1967	4. 40	4. 89		91946	1207	3427	1794
1968	0. 60	0. 31		47354	50	2109	112
1969	6. 33	1. 15		79317	281	6940	1252
1970	9. 35	2. 70		94839	701	8967	4635
1971	18. 80	7. 99		106714	1148	8548	5474
1972	20. 51	10. 76		95574	1307	8099	4661
1973	20. 03	12. 32		125068	1145	6395	5613
1974	11. 01	8. 50		71640	863	3366	2758
1975	16. 59	16. 43		76181	1125	6957	6242
1976	7. 89	11. 74		83051	1266	5370	5594
1977	17. 71	20. 58		81901	1631	10398	8053
1978	32. 73	35. 55		103645	2013	11550	10632
1979	30. 97	40. 04		71429	1622	11658	12383
1980	32. 29	40. 86		70621	2487	12241	11845

10-1 续表 3

年　份	粗　钢 (万吨)	钢　材 (万吨)	移动通信 手持机(手机) (万台)	发电量 (万千瓦时)	化学纤维 (吨)	布 (万米)	印染布 (万米)
1981	28.34	34.50		109155	3023	12627	15591
1982	37.06	45.21		120165	2431	12790	17021
1983	43.61	49.42		125000	2654	12604	15338
1984	45.10	50.98		139717	3091	11212	14932
1985	50.00	59.34		160700	3177	11341	15091
1986	53.63	63.29		179300	4048	10568	16159
1987	58.50	69.13		186000	6469	10598	14039
1988	63.24	72.35		197005	6028	10107	13543
1989	77.30	78.53		208310	8258	9534	12042
1990	79.96	86.32		235977	10400	8772	11351
1991	90.53	92.50		379300	11800	8700	11200
1992	112.88	118.06		390100	14400	10400	11400
1993	124.44	183.86		406000	15800	7800	10800
1994	131.59	123.84		435600	17200	8500	7100
1995	129.37	141.67		440200	15700	10200	14400
1996	128.45	108.73		456060	17760	12012	12937
1997	156.37	125.91		501146	21050	8075	13945
1998	144.38	130.95		457098	31239	8756	10392
1999	125.08	127.85		390800	32500	7600	15583
2000	118.75	126.21		531300	33977	5942	6681
2001	165.60	168.13		485258	31160	5732	4322
2002	157.90	173.16		492120	37112	3591	3952
2003	147.39	170.06		631511	37924	2276	3025
2004	176.75	184.15		623595	39846	1747	2997
2005	193.04	221.90		565513	46727	3001	—
2006	191.22	253.16		668222	42776	4223	—
2007	208.18	306.96		944593	48321	1264	1960
2008	173.34	286.81		969849	37941	907	5043
2009	188.12	301.31		1215166	43766	448	3440
2010	193.13	362.80		1307659	53222	262	4281
2011	182.28	409.20		1369551	44928	222	4030
2012	160.57	417.51		1395149	22003	250	3793
2013	332.71	504.90		1356183	39843	6271	3829
2014	288.08	664.18	290.83	1310291	74290	7285	3791
2015	229.13	669.29	1026.63	1310454	78305	6964	5365
2016	209.80	763.16	1391.57	1168406	97162	8680	5296
2017	68.80	337.80	897.97	1176747	127985	6121	2914
2018	249.79	444.56	984.35	1077458	146479	592	105
2019	340.42	494.44	1107.85	1123409	63317	520	29
2020	370.91	541.99	544.17	6422869	68636	294	63

注:①2005 年、2006 年规模以上工业企业无印染布产品产量;从 2014 年起新增移动通信手持机(手机)的产品产量数据。②2020 年发电量含省划转央属企业数据。

10-1 续表4

年 份	机制纸及纸板（万吨）	中成药（吨）	电子计算机整机（万台）	合成氨（万吨）	水泥（万吨）	汽车（辆）	金属切削机床（台）
1949							
1950							
1951	0.04						
1952	0.07						
1953	0.06						
1954	0.07						
1955	0.12						3
1956	0.18						11
1957	0.26						14
1958	0.42				0.64		772
1959	0.67			0.15	0.17		480
1960	1.63			0.56	3.13		1490
1961	0.64			2.56	1.20		465
1962	0.50			3.82	0.05		145
1963	0.72			4.80	0.65		119
1964	0.89			7.54	3.90		138
1965	1.07			10.93	0.14		228
1966	1.35			13.56	2.87		753
1967	1.19			7.92	2.70		577
1968	0.43			1.90	1.02	2	448
1969	0.83			3.82	1.48	33	700
1970	1.29			8.08	3.79	102	1105
1971	1.73			12.53	7.15	181	1472
1972	1.66			14.92	9.46	158	1672
1973	1.61			16.36	10.38	308	1701
1974	1.66			16.35	9.61	315	1728
1975	2.18			20.58	14.86	414	2218
1976	1.83			27.10	13.18	243	1701
1977	2.33			46.23	20.84	614	2231
1978	2.99			61.44	25.37	641	2265
1979	3.74			63.64	30.98	886	2798
1980	4.71			61.99	37.46	966	2845

10-1 续表 5

年 份	机制纸及纸板（万吨）	中成药（吨）	电子计算机整 机（万台）	合成氨（万吨）	水 泥（万吨）	汽 车（辆）	金 属切削机床（台）
1981	4.56			57.44	39.65	681	2368
1982	6.25			54.78	50.49		3696
1983	7.33			58.10	60.13	2312	2533
1984	8.26			61.27	72.89	2055	2253
1985	9.13	1533		57.21	83.05	4065	2500
1986	9.59	1422		53.87	92.24	3763	2642
1987	11.05	1712		49.78	104.32	5082	2106
1988	11.44	1690		55.49	121.26	9422	2115
1989	12.22	1819		54.57	118.99	5924	1840
1990	12.70	2137		55.58	112.87	5230	1033
1991	12.00	3592		48.40	145.89	9113	1300
1992	15.00	3695		53.97	177.78	18834	1700
1993	18.00	13100		52.37	210.06	23951	1300
1994	24.00	12843		60.37	214.75	19298	900
1995	23.00	22144		64.04	226.23	43912	3700
1996	18.03	8022		107.09	253.73	23513	1300
1997	21.48	9801		63.69	235.41	22629	348
1998	15.13	12662		64.71	277.43	19701	371
1999	12.70	14838		73.44	301.00	19040	499
2000	9.60	15827		74.40	324.00	20124	1378
2001	15.47	15162		73.22	338.82	21897	1717
2002	13.99	17441		70.69	370.69	33500	1960
2003	11.73	20623		69.83	492.81	33109	3292
2004	12.44	19047		57.36	498.79	53415	3525
2005	18.44	22570		78.85	559.33	54702	3764
2006	12.99	19697		78.28	574.78	60270	2995
2007	23.40	48911		73.26	1044.44	69205	3590
2008	18.67	60692		69.71	444.00	71120	1666
2009	16.70	46187		69.18	830.20	65082	1232
2010	22.77	16956		51.75	1039.05	93819	2546
2011	16.69	27714		38.42	1328.80	181809	2762
2012	24.08	27267		48.03	1468.13	392374	832
2013	29.24	88518		65.49	1488.51	758934	1102
2014	29.77	164603	7619.05	33.48	1516.83	933993	14688
2015	34.80	154831	6319.48	19.78	1423.64	927990	982
2016	28.98	184470	5936.55	19.76	1712.39	1153802	1757
2017	26.53	154068	6966.09	18.43	1658.35	1329927	1591
2018	24.19	15632	6107.09	18.53	1651.64	1287923	1074
2019	38.49	23573	6566.43	20.17	1668.81	1025800	653
2020	28.96	27258	7443.71	19.91	1566.21	604951	898

注:2020 年汽车产量统计口径有调整。

10-2 工业企业数及营业收入(2020 年)

(年主营业务收入2000万元及以上企业)

Number of Industrial Enterprises and Gross Industrial Output Value (2020)

行 业	企 业 数		营业收入	
	个 数 (个)	构 成 (%)	绝对额 (万元)	构 成 (%)
总 计	**3691**	**100.00**	**149664886**	**100.00**
按登记注册类型分组				
#国有企业	25	0.68	2397486	1.60
集体企业	5	0.14	95991	0.06
股份合作企业	16	0.43	348351	0.23
有限责任公司	961	26.04	55984701	37.41
股份有限公司	148	4.01	11946291	7.98
私营企业	2232	60.47	30009190	20.05
港澳台商投资企业	92	2.49	24375547	16.29
外商投资企业	211	5.72	24437597	16.33
按经济组织类型分组				
#独资企业	223	6.04	24861460	16.61
合作合伙企业	33	0.89	1065400	0.71
股份有限公司	262	7.10	15598563	10.42
有限责任公司	3173	85.97	108139463	72.26
按轻重工业分				
轻 工 业	1416	38.36	30240998	20.21
重 工 业	2275	61.64	119423888	79.79
按企业规模分				
大型企业	109	2.95	77656405	51.89
中型企业	413	11.19	30856377	20.62
小型企业	3029	82.06	35131887	23.47
微型企业	140	3.79	6020219	4.02
按工业行业大类分				
石油和天然气开采业	4	0.11	5298822	3.54
非金属矿采选业	1	0.03	21936	0.01
开采专业及辅助性活动	3	0.08	3293747	2.20
农副食品加工业	189	5.12	4050164	2.72
食品制造业	142	3.85	3169415	2.12

10-2 续表

行业	企业数		营业收入	
	个数（个）	构成（%）	绝对额（万元）	构成（%）
酒、饮料和精制茶制造业	53	1.44	2099894	1.40
烟草制品业	2	0.05	3471256	2.32
纺织业	29	0.79	219555	0.15
纺织服装、服饰业	31	0.84	377825	0.25
皮革、毛皮、羽毛及其制品和制鞋业	43	1.16	199763	0.13
木材加工和木、竹、藤、棕、草制品业	32	0.87	332206	0.22
家具制造业	131	3.55	1765698	1.18
造纸和纸制品业	77	2.09	1007990	0.67
印刷和记录媒介复制业	100	2.71	1212190	0.81
文教、工美、体育和娱乐用品制造业	13	0.35	471787	0.32
石油、煤炭及其他燃料加工业	11	0.30	3601924	2.41
化学原料和化学制品制造业	179	4.85	2864342	1.91
医药制造业	206	5.58	5784550	3.87
化学纤维制造业	5	0.14	155854	0.10
橡胶和塑料制品业	187	5.07	2524809	1.69
非金属矿物制品业	355	9.62	7166283	4.79
黑色金属冶炼和压延加工业	41	1.11	2454336	1.64
有色金属冶炼和压延加工业	47	1.27	2008240	1.34
金属制品业	306	8.29	4046866	2.70
通用设备制造业	249	6.75	3517827	2.35
专用设备制造业	234	6.34	3574094	2.39
汽车制造业	221	5.99	12477578	8.34
铁路、船舶、航空航天和其他运输设备制造业	91	2.47	6628180	4.43
电气机械和器材制造业	252	6.83	5165847	3.45
计算机、通信和其他电子设备制造业	246	6.66	43483034	29.05
仪器仪表制造业	68	1.84	1607188	1.07
其他制造业	9	0.24	200007	0.13
废弃资源综合利用业	14	0.38	244330	0.16
金属制品、机械和设备修理业	13	0.35	738293	0.49
电力、热力生产和供应业	29	0.79	12444826	8.32
燃气生产和供应业	44	1.19	1282182	0.86
水的生产和供应业	34	0.92	702054	0.47

10-3 全部独立核算工业企业主要经济指标(2020年)

(年主营业务收入2000万元及以上企业)

Main Indicators of Corporate Industrial Enterprises with Independent Accounting System(2020)

行 业	企业数(个)	#亏损企业
总 计	**3691**	**628**
在总计中:国有控股企业	305	42
按登记注册类型分组		
#国有企业	25	5
集体企业	5	
股份合作企业	16	1
有限责任公司	961	186
股份有限公司	148	23
私营企业	2232	361
港澳台商投资企业	92	18
外商投资企业	211	34
按经济组织类型分组		
#独资企业	223	38
合作合伙企业	33	4
股份有限公司	262	43
有限责任公司	3173	543
按轻重工业分		
轻 工 业	1416	287
重 工 业	2275	341
按企业规模分		
大型企业	109	11
中型企业	413	53
小型企业	3029	532
微型企业	140	32
按工业行业大类分		
石油和天然气开采业	4	
非金属矿采选业	1	
开采专业及辅助性活动	3	
农副食品加工业	189	35
食品制造业	142	26

10-3 续表 1

行　业	企业数（个）	#亏损企业
酒、饮料和精制茶制造业	53	8
烟草制品业	2	
纺 织 业	29	4
纺织服装、服饰业	31	16
皮革、毛皮、羽毛及其制品和制鞋业	43	21
木材加工和木、竹、藤、棕、草制品业	32	9
家具制造业	131	23
造纸和纸制品业	77	18
印刷和记录媒介复制业	100	17
文教、工美、体育和娱乐用品制造业	13	3
石油、煤炭及其他燃料加工业	11	5
化学原料和化学制品制造业	179	27
医药制造业	206	49
化学纤维制造业	5	1
橡胶和塑料制品业	187	27
非金属矿物制品业	355	46
黑色金属冶炼和压延加工业	41	11
有色金属冶炼和压延加工业	47	12
金属制品业	306	46
通用设备制造业	249	26
专用设备制造业	234	42
汽车制造业	221	51
铁路、船舶、航空航天和其他运输设备制造业	91	13
电气机械和器材制造业	252	37
计算机、通信和其他电子设备制造业	246	34
仪器仪表制造业	68	8
其他制造业	9	1
废弃资源综合利用业	14	2
金属制品、机械和设备修理业	13	2
电力、热力生产和供应业	29	4
燃气生产和供应业	44	
水的生产和供应业	34	4

10-3 续表2

单位:万元

行业	资产合计	流动资产合计	负债合计	所有者权益合计
总计	**197495635**	**95749984**	**110000758**	**87494877**
在总计中:国有控股企业	81505879	24787547	42098258	39407621
按登记注册类型分组				
#国有企业	7138874	2372828	3073682	4065192
集体企业	40700	32805	14206	26494
股份合作企业	478814	350362	197605	281209
有限责任公司	87226061	34172142	48729472	38496590
股份有限公司	27222100	10857810	10068856	17153244
私营企业	32156418	20392155	17165937	14990481
港澳台商投资企业	22957529	15050007	18513744	4443785
外商投资企业	20164819	12502843	12207364	7957455
按经济组织类型分组				
#独资企业	27434400	12248816	17390058	10044342
合作合伙企业	1053069	642293	438547	614521
股份有限公司	35504373	15825407	13220873	22283500
有限责任公司	133503793	67033468	78951280	54552514
按轻重工业分				
轻工业	39232542	23629898	17709727	21522815
重工业	158263093	72120086	92291031	65972062
按企业规模分				
大型企业	101741319	40269380	58535979	43205338
中型企业	42245924	22789526	20755363	21490561
小型企业	46244494	27672987	25647270	20597225
微型企业	7263898	5018091	5062146	2201753
按工业行业大类分				
石油和天然气开采业	12645921	870992	3966138	8679783
非金属矿采选业	495872	61408	51439	444434
开采专业及辅助性活动	3996457	1713472	1412890	2583567
农副食品加工业	6119913	3555101	2547717	3572196
食品制造业	2994691	1901069	1167613	1827078

10-3 续表 3

单位:万元

行业	资产合计	流动资产合计	负债合计	所有者权益合计
酒、饮料和精制茶制造业	2334048	1249473	1223683	1110365
烟草制品业	2777807	2270654	1037102	1740705
纺织业	283854	133144	150662	133193
纺织服装、服饰业	309788	219266	142250	167538
皮革、毛皮、羽毛及其制品和制鞋业	182246	121334	122695	59551
木材加工和木、竹、藤、棕、草制品业	540465	283179	328794	211671
家具制造业	1793104	816437	1069883	723221
造纸和纸制品业	750179	431910	415703	334476
印刷和记录媒介复制业	1383680	824677	508803	874877
文教、工美、体育和娱乐用品制造业	297026	265839	229173	67853
石油、煤炭及其他燃料加工业	3203344	512454	672181	2531163
化学原料和化学制品制造业	4289763	2154966	1651141	2638622
医药制造业	12031569	7274579	4652938	7378631
化学纤维制造业	217579	100950	149511	68068
橡胶和塑料制品业	2346313	1448966	1014294	1332020
非金属矿物制品业	9287879	5741848	4860584	4427295
黑色金属冶炼和压延加工业	1712060	861841	1910632	-198573
有色金属冶炼和压延加工业	823892	669312	568774	255118
金属制品业	4416415	2692087	2639051	1777364
通用设备制造业	4886081	3514479	2622987	2263095
专用设备制造业	6016123	3961246	2927880	3088242
汽车制造业	10421443	6501443	7281299	3140143
铁路、船舶、航空航天和其他运输设备制造业	9607172	6773513	5879737	3727435
电气机械和器材制造业	7081220	4495028	4008818	3072402
计算机、通信和其他电子设备制造业	46958895	28127865	33135269	13823625
仪器仪表制造业	1933366	1473991	1055322	878043
其他制造业	673474	353209	481422	192051
废弃资源综合利用业	197185	121090	116183	81002
金属制品、机械和设备修理业	1545762	892222	637725	908037
电力、热力生产和供应业	25501740	1007553	15126045	10375695
燃气生产和供应业	2941175	838640	1655778	1285398
水的生产和供应业	4498134	1514747	2578642	1919493

10-3 续表4

单位:万元

行　业	营业收入	营业成本	利润总额	利税总额	本年应交增值税
总　　计	**149664886**	**124956211**	**9507413**	**16992020**	**3599030**
在总计中:国有控股企业	46231955	37183592	2729407	6994955	1316814
按登记注册类型分组					
#国有企业	2397486	1723289	129737	221665	35106
集体企业	95991	81045	9245	11986	2573
股份合作企业	348351	260282	18359	33646	13116
有限责任公司	55984701	45424213	3069662	7255898	1351991
股份有限公司	11946291	8760924	1815077	2389942	295769
私营企业	30009190	24033812	2115737	3117161	740227
港澳台商投资企业	24375547	23154372	636561	758614	84167
外商投资企业	24437597	21463111	1706794	3196280	1075597
按经济组织类型分组					
#独资企业	24861460	22339255	1310187	2351887	950084
合作合伙企业	1065400	840380	101610	139093	32025
股份有限公司	15598563	10980357	2366212	3110848	438335
有限责任公司	108139463	90796219	5729404	11390192	2178586
按轻重工业分					
轻 工 业	30240998	20057426	3257422	6451570	1059127
重 工 业	119423888	104898785	6249991	10540450	2539903
按企业规模分					
大型企业	77656403	66264500	3770915	8481189	1322341
中型企业	30856377	24212829	3259978	5062904	1538802
小型企业	35131887	29042483	2158112	3099287	715404
微型企业	6020219	5436399	318408	348640	22483
按工业行业大类分					
石油和天然气开采业	5298822	3871690	783983	1132651	117987
非金属矿采选业	21936	10110	8530	9438	78
开采专业及辅助性活动	3293747	3105220	36558	51415	7486
农副食品加工业	4050164	3527780	588084	628172	28540
食品制造业	3169415	2315277	391855	512019	101193

10-3 续表 5

单位:万元

行 业	营业收入	营业成本	利润总额	利税总额	本年应交增值税
酒、饮料和精制茶制造业	2099894	1399203	214974	439697	87845
烟草制品业	3471256	1011286	241225	2395798	320664
纺 织 业	219555	177994	12688	18772	4851
纺织服装、服饰业	377825	309121	11828	22149	8069
皮革、毛皮、羽毛及其制品和制鞋业	199763	179652	-130	3113	2323
木材加工和木、竹、藤、棕、草制品业	332206	304038	714	10052	7426
家具制造业	1765698	1449965	51496	109148	42478
造纸和纸制品业	1007990	846272	53331	82347	23803
印刷和记录媒介复制业	1212190	948456	135583	180312	36689
文教、工美、体育和娱乐用品制造业	471787	396834	17771	27454	8117
石油、煤炭及其他燃料加工业	3601924	2732238	68369	917038	155254
化学原料和化学制品制造业	2864342	2158825	362169	450866	68392
医药制造业	5784550	2347226	1097305	1484844	327952
化学纤维制造业	155854	143427	1851	2352	-168
橡胶和塑料制品业	2524809	2069558	165149	228843	50333
非金属矿物制品业	7166283	5919055	607791	871518	216517
黑色金属冶炼和压延加工业	2454336	2314208	30617	100012	58472
有色金属冶炼和压延加工业	2008240	1916805	21207	38747	13816
金属制品业	4046866	3494277	140005	233172	73093
通用设备制造业	3517827	2734623	305728	423953	95869
专用设备制造业	3574094	2676560	306866	412703	82879
汽车制造业	12477578	10661170	759006	1489060	256239
铁路、船舶、航空航天和其他运输设备制造业	6628180	5769606	374042	431405	37289
电气机械和器材制造业	5165847	4287969	265544	306288	20694
计算机、通信和其他电子设备制造业	43483028	40946928	1208123	2081458	806946
仪器仪表制造业	1607188	1154755	235018	277263	33428
其他制造业	200007	190961	6878	7708	602
废弃资源综合利用业	244330	204695	19092	29213	8614
金属制品、机械和设备修理业	738293	631693	52330	56955	3031
电力、热力生产和供应业	12444826	11314264	538729	1068943	444730
燃气生产和供应业	1282182	995657	221858	253948	26304
水的生产和供应业	702054	438813	171246	203194	21195

10-3 续表6

行 业	亏损面 (%)	资 产 贡献率 (%)	负债率 (%)	流动资产 周转次数 (次)
总 计	**17.01**	**9.10**	**55.70**	**1.56**
在总计中:国有控股企业	13.77	9.27	51.65	1.87
按登记注册类型分组				
#国有企业	20.00	3.62	43.06	1.01
集体企业	0.00	29.75	34.90	2.93
股份合作企业	6.25	7.70	41.27	0.99
有限责任公司	19.33	9.04	55.86	1.64
股份有限公司	19.35	9.04	55.87	1.64
私营企业	16.17	10.13	53.38	1.47
港、澳、台商投资企业	19.57	3.39	80.64	1.62
外商投资企业	16.11	15.96	60.54	1.95
按经济组织类型分组				
#独资企业	17.04	8.88	63.39	2.03
合作合伙企业	12.12	13.55	41.64	1.66
股份有限公司	16.41	9.22	37.24	0.99
有限责任公司	17.11	9.07	59.14	1.61
按轻重工业分				
轻 工 业	20.27	16.83	45.14	1.28
重 工 业	14.99	7.18	58.31	1.66
按企业规模分				
大型企业	10.09	8.80	57.53	1.93
中型企业	12.83	12.63	49.13	1.35
小型企业	17.56	7.22	55.46	1.27
微型企业	22.86	4.60	69.69	1.20
按工业行业大类分				
石油和天然气开采业	0.00	9.41	31.36	6.08
非金属矿采选业	0.00	2.28	10.37	0.36
开采专业及辅助性活动	0.00	0.92	35.35	1.92
农副食品加工业	18.52	10.62	41.63	1.14
食品制造业	18.31	17.45	38.99	1.67

10-3 续表 7

行 业	亏损面 (%)	资产贡献率 (%)	负债率 (%)	流动资产周转次数 (次)
酒、饮料和精制茶制造业	15.09	19.12	52.43	1.68
烟草制品业	0.00	85.44	37.34	1.53
纺 织 业	13.79	7.00	53.08	1.65
纺织服装、服饰业	51.61	7.40	45.92	1.72
皮革、毛皮、羽毛及其制品和制鞋业	48.84	2.27	67.32	1.65
木材加工和木、竹、藤、棕、草制品业	28.13	2.72	60.84	1.17
家具制造业	17.56	6.48	59.67	2.16
造纸和纸制品业	23.38	11.65	55.41	2.33
印刷和记录媒介复制业	17.00	13.25	36.77	1.47
文教、工美、体育和娱乐用品制造业	23.08	9.38	77.16	1.77
石油、煤炭及其他燃料加工业	45.45	28.85	20.98	7.03
化学原料和化学制品制造业	15.08	10.84	38.49	1.33
医药制造业	23.79	12.77	38.67	0.80
化学纤维制造业	20.00	2.47	68.72	1.54
橡胶和塑料制品业	14.44	10.35	43.23	1.74
非金属矿物制品业	12.96	9.78	52.33	1.25
黑色金属冶炼和压延加工业	26.83	8.55	111.60	2.85
有色金属冶炼和压延加工业	25.53	5.48	69.03	3.00
金属制品业	15.03	5.94	59.76	1.50
通用设备制造业	10.44	9.06	53.68	1.00
专用设备制造业	17.95	7.76	48.67	0.90
汽车制造业	23.08	14.58	69.87	1.92
铁路、船舶、航空航天和其他运输设备制造业	14.29	4.48	61.20	0.98
电气机械和器材制造业	14.68	4.88	56.61	1.15
计算机、通信和其他电子设备制造业	13.82	4.77	70.56	1.55
仪器仪表制造业	11.76	14.82	54.58	1.09
其他制造业	11.11	1.16	71.48	0.57
废弃资源综合利用业	14.29	15.86	58.92	2.02
金属制品、机械和设备修理业	15.38	3.74	41.26	0.83
电力、热力生产和供应业	13.79	5.57	59.31	12.35
燃气生产和供应业	0.00	8.27	56.30	1.53
水的生产和供应业	11.76	5.09	57.33	0.46

10-4 大中型工业企业主要经济指标

Main Indicators of Large-scale and Medium-scale Industrial Enterprises

单位:万元

合　计	2018年		2019年		2020年	
	合　计	占全市工业的比重(%)	合　计	占全市工业的比重(%)	合　计	占全市工业的比重(%)
企业单位数(个)	529	15.4	519	14.3	522	14.1
#亏损企业	71	14.1	61	10.5	64	10.2
流动资产合计	57526419	72.5	60366414	69.6	63058906	65.9
资产总计	99454270	72.7	138799472	75.9	143987242	72.9
负债总计	55732514	72.9	75314918	75.0	79291343	72.1
营业收入	80941563	70.6	103472777	73.9	108512781	72.5
#税金及附加	3051266	93.0	3741907	93.9	3652058	94.0
盈利企业的利润总额	5505472	70.8	6596561	73.4	7632623	72.5
亏损企业的亏损总额	601988	57.2	727465	53.1	601730	59.2
盈亏相抵的利润总额	4903484	73.0	5869097	77.1	7030893	74.0
利税总额	10091635	78.1	11994290	81.3	13544093	79.7

注:"占全市工业的比重(%)"为大中型工业企业占年主营业务收入2000万元及以上的独立核算工业企业比重。

10-5 全部独立核算工业企业主要经济效益指标

（年主营业务收入 2000 万元及以上企业）

Main Indicators on Economic Benefit of Industrial Enterprises with Independent Accounting System

指　标	单位	2018 年	2019 年	2020 年
总资产贡献率	%	**9.9**	**8.6**	**9.1**
#国有控股经济	%	10.2	3.4	9.3
三资企业	%	10.7	2.4	9.3
资本保值率	%	**110.1**	**136.7**	**106.1**
#国有控股经济	%	122.2	204.7	100.8
三资企业	%	107.3	74.6	115.6
资产负债率	%	**55.9**	**54.9**	**55.7**
#国有控股经济	%	55.9	65.7	51.7
三资企业	%	61.4	77.5	71.2
流动资产周转次数	次	**1.5**	**1.6**	**1.6**
#国有控股经济	次	1.2	5.4	1.9
三资企业	次	1.6	1.4	1.8
成本费用利润率	%	**6.4**	**5.9**	**6.9**
#国有控股经济	%	4.9	-0.5	6.7
三资企业	%	6.4	1.8	5.1

10-6 全市工业企业特色优势产业主要经济指标(2020年)

Main Indicators of Characteristic and Advantageous Industries(2020)

单位:万元

指　标	资　产 合　计	应　收 帐　款	产成品
特色优势产业合计	**145012562**	**27584364**	**4541172**
占全市比重(%)	73.43	89.67	86.93
按工业行业分			
电子信息产品制造业	55380339	15109505	1384688
占全市比重(%)	28.05	49.12	26.51
占特色优势产业合计比重(%)	38.18	54.78	30.49
机械工业	26533259	5475415	1190796
占全市比重(%)	13.43	17.80	22.80
占特色优势产业合计比重(%)	18.30	19.85	26.22
汽车工业	10814755	2184050	518391
占全市比重(%)	5.48	7.10	9.92
占特色优势产业合计比重(%)	7.46	7.92	11.42
石油化学工业	20139028	644131	240419
占全市比重(%)	10.20	2.09	4.60
占特色优势产业合计比重(%)	13.89	2.34	5.29
食品、饮料及烟草工业	14226459	696220	553930
占全市比重(%)	7.20	2.26	10.60
占特色优势产业合计比重(%)	9.81	2.52	12.20
冶金工业	2674077	295870	132474
占全市比重(%)	1.35	0.96	2.54
占特色优势产业合计比重(%)	1.84	1.07	2.92
建材工业	9783752	2527665	235850
占全市比重(%)	4.95	8.22	4.51
占特色优势产业合计比重(%)	6.75	9.16	5.19
轻工行业	5460893	651508	284624
占全市比重(%)	2.77	2.12	5.45
占特色优势产业合计比重(%)	3.77	2.36	6.27

注:“占全市比重(%)”指特色优势产业占年主营业务收入2000万元及以上的企业比重。

10-6 续表 1

单位:万元

指 标	负债合计	营业收入	管理费用
特色优势产业合计	**82733394**	**122716597**	**4010667**
占全市比重(%)	75.21	81.99	83.74
按工业行业分			
电子信息产品制造业	37852526	49751070	830100
占全市比重(%)	34.40	33.23	17.33
占特色优势产业合计比重(%)	45.76	40.54	20.71
机械工业	14742526	18493418	930570
占全市比重(%)	13.40	12.36	19.43
占特色优势产业合计比重(%)	17.82	15.07	23.20
汽车工业	7532343	12777630	390210
占全市比重(%)	6.85	8.54	8.15
占特色优势产业合计比重(%)	9.10	10.41	9.73
石油化学工业	6289459	11765088	586891
占全市比重(%)	5.72	7.86	12.25
占特色优势产业合计比重(%)	7.60	9.59	14.63
食品、饮料及烟草工业	5976114	12790728	614903
占全市比重(%)	5.43	8.55	12.84
占特色优势产业合计比重(%)	7.22	10.42	15.33
冶金工业	2540104	4679364	87608
占全市比重(%)	2.31	3.13	1.83
占特色优势产业合计比重(%)	3.07	3.81	2.18
建材工业	4912023	7188219	236261
占全市比重(%)	4.47	4.80	4.93
占特色优势产业合计比重(%)	5.94	5.86	5.89
轻工行业	2888299	5271080	334124
占全市比重(%)	2.63	3.52	6.98
占特色优势产业合计比重(%)	3.49	4.30	8.33

10-6　续表 2

单位：万元

指　标	利　息 支　出	利　润 总　额	利　税 总　额	从业人员 平均人数 （人）
特色优势产业合计	**812406**	**7232828**	**13636458**	**819048**
占全市比重（%）	59.57	76.08	80.25	79.36
按工业行业分				
电子信息产品制造业	304917	1671145	2615642	307683
占全市比重（%）	22.36	17.59	15.39	29.82
占特色优势产业合计比重（%）	37.54	23.10	19.19	37.58
机械工业	146499	1187834	1566820	145622
占全市比重（%）	10.74	12.49	9.22	14.11
占特色优势产业合计比重（%）	18.03	16.42	11.49	17.78
汽车工业	[illegible]	774445	1508513	63314
占全市比重（%）	[illegible]	8.15	8.88	6.13
占特色优势产业合计比重（%）	7.39	10.71	11.06	7.73
石油化学工业	[illegible]	[illegible]	2500556	54004
占全市比重（%）	7.05	[illegible]	14.72	5.23
占特色优势产业合计比重（%）	11.83	16.79	[illegible]	6.59
食品、饮料及烟草工业	71116	1436137	[illegible]	85703
占全市比重（%）	5.21	15.11	23.40	8.30
占特色优势产业合计比重（%）	8.75	19.86	29.15	[illegible]
冶金工业	56025	65065	160040	15896
占全市比重（%）	4.11	0.68	0.94	1.54
占特色优势产业合计比重（%）	6.90	0.90	1.17	1.94
建材工业	49593	616321	880955	44572
占全市比重（%）	3.64	6.48	5.18	4.32
占特色优势产业合计比重（%）	6.10	8.52	6.46	5.44
轻工行业	28108	267360	428246	102254
占全市比重（%）	2.06	2.81	2.52	9.91
占特色优势产业合计比重（%）	3.46	3.70	3.14	12.48

10-7 分月规模以上工业企业主要经济指标(2020年)

Main Indicators of Industrial Enterprises above Designated Size of Each Month(2020)

单位:亿元

月　份	营业收入	利润总额	利税总额
1-2月	1528.4	49.9	126.3
1-3月	2593.2	106.6	229.7
1-4月	3887.9	192.1	406.6
1-5月	5053.4	258.2	524.1
1-6月	6228.5	353.8	677.6
1-7月	7417.1	440.1	812.8
1-8月	8575.6	530.4	958.9
1-9月	9984.9	629.6	1106.2
1-10月	11276.7	721.0	1259.6
1-11月	12626.9	817.5	1415.9
1-12月	14181.6	896.3	1551.3

注:此表数据为快报数

主要统计指标解释

实收资本 是指企业实际收到投资者投入企业的可作为长期周转使用的经营资金。实收资本按投资主体可分为国家资本、法人资本、个人资本金、港澳台资本和外商资本、集体资本等。

总资产 指企业拥有或控制的全部资产。包括流动资产、长期投资、固定资产、无形及递延资产、其他长期资产、递延税项等即为企业资产负债表的资产总计项。

(1)流动资产指企业可以在一年内或者超过一年的一个生产周期内变现或耗用的资产合计。包括现金及各种存款、短期投资、应收及预付款项、存货等。

(2)固定资产指企业固定资产净值、固定资产清理、在建工程、待处理固定资产损失所占用的资金合计。

(3)无形资产指企业长期使用而没有实物形态的资产。包括专利权、非专利技术、商标权、著作权、土地使用权、商誉等。

总负债 指企业承担并需要偿还的全部债务。包括流动负债、递延税项等即为企业资产负债表的负债合计项。

(1)流动负债指企业在一年内或者超过一年的一个营业周期内需要偿还的债务合计其中包括短期借款、应付及预收款项、应付工资、应交税金和应交利润等。

(2)长期负债指企业在一年以上或者超过一年的一个生产周期以上需要偿还的债务合计其中包括长期借款、应付债务、长期应付款项等。

所有者权益合计 指企业投资人对企业净资产的所有权。企业净资产等于企业全部资产减去全部负债后的余额，包括实收资本、资本公积、盈余公积、未分配利润等。

利税总额 指企业利润总额、产品销售税金及附加和应交增值税之和。

资金利税率 指在一定时期内已实现的利润、税金总额与同期的资产(固定资产净值和流动资产)之比。计算公式为：

$$资产利税率(\%)=\frac{报告期累计实现利税总额}{固定资产净值平均余额+流动资产平均余额}\times100\%$$

工业成本费用利润率 指在一定时期内实现的利润与成本费用之比反映工业生产的成本及费用投入的经济效益同时也反映企业降低成本所取得的经济效益。计算公式为：

$$工业成本费用利润率(\%)=\frac{利润总额}{成本费用总额}\times100\%$$

工业成本费用总额包括营业成本、销售费用、管理费用、财务费用之和。

流动资产周转次数 指在一定时期内流动资产完成的周转次数,反映流动资产的周转速度。计算公式为：

$$流动资产周转次数=\frac{营业收入}{全部流动资产平均余额}\times100\%$$

产品销售率 指一定时期内销售产值与同期全部工业总产值之比反映工业产品已实现销售的程度。计算公式为：

$$工业产品销售率(\%)=\frac{工业销售产值}{现价工业总产值}\times100\%$$

资产负债率 指报告期流动负债和长期负债之和与同期的流动资产、长期资产、固定资产、无形及递延资产和其他长期资产之和之比是反映企业偿债能力的主要指标。计算公式为：

$$资产负债率(\%)=\frac{负债总额}{资产总额}\times100\%$$

资本保值增值率 反映企业净资产的变动状况是企业发展能力的集中体现。计算公式为：

$$资本保值增值率(\%)=\frac{报告期期末所有者权益}{上年同期期末所有者权益}\times100\%$$

总资产贡献率 反映企业全部资产的获利能力是企业经营业绩和管理水平的集中体现是评价和考核企业盈利能力的核心指标。计算公式为：

$$总资产贡献率(\%)=\frac{利润总额+税金总额+利息支出-利息收入}{平均资产总额}\times100\%$$

其中:税金总额为产品销售税金及附加与应交增值税之和。

十一 运输、邮电

简要说明

主要内容

本部分资料反映货物和旅客运输、邮电通信发展基础情况。

资料来源

铁路客、货运资料来源于成都铁路局分局和四川省地方铁路局。

民用航空资料来源于中国国际航空股份有限公司、四川航空公司、成都航空有限公司、双流国际机场。

水运和公路运输资料来源于成都市交通运输局。

邮政通信资料来源于成都市邮政管理局、中国电信成都市分公司、中国移动成都市分公司、中国联通四川分公司。

其他需要说明的问题

铁路运输按成都铁路局和四川省地方铁路局成都辖区部分发出量统计；民用航空运输按成都港发出量统计；水运、公路运输按辖区全社会口径统计。

11-1 历年货物运输量

Freight Traffic over the Years

单位:万吨

年份	总计	铁路	民用航空	水运	公路
1949	0.6				0.6
1950	1.6				1.6
1951	25.0				25.0
1952	76.0			8.4	67.6
1953	276.8	106.2		8.0	162.6
1954	242.6	83.9		9.8	148.9
1955	209.5	31.8		9.8	167.9
1956	513.9	200.4		24.3	289.2
1957	718.4	301.8		48.3	368.3
1958	690.9	184.5	0.1	49.6	456.7
1959	1370.7	586.7	0.2	50.9	732.9
1960	1178.4	269.1	0.3	61.3	847.7
1961	808.2	358.2	0.2	26.7	423.1
1962	915.9	472.8	0.1	23.5	419.5
1963	789.3	388.9	0.1	27.9	372.4
1964	992.2	507.2	0.1	29.6	455.3
1965	1248.9	682.2	0.2	44.2	522.3
1966	1422.5	758.7	0.2	44.6	619.0
1967	1113.4	552.4	0.2	55.0	505.8
1968	813.2	400.9	0.2	25.9	386.2
1969	1143.3	609.5	0.2	26.4	507.2
1970	1622.1	864.4	0.2	30.8	726.7
1971	1874.7	989.0	0.2	38.8	846.7
1972	1934.5	995.7	0.2	43.2	895.4
1973	1905.0	967.7	0.2	33.6	903.5
1974	1793.9	846.2	0.1	26.5	921.1
1975	2126.2	1060.6	0.2	30.8	1034.6
1976	1985.3	899.1	0.2	33.5	1052.5
1977	2494.9	1134.5	0.2	34.0	1326.2
1978	2873.6	1319.1	0.3	31.4	1522.8
1979	3723.7	1395.2	0.3	24.8	2303.4
1980	4295.0	1395.7	0.4	23.5	2875.4
1981	4546.2	1317.4	0.4	19.1	3209.3
1982	4813.0	1360.9	0.4	16.4	3435.3
1983	6013.4	1414.7	0.4	19.9	4578.4
1984	6732.3	1494.2	0.7	11.9	5225.5
1985	7467.8	1484.3	1.0	15.9	5966.6

11-1 续表

单位:万吨

年份	总计	铁路	民用航空	水运	公路
1986	7810. 6	1536. 0	1. 0	31. 8	6241. 8
1987	8437. 4	1574. 8	1. 5	34. 1	6827. 0
1988	9308. 4	1622. 0	1. 5	45. 0	7639. 9
1989	10006. 0	1669. 0	2. 0	45. 0	8290. 0
1990	10139. 0	1594. 0	2. 0	43. 0	8500. 0
1991	10719. 0	1608. 0	2. 0	43. 0	9066. 0
1992	10505. 2	1715. 0	2. 2	44. 0	8744. 0
1993	11073. 8	1801. 0	2. 8	45. 0	9225. 0
1994	11191. 5	1764. 0	3. 5	46. 0	9378. 0
1995	11659. 3	1714. 0	4. 3	48. 0	9893. 0
1996	13073. 9	1861. 0	4. 9	75. 0	11133. 0
1997	14341. 9	1753. 0	5. 9	32. 0	12551. 0
1998	18598. 4	3906. 0	5. 4	210. 0	14477. 0
1999	19632. 5	3913. 0	6. 5	20. 0	15693. 0
2000	21489. 2	4081. 7	8. 5	20. 0	17379. 0
2001	23718. 5	4402. 0	9. 5	103. 0	19204. 0
2002	15309. 5	4565. 0	10. 5	54. 0	10680. 0
2003	17117. 9	4977. 0	12. 2	84. 7	12044. 0
2004	25686. 0	13050. 0	15. 3	82. 7	12538. 0
2005	26696. 0	13309. 0	18. 0	54. 0	13315. 0
2006	28143. 0	14007. 0	20. 0	42. 0	14074. 0
2007	30025. 4	14693. 9	22. 3	14. 5	15294. 7
2008	35456. 1	14099. 0	17. 1		21340. 0
2009	39540. 2	14119. 9	18. 5		25401. 8
2010	44086. 8	15385. 8	22. 0		28679. 0
2011	34368. 2	773. 2	24. 9		33570. 1
2012	39569. 1	764. 8	27. 4		38776. 9
2013	30318. 6	764. 4	26. 7		29527. 5
2014	28051. 2	931. 6	27. 3		27092. 3
2015	27758. 9	1036. 6	67. 3		26655. 0
2016	26351. 2	933. 4	59. 8	195. 0	25163. 0
2017	27120. 8	796. 4	61. 4	17. 8	26245. 2
2018	28957. 7	663. 0	68. 1	19. 4	28207. 2
2019	35667. 9	766. 0	70. 9		34831. 0
2020	33342. 0	735. 6	71. 3		32535. 1

注:①从 2002 年起交通部门的口径作了调整,公路客、货运输量不含人力车、出租车和私家车数据,下同;②2005 年成铁分局撤销,2004 年以后数据为西南三省合并后的铁路局数据;2011 年起为成都地区铁路与地铁数据之和;③从 2016 年 3 月起,航空货运量由机场出港量改为八家航空公司上报货运量;从 2017 年 7 月起,机场数据仅有吞吐量、未单独核算进港和出港,航空客运量由机场出港量改为四家基地航空公司上报客运量;④因统计口径调整,铁路客运量、客运周转量数据均作了相应调整。(下同)

11-2 历年货物周转量

Freight Ton-Kilometers over the Years

单位:万吨公里

年　份	总　计	铁　路	民用航空	水　运	公　路
1949	26				26
1950	259				259
1951	1249			144	1105
1952	2164			489	1675
1953	62652	59366		357	2929
1954	52948	46900		570	5478
1955	24491	17776		536	6179
1956	122732	112024		889	9819
1957	180608	168706		988	10914
1958	112023	103136	181	1304	7402
1959	243218	227965	336	1742	13175
1960	168470	150427	466	2452	15125
1961	209017	200234	430	1481	6872
1962	279720	264295	191	970	14264
1963	227139	217395	193	683	8868
1964	293117	283525	202	758	8632
1965	396158	381350	279	932	13597
1966	445525	424113	402	786	20224
1967	328912	308792	430	777	18913
1968	237527	224103	325	592	12507
1969	358461	340711	372	598	16780
1970	530710	505686	391	689	23944
1971	579008	551386	338	546	26738
1972	580811	553059	449	581	26722
1973	560459	532104	330	619	27406
1974	491860	462396	387	483	28594
1975	632240	597437	544	379	33880
1976	534872	501721	691	486	31974
1977	693385	652497	750	449	39689
1978	812941	765995	793	496	45657
1979	818572	736246	910	294	81122
1980	866799	782111	897	259	83532
1981	775434	678534	978	223	95699
1982	811892	704655	1049	195	105993
1983	897339	751125	1004	123	145087
1984	1059673	891346	1864	59	166404
1985	1164952	973843	2844	55	188210

11-2 续表

单位:万吨公里

年 份	总 计	铁 路	民用航空	水 运	公 路
1986	1269569	1063715	4669	111	201074
1987	1436309	1185030	5797	119	245363
1988	1556123	1245801	4538	157	305627
1989	1562690	1247164	5480	158	309888
1990	1478332	1183150	6459	149	288574
1991	1579549	1240720	6049	150	332630
1992	1616289	1256236	7545	153	352355
1993	1690540	1317584	10561	160	362235
1994	1815262	1394032	13518	162	407550
1995	1824422	1377400	16147	170	430705
1996	1918702	1459543	18747	231	440181
1997	1993532	1474000	19698	64	499770
1998	3398369	2793895	18816	140	585518
1999	3405441	2740700	17700	50	646991
2000	3626456	2893000	21172	41	712243
2001	4140255	3336200	20200	103	783752
2002	4264690	3835800	25100	60	403730
2003	4459619	3992220	22200	164	445035
2004	11619900	11118000	27400	100	474400
2005	11869780	11327800	32900	80	509000
2006	12050427	11440000	42900	27	567500
2007	13259008	12553000	52000	8	654000
2008	13944063	12869900	62171		1011992
2009	15272385	13731100	69718		1471567
2010	16577062	14749700	77975		1749387
2011	2883673	752136	80585		2050952
2012	3251812	784374	99974		2367464
2013	2876368	798509	102904		1974955
2014	3220855	785917	112689		2322249
2015	3237896	714550	116854		2406492
2016	3342354	695132	126888	1377	2518957
2017	3558283	752883	135175	130	2670095
2018	3820952	835562	145064	97	2840229
2019	4268485	903579	149211		3215695
2020	4530958	969796	158199		3402963

11-3 历年旅客运输量

Passenger Traffic over the Years

单位：万人

年份	总计	铁路	民用航空	水运	公路
1949	7.9				7.9
1950	9.9				9.9
1951	14.9				14.9
1952	29.2				29.2
1953	95.9	45.3			50.6
1954	107.1	41.1			66.0
1955	145.0	64.9			80.1
1956	231.6	113.4	0.2		118.0
1957	300.0	149.3	0.3		150.4
1958	254.7	158.8	0.8		95.1
1959	366.4	200.4	1.0		165.0
1960	414.9	276.6	1.3		137.0
1961	505.7	414.4	1.5		89.8
1962	777.3	455.3	1.1		320.9
1963	548.3	274.0	1.0		273.3
1964	604.1	218.1	1.7		384.3
1965	1001.5	578.7	2.3		420.5
1966	1244.9	723.5	1.9		519.5
1967	1510.2	1020.6	2.3		487.3
1968	1530.2	1133.9	2.3		394.0
1969	1919.7	1400.0	2.2		517.5
1970	1960.7	1432.8	2.2	4.8	520.9
1971	2009.3	1367.4	2.6	5.0	634.3
1972	2405.6	1560.6	3.3	7.4	834.3
1973	2489.5	1700.4	3.4	7.4	778.3
1974	2255.8	1493.3	4.1	9.3	749.1
1975	2155.7	1415.5	5.8	8.9	725.5
1976	2114.0	1413.9	7.3	9.7	683.1
1977	2281.0	1495.8	8.5	5.3	771.4
1978	2634.6	1541.4	11.3	3.9	1078.0
1979	3224.8	1740.7	14.2	3.5	1466.4
1980	4586.4	1894.3	14.6	1.2	2676.3

11-3 续表

单位:万人

年　份	总　计	铁　路	民用航空	水　运	公　路
1981	5122.2	1785.9	16.3	2.0	3318.0
1982	5793.8	1830.7	16.0	1.4	3945.7
1983	6682.5	1916.2	11.8	5.0	4749.5
1984	8149.5	2112.6	22.5	12.0	6002.4
1985	9384.2	2141.6	31.4	10.2	7201.0
1986	9861.7	2119.0	43.3	12.3	7687.1
1987	11088.8	2303.0	55.2	34.2	8696.4
1988	11512.4	2476.0	52.8	42.5	8941.1
1989	12484.0	2208.0	61.0	44.0	10171.0
1990	12894.0	1729.0	71.0	46.0	11048.0
1991	14003.0	1838.0	96.0	49.0	12020.0
1992	14728.0	1968.0	110.0	50.0	12600.0
1993	13942.0	2028.0	139.0	51.0	11724.0
1994	14769.0	1998.0	169.0	57.0	12545.0
1995	19931.0	1703.0	200.0	60.0	17968.0
1996	24668.0	1408.0	205.0	55.0	23000.0
1997	29092.0	1473.0	207.0	151.0	27261.0
1998	36248.1	2126.0	213.1	157.0	33752.0
1999	40140.4	2423.0	242.4	10.0	37465.0
2000	46459.0	2685.8	269.2	23.0	43481.0
2001	52432.7	2925.0	304.7	103.0	49100.0
2002	28884.6	2896.0	379.3	142.3	25467.0
2003	28234.4	2601.0	410.0	158.4	25065.0
2004	35511.0	7323.0	581.0	161.0	27446.0
2005	38086.0	7931.0	693.0	123.0	29339.0
2006	39742.2	8837.0	808.0	120.0	29977.2
2007	43313.9	10125.4	911.5	99.5	32177.5
2008	79016.3	10948.2	844.1	82.0	67142.0
2009	94083.7	11060.8	1121.8	72.0	81829.1
2010	99811.3	12488.0	1287.9	37.4	85998.0
2011	99070.0	9299.9	1446.6	41.0	88282.5
2012	106873.8	14270.6	1577.0	46.2	90980.0
2013	45091.3	28169.3	1656.7	45.1	15220.2
2014	49891.6	32787.9	1876.9	47.4	15179.4
2015	55581.8	38312.2	2103.9	56.7	15109.0
2016	79359.9	61587.2	4609.3	90.6	13072.8
2017	99359.9	84267.5	4975.2	64.3	10052.9
2018	138356.9	123394.7	5484.3	44.4	9433.5
2019	164566.0	148996.7	6388.9	41.6	9138.8
2020	137414.7	126878.0	4316.0	22.5	6198.2

注:从 2015 年 6 月起,铁路客运量、客运周转量口径从原来的售票日期改为乘车日期。

11-4 历年旅客周转量

Passenger-Kilometers over the Years

单位:万人公里

年份	总计	铁路	民用航空	水运	公路
1949	14220				14220
1950	15689				15689
1951	16346				16346
1952	23990				23990
1953	38444	6116			32328
1954	42608	5549			37059
1955	55573	8762			46811
1956	22561	15309	166		7086
1957	29895	20156	305		9434
1958	27294	21438	913		4943
1959	39479	27054	1119		11306
1960	47142	37341	1470		8331
1961	63589	55944	1952		5693
1962	79986	61466	1150		17370
1963	51745	36990	1142		13613
1964	53540	29444	1895		22201
1965	108661	78125	2478		28058
1966	131822	97673	2116		32033
1967	167960	137781	2547		27632
1968	176058	153076	2504		20478
1969	224763	189000	2476		33287
1970	227179	193424	2150	89	31516
1971	217262	184604	3136	94	29428
1972	252518	210681	8705	151	32981
1973	273320	229551	8624	169	34976
1974	247593	201598	11466	213	34316
1975	239669	191087	15516	198	32868
1976	240981	190871	17724	199	32187
1977	255573	201930	19822	75	33746
1978	271649	206262	23826	55	41506
1979	316515	236050	30612	46	49807
1980	384271	267253	32251	25	84742

11-4 续表

单位:万人公里

年份	总计	铁路	民用航空	水运	公路
1981	383510	245020	34060	42	104388
1982	431061	269390	36262	29	125380
1983	477603	291645	31226	40	154692
1984	590417	335040	58460	52	196865
1985	738637	409835	92383	50	236369
1986	794146	443206	101884	31	249025
1987	949921	526262	134960	86	288613
1988	1021681	579028	126224	106	316323
1989	1041080	529545	141300	110	370125
1990	984166	436419	173439	116	374192
1991	1180397	472902	288575	123	418797
1992	1318135	506818	379124	135	432058
1993	1485535	544638	545355	126	395416
1994	1688276	569102	683796	140	435238
1995	1874098	530012	835187	147	508752
1996	1981118	460279	885593	134	635112
1997	1946330	433000	755486	254	757590
1998	2465078	793188	743575	248	928067
1999	2703787	848100	822200	23	1033464
2000	2889525	858900	882448	49	1148128
2001	3156153	898900	963900	232	1293121
2002	2918837	884000	1144900	373	889564
2003	2686781	831139	1041500	486	813656
2004	5343000	2909200	1428300	600	1004900
2005	6049029	3239300	1728100	329	1081300
2006	6771492	3549600	2074600	292	1147000
2007	7531209	3821000	2481000	209	1229000
2008	8104261	4245700	2450544	220	1407797
2009	10359608	4363400	3141004	234	2854970
2010	11190620	4895000	3657167	158	2638295
2011	7697050	344946	4416623	194	2935287
2012	8275398	386352	4769544	262	3119240
2013	7124232	496635	5434074	309	1193214
2014	8095989	585335	6279259	311	1231084
2015	9212324	663954	7169891	295	1378184
2016	9897124	787697	7838338	454	1270635
2017	10568262	1058190	8561842	321	947909
2018	12569027	1621749	10061534	254	885490
2019	13902370	1931581	11068415	218	902156
2020	8629856	1451269	6578303	134	600149

注:从2015年6月起,铁路客运量、客运周转量口径从原来的售票日期改为乘车日期。

11-5 航空及公路运输情况

Basic Statistics of Civil Aviation and Highways Transportation

项　目	单　位	2016 年	2017 年	2018 年	2019 年	2020 年
航空运输						
民用航空线路条数	条	270	315	335	358	367
飞机架数	架	242	271	294	334	349
旅客吞吐量	万人	4603.9	4980.17	5295.10	5585.90	4074.15
货邮吞吐量	万吨	61.16	64.29	66.50	67.20	61.85
公路运输						
公路通车里程	公里	26037	26294	27731	28260	29627
轨道运输						
轨道交通运营里程	公里	108.55	179.59	239.90	341.54	557.84
全社会各种机动车辆	**万辆**	**466.74**	**494.18**	**548.44**	**577.24**	**603.81**
#载货汽车	万辆	22.97	24.86	28.64	31.91	36.04
载客汽车	万辆	388.23	425.1	457.33	484.45	496.13
摩 托 车	万辆	51.13	59.09	56.67	55.43	55.43
#私人汽车	万辆	369.87	398.24	420.28	438.83	441.39
电动自行车	**万辆**	**442.63**	**450.67**	**457.78**	**461.32**	**465.00**

11-6 历年邮电业务基本情况

Basic Conditions of Postal and Telecommunications Services

年份	邮电业务总量（万元）	函件（万件）	移动电话用户（万户）	固定电话用户（户）
1952	381	351		1906
1957	1233	1480		3027
1962	2963	2312		5668
1965	1827	1999		6626
1970	1723	1833		6738
1975	2412	2004		8301
1978	2768	2140		9396
1979	2948	2371		9997
1980	3066	2655		11140
1981	3537	2794		12261
1982	3818	2876		13473
1983	4743	3307		14844
1984	5136	4173		17273
1985	6057	4681		19584
1986	6791	6353		21955
1987	8384	7450		27940
1988	10340	8358		34056
1989	13152	7873		42642
1990	15520	7538		50562
1991	20137	7415		67287
1992	31160	8483		105098
1993	48535	10070		144867
1994	72166	11430		246681
1995	110949	11939		353470
1996	161132	11480		477250
1997	196888	9256		663758
1998	292225	9970		813411
1999	464628	8983	76.65	1054019
2000	716428	9481	99.10	1481152
2001	731300	9565	230.10	1684436
2002	756000	11400	306.30	2216899
2003	808000	12428	441.94	2959814
2004	866000	8467	658.10	3837826
2005	933000	6877	789.90	4283974
2006	1023000	5548	988.80	4390186
2007	2381000	5325	1163.40	4189268
2008	2794200	4851	1274.12	4000644
2009	3726274	5585	1449.00	4373587
2010	4412654	7980	1732.00	3959092
2011	1708161	6131	2022.99	3881200
2012	2131480	5562	2187.22	3752046
2013	2510695	4932	2274.84	4119500
2014	3791200	4362	2203.00	4383627
2015	4771600	3235	2221.09	4869977
2016	6094759	2267	2406.71	5437303
2017	6064583	2132	2672.83	5899788
2018	13102893	1925	2867.02	6436862
2019	19333530	1843	2616.96	6505639
2020	25468033	1511	2876.20	6070524

注：①从 2011 年起，电信相关资料均按国家新政策进行统计；②从 2016 年起，邮电业务总量中电信业务总量按 15 年不变价计算。

主要统计指标解释

货物(旅客)运输量　指在一定时期内,各种运输工具实际运送的货物(旅客)数量。是反映运输业为国民经济和人民生活服务的数量指标,也是制定和检查运输生产计划,研究运输发展规模和速度的重要指标。货运量按吨计算,客运量按人计算。货物不论运输距离长短,货物类别,均按实际重量统计;旅客不论行程远近或票价多少,均按一人一次作为客运量统计。半价票、小孩票也按一人统计。

货物(旅客)周转量　指在一定时期内,由各种运输工具运送的货物(旅客)数量与其相应运输距离的乘积之总和,是反映运输业生产总成果的重要指标,也是编制和检查运输生产计划,计算运输效率、劳动生产率以及核算运输单位成本的主要基础资料。通常以吨公里和人公里为计算单位。计算货物周转量通常按发出站与到达站之间的最短距离,也就是计费距离计算。

邮电业务总量　指以货币表现的邮电部门用于传递信息和提供其他邮电服务的总数量。它综合反映了一定时期邮电工作的总成果,是研究邮电业务量构成和发展趋势的重要指标。根据邮电管理体制不同,分为中央国营业务总量和地方国营业务总量。它用各种邮电分类业务量,如函件件数、电报份数、长话张数、市内电话和农村电话的年均户数、订销报刊累计份数等,分别乘以相应的平均单价(不变价),加总后再加上出租电路和设备的收入、代用户维护电话交换机和线路等设备的收入、其他业务收入求得。

市内电话　指接入县城(包括个别城镇)及县以上城市的市内电话网上,并按市内电话进行经营管理的电话。按计费办法分为包月制和计次制两种。

(1)住宅电话指话机装在居民住宅里的电话。它包括私人付费、公费和免费三部分。

(2)私人付费电话指住宅居民自费安装并自己缴纳通话费的电话。

移动电话用户　指在邮电部门登记,通过移动电话交换机进入移动电话网、占有移动电话号码的电话用户。用户数量以实际办理登记手续进入邮电部门移动电话网的户数进行计算,一部或一台移动电话统计为一户。

十二　国内贸易、外经、旅游

简 要 说 明

主要内容

本部分资料反映国内市场和外资、旅游发展及进出口情况。

国内贸易：包括全市范围内历年社会消费品零售总额及分类；限额以上批发零售贸易业分类销售总额；限额以上批发零售贸易业商品销售、库存总额等。

旅游：包括成都旅游基本情况；与国外结成的友好城市；“黄金周”旅游接待情况。

资料来源

国内贸易资料来自于成都市统计局。

外资资料来源于成都市投资促进局。

旅游资料来源于成都市文化广电旅游局。

进出口资料来源于成都海关。

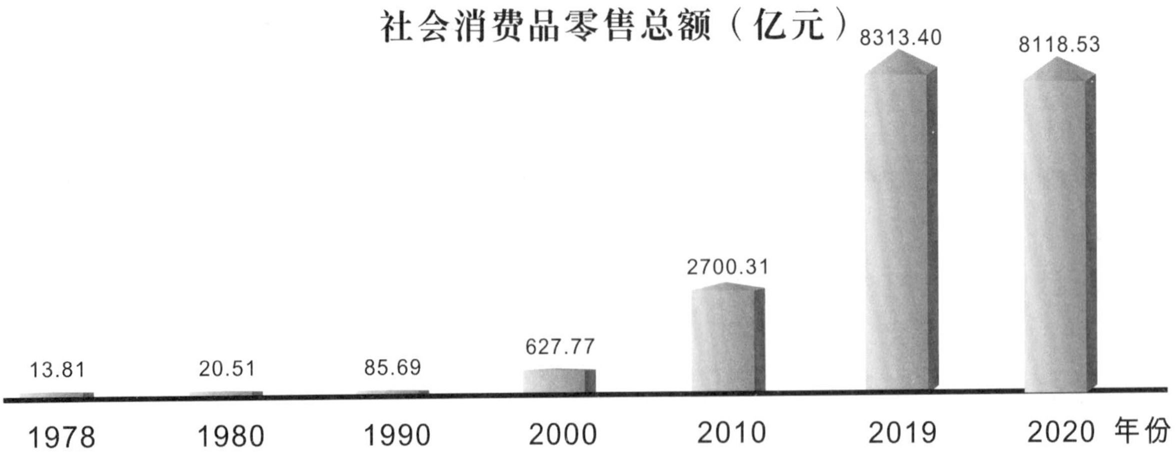
社会消费品零售总额（亿元）
13.81
20.51
85.69
627.77
2700.31
8313.40
8118.53
1978
1980
1990
2000
2010
2019
2020
年份

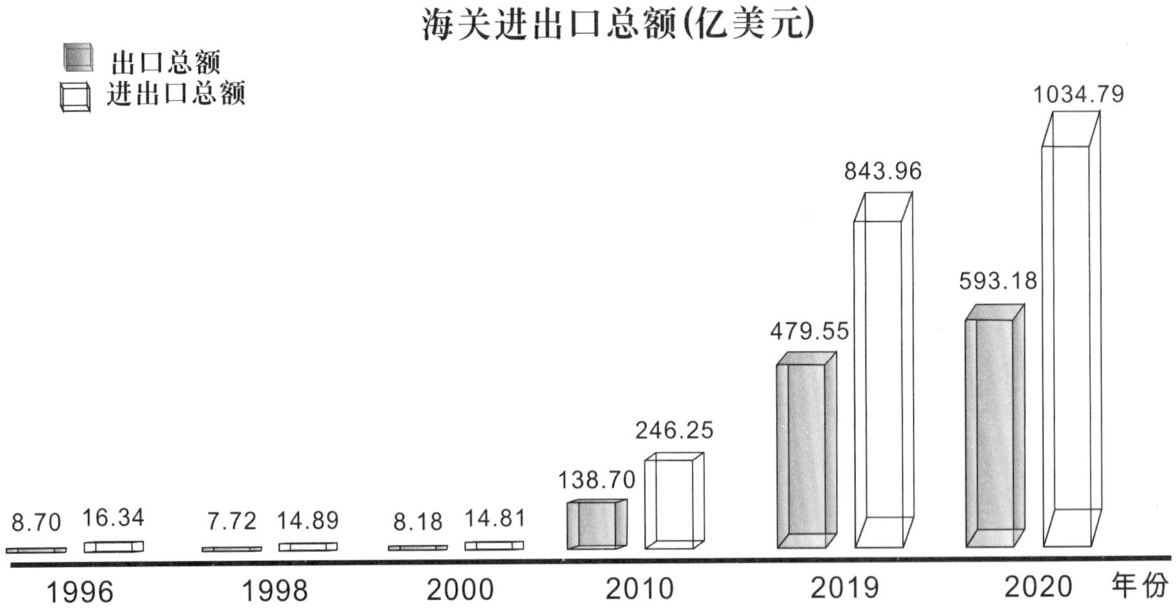
海关进出口总额(亿美元)
出口总额
进出口总额
8.70
16.34
7.72
14.89
8.18
14.81
138.70
246.25
479.55
843.96
593.18
1034.79
1996
1998
2000
2010
2019
2020
年份

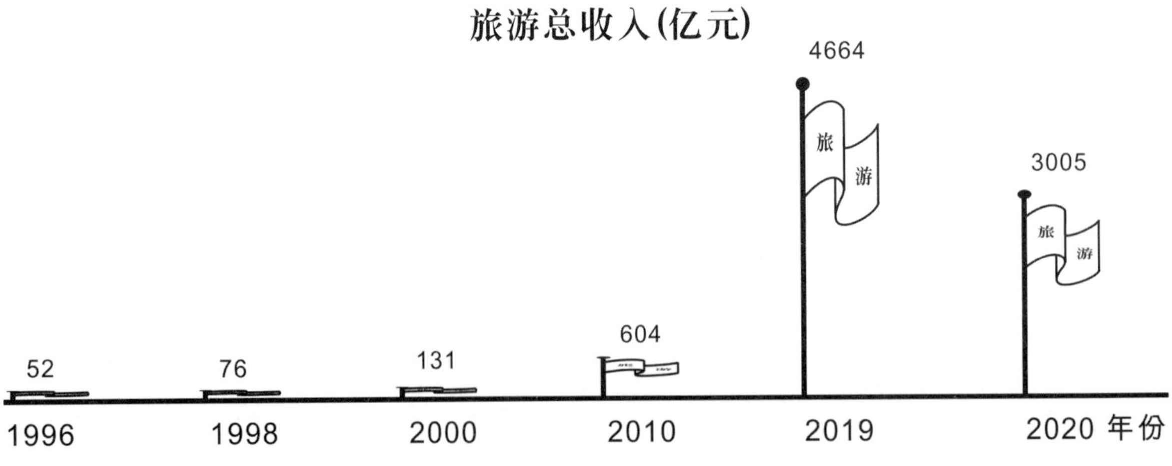
旅游总收入(亿元)
52
76
131
604
4664
旅
游
3005
旅
游
1996
1998
2000
2010
2019
2020
年份

12-1 历年社会消费品零售总额及发展速度

Total Retail Sale of Consumer Goods and Development Rates of Consumer Goods over the Years

年份	社会消费品零售总额（万元）	社会消费品零售总额发展速度（%）	年份	社会消费品零售总额（万元）	社会消费品零售总额发展速度（%）
1954	36113	104.5	1987	556536	119.6
1955	37545	103.9	1988	754398	135.6
1956	46902	124.9	1989	800147	106.1
1957	52521	111.9	1990	856919	107.1
1958	57508	109.4	1991	1022264	119.3
1959	70510	122.6	1992	1242373	116.3
1960	74193	105.2	1993	1713129	134.8
1961	64280	86.6	1994	2377940	137.7
1962	66705	103.7	1995	3204125	129.7
1963	62154	93.1	1996	3937764	121.4
1964	67159	108.0	1997	4645703	118.1
1965	72601	108.1	1998	5097546	110.0
1966	78777	108.5	1999	5618885	110.8
1967	85721	108.8	2000	6277722	110.8
1968	70838	82.6	2001	7187490	113.2
1969	81556	115.1	2002	7983768	113.1
1970	86349	105.8	2003	8682011	109.4
1971	92003	106.5	2004	9880000	113.5
1972	101458	110.2	2005	11347412	114.2
1973	106568	105.0	2006	13134368	114.9
1974	110287	103.4	2007	15567463	117.5
1975	117196	106.2	2008	18960817	119.5
1976	112498	95.9	2009	22619561	116.7
1977	121196	107.7	2010	27003073	118.8
1978	138147	113.9	2011	32754791	118.4
1979	167159	121.0	2012	38133412	116.0
1980	205140	122.7	2013	43488034	113.1
1981	234329	114.2	2014	49444213	112.1
1982	242251	103.3	2015	55077569	110.9
1983	265505	109.5	2016	61239986	110.4
1984	318393	119.9	2017	68530501	111.5
1985	401200	126.0	2018	75619190	110.0
1986	465422	116.0	2019	83134016	109.9
			2020	81185362	97.7

注：①1995 年社会消费品零售总额含居民购房；②2003 年及以后社会消费品零售总额不含制造业和农业生产者零售；③1992-2019 年数据为根据第四次全国经济普查结果调整后数据。

12-2 历年社会消费品零售总额分类情况

Basic Statistics of Total Retail Sale of Consumer Goods by Sorts

单位:万元

年 份	社会消费品零售总额	在总额中:			在总额中:	
		批发零售贸易业	餐饮业	其 他	市	县及县以下
1978	138147	142345	9327	1194	75005	83137
1979	167159	167621	11335	1916	90293	99287
1980	205140	192121	13104	4620	108391	117249
1981	234329	202051	14236	6095	127805	123122
1982	242251	214024	14654	7630	131438	127728
1983	265505	229606	15749	10332	140054	141218
1984	318393	269233	17837	14487	162051	172419
1985	401200	312890	23625	20239	199554	208732
1986	465422	379872	29614	7719	232919	239671
1987	556536	444796	42119	12427	326201	235803
1988	754398	584342	60225	21321	466684	289939
1989	800147	626841	66214	34140	520203	290967
1990	856919	647934	70563	49527	565717	293299
1991	1022264	781647	82306	50283	690714	338004
1992	1242373	1064207	97420	80746	835883	406490
1993	1713129	1311108	161774	240247	1156853	556276
1994	2377940	1734522	233475	409943	1762020	615920
1995	3204125	2132419	293160	778546	2419580	784545
1996	3937764	2705704	413387	818673	2619141	1318623
1997	4645703	3029084	619585	997034	3035376	1610327
1998	5097546	3210636	758734	1128176	3298502	1799044
1999	5618885	3498952	933790	1186143	3614363	2004522
2000	6277722	4013570	1158366	1105786	4026224	2251498
2001	7187490	4577387	1389109	1220994	4587925	2599565
2002	7983768	5244394	1546064	1193310	5170396	2813372
2003	8682011	6836037	1727150	118824	5697944	2984067
2004	9880000	8060244	1763668	56088	6522790	3357210
2005	11347412	9245212	2042100	60100	7681197	3666215
2006	13134368	10685236	2381205	67927	8925026	4209342
2007	15567463	12639689	2870918	56856	10814731	4752732
2008	18960817	15346328	3546031	68458	13480872	5479945
2009	22619561	19543929	2949957	125675	17533071	5086490
2010	27003073	23427125	3277136	298812	26665044	338029
2011	32754791	28399187	3963979	391625	32342050	412741
2012	38133412	32968125	4704440	460847	37649279	484133
2013	43488034	37963267	5022988	501779	42192528	1295506
2014	49444213	43421041	5474968	548204	47507278	1936935
2015	55077569	48399129	5989119	689321	52890918	2186651
2016	61239986	53706674	7533312	—	58797564	2442422
2017	68530501	60033295	8497206	—	65799826	2730675
2018	75619190	65633595	9985595	—	72915865	2703325
2019	83134016	71681142	11452874	—	80101759	3032257
2020	81185362	69943220	11242142	—	78173610	3011752

注:①2004 年 - 2009 年餐饮业数据包括住宿业,其他行业为除批发零售业、住宿餐饮业以外的行业。2010 年其他行业为住宿业。②从 2010 年起,市、县及县以下数据为城镇、乡村口径。③1992 年之前的行业和地域分组资料为社会商品零售额数据的分组。④1992-2019 年数据为根据第四次全国经济普查结果调整后数据。⑤2016 年起"批发零售贸易业"调整为"商品零售"数据;"住宿餐饮业"调整为"餐饮收入";数据且无"其他"类。

12-3 限额以上批发零售贸易业商品销售、库存总额

Total Sales and Inventory of Enterprises above Designated Size in Wholesale and Retail Sale Trade

单位：万元

项　目	2016 年	2017 年	2018 年	2019 年	2020 年
商品销售总额	**73647281**	**82669812**	**92161487**	**110928895**	**122435378**
批 发 额	43243331	52432877	59283411	76135811	85370392
对居民和社会集团消费品零售额	30403950	30236935	32878076	34793084	37064986
年末库存总额	**4556988**	**4937632**	**5248516**	**6415929**	**7330684**

12-4 分月社会消费品零售总额(2020 年)

Monthly Total Retail Sale of Consumer Goods(2020)

单位：万元

月　份	全　市	市　区
总　计	**81185362**	**78748516**
一季度	**16787001**	**16200825**
二季度	**20128613**	**19533242**
4　月	6107799	5919354
5　月	7023474	6816855
6　月	6997340	6797033
三季度	**20002567**	**19415482**
7　月	6629495	6428421
8　月	6777363	6584064
9　月	6595708	6402998
四季度	**24267181**	**23598966**
10　月	8024840	7797460
11　月	7841260	7669571
12　月	8401081	8131935

注:2019 年及分月社零总数据为根据第四次全国经济普查结果调整后数据。

12-5 限额以上批发零售贸易业分类销售总额(2020年)

Enterprises above Designated Size in Wholesale and Retail Sale Trade (2020)

项　目	法人企业(个)	产业活动和个体户单位数(个)	从业人数(人)
批发零售贸易业	**2557**	**125**	**258739**
一、批发贸易业	**1605**	**26**	**91782**
(一)按登记注册类型分			
内资企业	1585	2	89725
国有企业	12	1	3108
集体企业	3		130
股份合作企业	1		113
联营企业			
有限责任公司	455	1	35518
股份有限公司	14		3454
私营企业	1100		47402
其他企业			
港、澳、台商投资企业	8		687
外商投资企业	12		993
个体经营		24	377
(二)按国民经济行业分			
农、林、牧产品批发	36		2452
食品、饮料及烟草制品批发	223	17	14762
纺织、服装及家庭用品批发	120	1	8994
文化、体育用品及器材批发	47		2406
医药及医疗器材批发	316		25192
矿产品、建材及化工产品批发	558	8	18883
机械设备、五金产品及电子产品批发	273		16224
贸易经纪与代理	3		81
其他批发	29		2788
二、零售贸易业	**952**	**99**	**166957**
(一)按登记注册类型分			
内资企业	883	7	129933
国有企业	3		1223
集体企业	9		209

12-5 续表1

项　目	法人企业（个）	产业活动和个体户单位数（个）	从业人数（人）
股份合作企业	9		201
联营企业	1		147
有限责任公司	286	4	41439
股份有限公司	10		17516
私营企业	565	2	69185
其他企业		1	13
港、澳、台商投资企业	28		12966
外商投资企业	41	1	23049
个体经营		91	1009
（二）按国民经济行业分			
综合零售	96	21	64505
食品、饮料及烟草制品专门零售	33	5	8468
纺织、服装及日用品专门零售	53	5	15390
文化、体育用品及器材专门零售	37	3	7193
医药及医疗器材专门零售	69	1	15370
汽车、摩托车、燃料及零配件专门零售	492	8	41825
家用电器及电子产品专门零售	56	16	6907
五金、家具及室内装修材料专门零售	15	40	1999
货摊、无店铺及其他零售	101		5300
（三）按经营方式分			
独立门店	650	96	61318
连锁商店总店	85		69225
连锁商店分店	57		22987
其　他	160	3	13427
（四）按业态分			
#百 货 店	46	6	21712
#超市及大型超市	58	15	38283
#专 业 店	303	19	39727
#专 卖 店	419	19	51269
#网上商店	143		43168

12-5　续表 2

单位:万元

项　目	商　品 销售总额	批　　发	零　　售
批发零售贸易业	**122435377.7**	**85370391.6**	**37064986.1**
一、批发贸易业	**83865041.7**	**82442616.6**	**1422425.1**
(一)按登记注册类型分			
内资企业	83028469.4	81631429.3	1397040.1
国有企业	5551833.5	5549674.4	2159.1
集体企业	170134.3	170134.3	
股份合作企业	9716.0	9716.0	
联营企业			
有限责任公司	49007059.6	48013680.1	993379.5
股份有限公司	3953010.5	3951329.3	1681.2
私营企业	24336715.5	23936895.2	399820.3
其他企业			
港、澳、台商投资企业	464838.4	448966.1	15872.3
外商投资企业	272001.6	270958	1043.6
个体经营	99732.3	91263.2	8469.1
(二)按国民经济行业分			
农、林、牧产品批发	2309252.8	2304326.2	4926.6
食品、饮料及烟草制品批发	10180920.8	10050129.0	130791.8
纺织、服装及家庭用品批发	3248983.6	3137971.0	111012.6
文化、体育用品及器材批发	2073006.8	2055164.3	17842.5
医药及医疗器材批发	11232056.7	11039154.4	192902.3
矿产品、建材及化工产品批发	44063064.1	43392434.6	670629.5
机械设备、五金产品及电子产品批发	7490546.5	7197992	292554.5
贸易经纪与代理	20503.0	20503.0	
其他批发	3246707.4	3244942.1	1765.3
二、零售贸易业	**38570336.0**	**2927775.0**	**35642561.0**
(一)按登记注册类型分			
内资企业	29597084.7	2009192.1	27587892.6
国有企业	69631.7	1639.6	67992.1
集体企业	35644.9	1485.1	34159.8

12-5 续表3

单位:万元

项　目	商　品 销售总额	批　发	零　售
股份合作企业	30082.4	2743.6	27338.8
联营企业	14348.5	0.0	14348.5
有限责任公司	13140844.6	1154274.4	11986570.2
股份有限公司	1737400.3	246943.8	1490456.5
私营企业	14568652.2	602105.6	13966546.6
其他企业	480.1	0.0	480.1
港、澳、台商投资企业	2160838.5	30417.0	2130421.5
外商投资企业	6695035.6	886338.2	5808697.4
个体经营	117377.2	1827.7	115549.5
(二)按国民经济行业分			
综合零售	5827854.8	7528.5	5820326.3
食品、饮料及烟草制品专门零售	570886.8	85033.2	485853.6
纺织、服装及日用品专门零售	1217654.1	202784.4	1014869.7
文化、体育用品及器材专门零售	873436.9	79532.7	793904.2
医药及医疗器材专门零售	819958.8	90499.4	729459.4
汽车、摩托车、燃料及零配件专门零售	18887480.2	2252640.8	16634839.4
家用电器及电子产品专门零售	1566917.5	90994.1	1475923.4
五金、家具及室内装修材料专门零售	161790.4	797.5	160992.9
货摊、无店铺及其他零售业	8644356.5	117964.4	8526392.1
(三)按经营方式分			
独立商店	18024570.6	1452164.1	16572406.5
连锁商店总店	6630711.8	381923.7	6248788.1
连锁商店分店	1842285.7	89599.6	1752686.1
其　他	12072767.9	1004087.6	11068680.3
(四)按业态分			
#百 货 店	2592577.9	784.2	2591793.7
#超市及大型超市	3058355.4	2914.1	3055441.3
#专 业 店	10721671.2	1967194.3	8754476.9
#专 卖 店	12771011.4	607978.4	12163033.0
#网上商店	12187399.2	375825.3	11811573.9

12-6 外商投资情况(2020 年)

Foreign Investment(2020 年)

项　目	项目个数 (个)	外商投资实际到位 (亿元人民币)
总　　计	**699**	**504.2**
按国民经济行业分		
#农　　业	3	0.5
制 造 业	27	117.48
服 务 业	669	386.22
按国别、地区分		
#香港特别行政区	253	330.24
台 湾 省	88	16.88
新 加 坡	22	26.11
韩　　国	37	6.35
日　　本	12	5.83
马来西亚	10	15.77
法　　国	13	3.83
美　　国	54	34.57

12-7 旅游基本情况

Basic Conditions of Tourism

项　目	2018年		2019年		2020年	
	绝对数	构成(%)	绝对数	构成(%)	绝对数	构成(%)
旅游总收入(亿元)	**3713**		**4664**		**3005**	
国内旅游收入(亿元)	**3617**		**4551**		**3002**	
国内旅游人数(万人次)	**23977**		**27642**		**20395**	
涉外旅游人数(人次)	**3406112**	**100**	**3814178**	**100**	**233091**	**100**
外国人	2575433	75.6	2972758	77.9	191930	82.3
#日　本	226697	6.7	288759	7.6	28566	12.3
菲律宾	5510	0.2	9216	0.2	569	0.2
新加坡	174525	5.1	166483	4.4	5212	2.2
泰　国	166907	4.9	201725	5.3	8159	3.5
印度尼西亚	41864	1.2	46593	1.2	1265	0.5
美　国	321482	9.4	359032	9.4	31287	13.4
加拿大	82989	2.4	71227	1.9	4349	1.9
英　国	262177	7.7	237415	6.2	5062	2.2
法　国	66065	1.9	90142	2.4	4989	2.1
德　国	148411	4.4	192563	5.0	12467	5.3
意大利	38226	1.1	37786	1.0	2105	0.9
俄罗斯联邦	40372	1.2	24671	0.6	1254	0.5
港澳台同胞	830679	24.4	841420	22.1	41161	17.7
旅游创汇收入(万美元)	**144662**		**162327**		**4426**	

12-8 成都与国外结成的友好城市

Friendly Municipalities Joined be Chengdu and Overseas Countries

国　别	城　市	缔结日期
法　国	蒙彼利埃市	1981 年
斯洛文尼亚	卢布尔雅那市	1981 年
奥地利	林茨市	1983 年
日　本	甲府市	1984 年
美　国	菲尼克斯市	1987 年
加拿大	温尼伯市	1988 年
比利时	马林市	1993 年
意大利	巴勒莫市	1999 年
韩　国	金泉市	2000 年
印度尼西亚	棉兰市	2002 年
瑞　典	达拉那省	2004 年
德　国	波恩市	2009 年
英　国	谢菲尔德市	2010 年
俄罗斯	伏尔加格勒市	2011 年
比利时	弗拉芒·布拉邦省	2011 年
美　国	檀香山市	2011 年
澳大利亚	珀斯市	2012 年
荷　兰	马斯特里赫特市	2012 年
以色列	海法市	2013 年
丹　麦	霍森斯市	2013 年
印　度	班加罗尔市	2013 年
泰　国	清迈市	2013 年
爱尔兰	芬戈郡	2014 年
巴基斯坦	拉合尔	2014 年
新西兰	哈密尔顿	2015 年
波　兰	罗兹市	2015 年
墨西哥	萨博潘市	2015 年
韩　国	大邱市	2015 年
摩洛哥	非斯市	2016 年
巴　西	累西腓市	2016 年
尼泊尔	加德满都市	2016 年
老　挝	琅勃拉邦省	2017 年
阿根廷	拉普拉塔市	2018 年
莫桑比克	马普托市	2018 年
白俄罗斯	戈梅利市	2018 年
希　腊	雅典市	2019 年
巴拿马	巴拿马城	2019 年
哥伦比亚	波哥大市	2019 年
哥斯达黎加	圣何塞市	2019 年
斯里兰卡	科伦坡	2019 年
美　国	奥斯汀市	2019 年
意大利	博洛尼亚市	2019 年
土耳其	伊兹密尔市	2019 年
蒙　古	乌兰巴托市	2019 年
荷　兰	蒂尔堡市	2019 年
美　国	纳什维尔市	2020 年

12-9 “黄金周”旅游接待情况

Main Tourism Indicators in Golden Weeks

项　目	单　　位	2020 年国庆节
旅游住宿设施		
累计接待人天数	万人天	2316.2
平均停留天数	天	3.1
饭店宾馆出租率	%	84.05
旅行社		
累计接团数	个	1112
累计接待人数	万人次	1.88
景区(点)		
统计的景区(点)	个	86
黄金周累计接待人数	万人次	764.83
一日旅游客所占比重	%	64.0
门票收入	万元	9930.2
交通客运		
累计抵达班车次	班车次	—
#公　　路	班车次	—
累计抵达旅客量	万人次	377.90
#公　　路	万人次	68.91
接待综合情况		
接待人数	万人次	2083.90
旅游收入	万元	2622457
人均天花费		
#过夜旅游者	元/天	873.7
#一日旅游客	元/天	448.8

12-10 进出口总值及构成(1993—2020年)

Total Value and Composition of Import and Export through Customs(1993—2020)

年 份	进出口总值(万美元)	进口	出口	构成	进口	出口
1993	24088	17595	6493	100	73.0	27.0
1994	137190	53236	83954	100	38.8	61.2
1995	151079	41592	109487	100	27.5	72.5
1996	163422	76469	86953	100	46.8	53.2
1997	123237	36357	86880	100	29.5	70.5
1998	148885	71640	77245	100	48.1	51.9
1999	161301	87147	74154	100	54.0	46.0
2000	148111	66290	81821	100	44.8	55.2
2001	189510	100160	89350	100	52.9	47.1
2002	207691	85790	121901	100	41.3	58.7
2003	251719	116254	135465	100	46.2	53.8
2004	336543	149707	186836	100	44.5	55.5
2005	453624	185701	267923	100	40.9	59.1
2006	695299	281183	414116	100	40.4	59.6
2007	951580	380331	571249	100	40.0	60.0
2008	1533586	627486	906100	100	40.9	59.1
2009	1786253	736417	1049836	100	41.2	58.8
2010	2462469	1075504	1386965	100	43.7	56.3
2011	3790633	1495037	2295596	100	39.4	60.6
2012	4755707	1718731	3036976	100	36.1	63.9
2013	5058047	1869817	3188230	100	37.0	63.0
2014	5579694	2198697	3380997	100	39.4	60.6
2015	3927488	1549415	2378073	100	39.5	60.5
2016	4098515	1904559	2193956	100	46.5	53.5
2017	5830043	2774209	3055834	100	47.6	52.4
2018	7541002	3387603	4153399	100	44.9	55.1
2019	8439640	3644190	4795450	100	43.2	56.8
2020	10347874	4416080	5931794	100	42.7	57.3

12-11 海关进出口商品总值

Total Value of Import and Export Commodities through Customs

指 标	2019 年			2020 年		
	进出口总额	进 口	出 口	进出口总额	进 口	出 口
总 值(万元人民币)	**58466202**	**25254957**	**33211245**	**71605640**	**30545025**	**41060615**
按贸易方式分						
一般贸易	10100165	3916061	6184104	9309591	3794813	5514778
其他捐赠物资	109		109	8354	6912	1442
加工贸易	39996636	18846347	21150289	50315376	23435475	26879901
加工贸易进口设备	2933	2933		2682	2682	
国家间、国际组织无偿援助和赠送的物资	229		229	243		243
对外承包工程出口货物	291298		291298	147854		147854
租赁贸易	48503	48347	156	88622	88595	27
外商投资企业作为投资进口的设备、物品	1400	1400		254	254	
出料加工贸易	973	397	576	15772	9656	6116
保税监管场所进出境货物	1378708	588364	790344	2213682	501322	1712360
海关特殊监管区域物流货物	5859992	1246395	4613597	8167432	1888715	6278717
海关特殊监管区域进口设备	507867	507867		740997	740997	
免 税 品	232	232		2	2	
其他贸易	277156	96613	180543	594780	75603	519177
按运输方式分						
水路运输	10365102	2716617	7648485	8214562	2238211	5976351
铁路运输	3597918	386927	3210991	5065750	477192	4588558
公路运输	2982877	1614278	1368599	5063072	2469630	2593442
航空运输	41427722	20493478	20934244	53220923	25332865	27888069
邮件运输	64472	34286	30186	32721	20067	12654
其 他	28110	9371	18739	8600	7059	1541
按企业性质分						
国有企业	3590282	1927259	1663023	3310927	1574097	1736830
民营企业	10885431	3081242	7804189	12724658	3298674	9425984
外商投资企业	43877467	20164552	23712915	55522446	25639108	29883338
临时企业	113023	81905	31118	47584	33146	14438

12-12 主要国别(地区)海关进出口商品总值

Total Value of Import and Export Commodities through Customs in Main Countries or Territories

国别(地区)	2019年			2020年		
	进出口总额	进 口	出 口	进出口总额	进 口	出 口
总 值(万元人民币)	**58466202**	**25254957**	**33211245**	**71605640**	**30545025**	**41060615**
亚 洲	**27447145**	**11387690**	**16059455**	**35182201**	**15848596**	**19333605**
#中国香港	1907293	26315	1880978	2776013	4356	2771657
印 度	725803	76487	649316	886301	75078	811223
印度尼西亚	368290	121737	246553	279133	92252	186881
日 本	3149244	1513559	1635685	3884199	1685447	2198752
马来西亚	2891806	836020	2055786	3405958	965194	2440764
巴基斯坦	74602	3763	70839	52643	2874	49769
菲 律 宾	396977	243346	153631	363277	244047	119230
卡 塔 尔	8859	2709	6150	6690	582	6108
沙特阿拉伯	144274	11898	132376	270167	34641	235526
新 加 坡	953444	207369	746075	1120909	282730	838179
韩 国	2171318	1604537	566781	3314170	2466855	847315
泰 国	688042	236886	451156	567672	217214	350458
土 耳 其	192342	27037	165305	320156	30222	289934
阿 联 酋	325811	14460	311351	451119	19996	431123
越 南	6840528	739820	6100708	8861792	1954435	6907357
中国台湾	3809834	3455657	354177	4409595	4007353	402242
非 洲	**610612**	**84257**	**526355**	**429496**	**54107**	**375389**
#埃 及	82839	766	82073	92591	900	91691
南 非	158047	63783	94264	111394	26684	84710
埃塞俄比亚	38030	87	37943	43197	31	43166
欧 洲	**13134415**	**5505664**	**7628751**	**17219206**	**6180526**	**11038680**
#比 利 时	113504	21754	91750	243339	11587	231752
英 国	1065899	134736	931163	1314860	150107	1164753
德 国	1553951	523722	1030229	2029459	468922	1560537
法 国	441259	251258	190001	482179	192107	290072
意 大 利	499679	128354	371325	413469	137690	275779
荷 兰	3090543	37457	3053086	4224576	52446	4172130
西 班 牙	190150	52236	137914	168299	49239	119060
芬 兰	28290	6520	21770	28751	4050	24701
瑞 典	225790	157078	68712	333892	159086	174806
瑞 士	57698	30470	27228	86626	43268	43358
俄罗斯联邦	678170	165836	512334	955591	189751	765840
拉丁美洲	**1037064**	**212439**	**824625**	**986451**	**166414**	**820037**
#阿 根 廷	43578	11950	31628	57601	12599	45002
巴 西	375927	50619	325308	307837	24229	283608
智 利	90847	53173	37674	55414	13854	41560
墨 西 哥	293758	58063	235695	358583	66331	292252
北 美 洲	**14747396**	**7456972**	**7290424**	**16653259**	**8051134**	**8602125**
#加 拿 大	398101	51147	346954	282331	44774	237557
美 国	14349292	7405825	6943467	16370920	8006359	8364561
大 洋 洲	**1290063**	**408433**	**881630**	**1116013**	**225235**	**890778**
#澳大利亚	1146404	301107	845297	981872	124737	857135
新 西 兰	135285	107324	27961	119303	98219	21084

主要统计指标解释

社会消费品零售总额　社会消费品零售总额：指批发和零售业、住宿和餐饮业以及其他行业直接售给城乡居民和社会集团的消费品零售额。其中，对居民的消费品零售额，是指售予城乡居民用于生活消费的商品金额；对社会集团的消费品零售额，是指售给机关、社会团体、部队、学校、企事业单位、居委会或村委会等，公款购买的用作非生产、非经营使用与公共消费的商品金额。社会消费品零售总额包括：售给城乡居民作为生活消费用的商品和修建房屋用的建筑材料的金额，以及售给来华的外国人、华侨、港澳台同胞的消费品金额；售给社会集团用作非生产、非经营使用与公共消费的商品金额。

不包括：——城市居民间或居民委托信托商店卖出的商品；

——售给农业、工业、建筑业等行业用于生产的商品。

对外借款　是我国利用外资的主要部分。包括我国通过外国政府贷款，国际金融组织贷款，外国银行商业贷款，出口信贷以及对外发行债券，股票等方式，从境外筹措的资金。

外商直接投资　是指外国企业和经济组织或个人（包括华侨、港澳台胞以及我国在境外注册的企业）按我国有关政策、法规，用现汇、实物、技术等在我国境内开办外商独资企业、与我国境内的企业或经济组织共同举办中外合资经营企业、合作经营企业或合作开发资源的投资（包括外商投资收益的再投资）以及经政府有关部门批准的项目投资总额内，企业从境外借入的资金。

入境游客　指报告期内来中国（大陆）观光、度假、探亲访友、就医疗养、购物、参加会议和从事经济、文化、体育、宗教等活动的外国人、港澳台同胞等海外游客（即旅游入境人数）。统计时，海外游客按每人入境一次统计1人次。

国际旅游（外汇）收入　入境游客在中国（大陆）境内旅行、游览过程中用于交通、参观游览、住宿、餐饮、购物、娱乐等全部花费。

进出口总额　海关进出口总额指实际进出我国国境的货物总金额。包括对外贸易实际进出口货物，来料加工装配进出口货物，国家间、联合国及国际组织无偿援助物资和赠送品，华侨、港澳台同胞和外籍华人捐赠品，租赁期满归承租人所有的租赁货物，进料加工进出口货物，边境地方贸易及边境地区小额贸易进出口货物（边民互市贸易除外），中外合资经营企业、中外合作经营企业、外商独资经营企业进出口货物和公用物品，到、离岸价格在规定限额以上的进出口货样和广告品（无商业价值、无使用价值和免费提供出口的除外），从保税仓库提取在中国境内销售的进口货物，以及其他进出口货物。我国规定出口货物按离岸价格统计，进口货物按到岸价格统计。

利用外资　指我国各级政府、部门、企业和其他经济组织通过对外借款，吸收外商直接投资以及用其他方式筹措的境外现汇、设备、技术等。

十三 科技、教育和文化

简 要 说 明

主要内容

本部分资料包括科学技术活动、科技人员、教育、文化、艺术事业等基本情况。

资料来源

科技资料分别来源于成都市科技局。

教育资料分别来源于成都市教育局。

文化、广播、电视资料分别来源于成都市文化广电旅游局。

其他需要说明的问题

本部分资料除科技外，其余部分资料均为全社会统计口径。

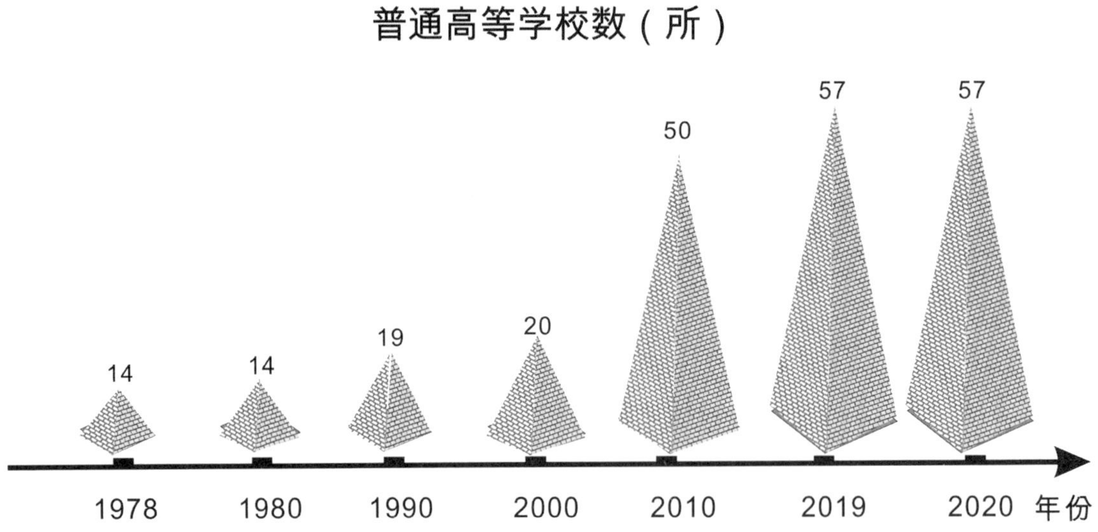
普通高等学校数（所）
14
14
19
20
50
57
57
1978
1980
1990
2000
2010
2019
2020
年份

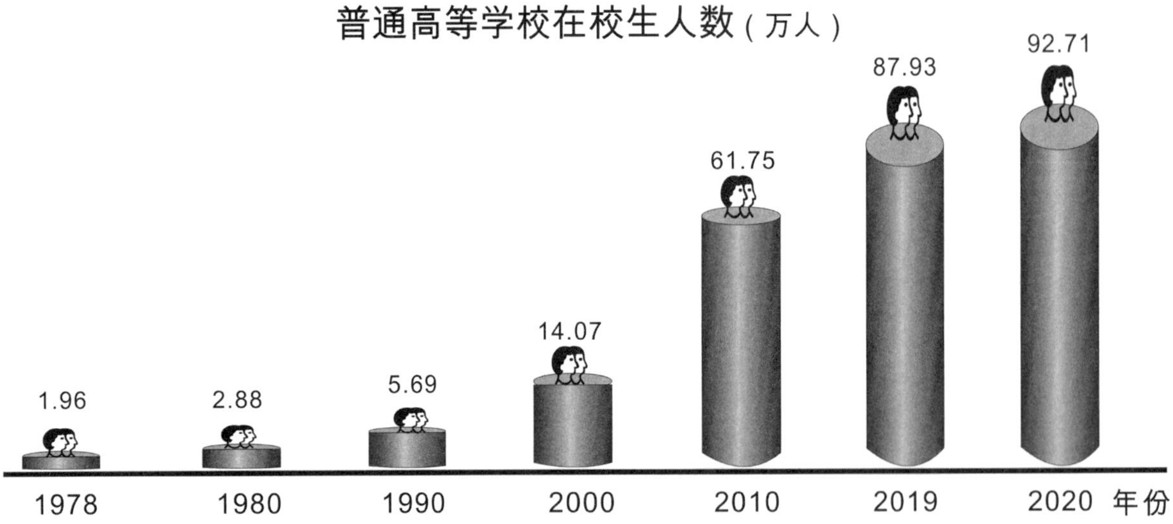
普通高等学校在校生人数（万人）
1.96
2.88
5.69
14.07
61.75
87.93
92.71
1978
1980
1990
2000
2010
2019
2020
年份

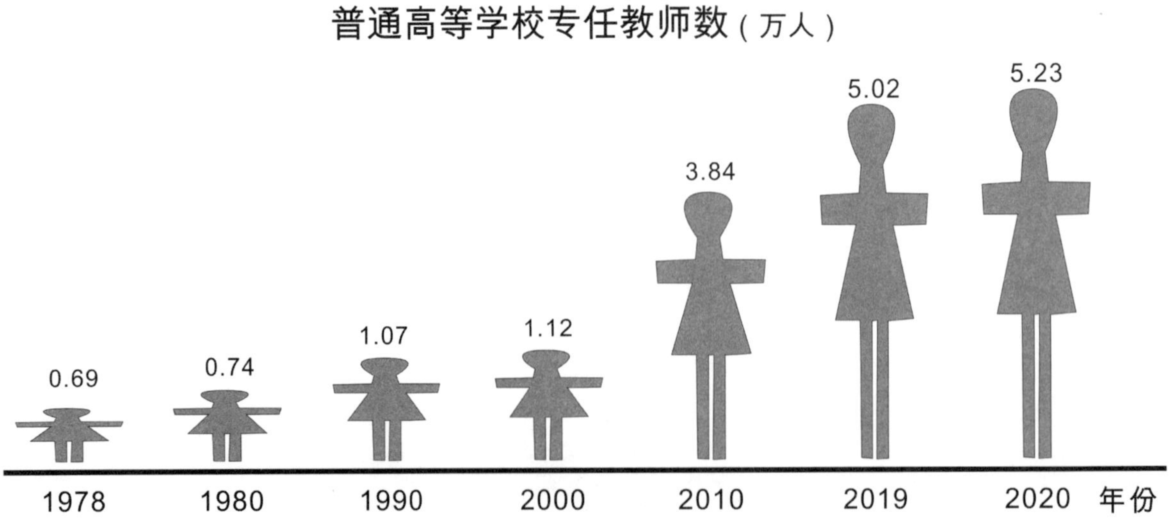
普通高等学校专任教师数（万人）
0.69
0.74
1.07
1.12
3.84
5.02
5.23
1978
1980
1990
2000
2010
2019
2020
年份

13-1 科学研究与技术服务业事业单位、人员、经费及活动情况(2020年)

Scientific Research Agencies and Technical Service Institutions, Personnel, Expenditures and Activities(2020)

项目	单位	合计	自然科学领域	农业科学领域	医学科学领域	工程科学与技术领域	社会、人文科学领域
单位数	个	133	26	20	6	56	25
#地市属	个	117	21	19	5	48	24
从业人员	人	22683	5466	2553	1904	11043	1717
#从事科技活动人员	人	17250	3411	2244	951	9093	1551
#大学本科及以上学历	人	14324	2934	1823	799	7435	1333
科技活动收入	万元	804124	157321	67915	37039	475035	66814
#政府资金	万元	560683	140822	59077	32664	269229	58891
日常性支出(不含资产性支出)	万元	927507	237398	81989	79473	455976	72671
#科技活动日常性支出	万元	706993	145151	68141	39736	391590	62375
基本建设支出	万元	35385	5141	184	1440	27406	1214
年末固定资产原价	万元	1091451	280763	88391	101027	572688	48582
课题情况:课题数	个	4936	1576	1071	312	1331	646
内部经费支出	万元	263307	73258	31526	6669	138775	13078
课题人员折合全时工作量	人年	9693	2560	1677	702	3725	1030
发表科技论文	篇	4636	1377	690	442	1125	1002
#国外发表	篇	1251	632	120	152	321	26
出版科技著作	种	191	30	22	20	14	105
专利申请受理数	件	1129	191	256	54	621	7
专利授权数	件	901	154	144	57	544	2
#发明专利	件	465	90	64	35	274	2

13-2 国家级高新技术产业企业主要经济指标(2020 年)

Main Economic Indicators of State- Level High-Tech Enterprises(2020)

项 目	单 位	合 计	区内企业	区外企业
企业数	个	6039	2678	3361
工业总产值	亿元	5157. 12	2544. 01	2613. 11
营业收入	亿元	9656. 02	4134. 39	5521. 63
#技术收入	亿元	3158. 35	1575. 56	1582. 79
产品销售收入	亿元	5948. 08	2295. 41	3652. 67
#高新技术产品收入	亿元	4750. 44	2071. 69	2678. 74
出口创汇总额	亿元	1230. 91	1019. 48	211. 43
净利润	亿元	444. 01	212. 82	231. 18
实际上缴税费总额	亿元	297. 22	124. 45	172. 77
年末资产总计	亿元	14492. 04	6416. 41	8075. 63
#流动资产	亿元	9486. 21	3933. 39	5552. 82
固定资产合计	亿元	1688. 11	777. 69	910. 42
无形资产	亿元	341. 35	155. 10	186. 25
年末负债合计	亿元	8792. 06	3794. 68	4997. 39
年末所有者权益	亿元	5699. 98	2621. 73	3078. 25
全部科技项目经费内部支出	亿元	504. 86	242. 34	262. 52
科技活动经费内部支出(非政府)	亿元	503. 11	232. 10	271. 01
科技活动经费内部支出(来自政府)	亿元	21. 53	15. 04	6. 49
年末从业人员	人	717336	266811	450525

注:区内、区外企业指高新技术产业开发区集中区范围内、外的企业。

13-3 技术市场交易情况(2020年)

Statistics on Transactions in Technological Market(2020)

项目	合同数(个)	金额(亿元)
输出技术合计	**16943**	**1144.51**
技术开发	11534	181.97
技术转让	464	10.42
技术咨询	442	2.61
技术服务	4503	949.51
吸纳技术合计	**13006**	**520.98**
技术开发	7288	125.35
技术转让	527	66.64
技术咨询	493	25.51
技术服务	4698	303.48

13-4 教育事业基本情况

Basic Statistics on Education

项　目	单　位	1978 年	1980 年	1990 年	2000 年	2010 年	2019 年	2020 年
学校数								
普通高等学校	所	14	14	19	20	50	57	57
中等职业技术学校	所	40	44	50	51	95	87	87
普通中学	所	791	625	580	548	487	621	635
小　　学	所	4669	4860	3580	2467	504	607	623
在校生数								
普通高等学校	人	19632	28790	56874	140661	617482	879335	927111
中等职业技术学校	人	14967	17306	27972	64969	214674	184222	179032
普通中学	人	574039	438221	347004	482494	635099	629918	663943
小　　学	人	1202491	1234444	670718	771582	682423	1029271	1062195
毕业生数								
普通高等学校	人	4411	4216	16777	23624	156646	217680	230490
中等职业技术学校	人	3470	4293	8401	20148	63318	67757	60300
普通中学	人	224994	169679	87343	106203	201516	192527	194835
小　　学	人	227553	193944	139585	147700	133462	154665	158247
招生数								
普通高等学校	人	7973	6603	16087	55131	190078	271426	289849
中等职业技术学校	人	6676	5153	9703	17697	81338	62638	62786
普通中学	人	254708	171351	115835	182487	213144	225485	231499
小　　学	人	279079	230882	91258	129966	108810	190636	190367
专任教师数								
普通高等学校	人	6940	7366	10699	11246	38404	50242	52348
中等职业技术学校	人	2206	2622	3262	3175	7498	9201	8897
普通中学	人	27423	25636	24947	30655	42429	53485	56018
小　　学	人	41040	42617	40492	37618	38250	58504	61677
每一教师负担学生数								
普通高等学校	人	2. 8	3. 9	5. 3	12. 5	16. 1	17. 5	17. 7
中等职业技术学校	人	6. 8	6. 6	8. 6	20. 5	28. 6	20. 0	20. 1
普通中学	人	20. 9	17. 1	13. 9	15. 7	15	11. 8	11. 9
小　　学	人	29. 3	29	16. 6	20. 5	17. 8	17. 6	17. 2

13-5 各类学校基本情况(2020年)

Basic Statistics on Various Schools(2020年)

项 目	学校数(所)	毕业生(人)	招生数(人)	在校生(人)	专任教师(人)
普通高等学校	**57**	**230490**	**289849**	**927111**	**52348**
#研 究 生	33	28334	39616	112513	
中等技术学校	**87**	**60300**	**62786**	**179032**	**8897**
#职业中学	30	23815	24861	74883	4717
普通中学	**635**	**194835**	**231499**	**663943**	**56018**
高 中	162	65168	73456	213569	19491
初 中	473	129667	158043	450374	36527
小 学	**623**	**158247**	**190367**	**1062195**	**61677**
特殊教育学校	**23**	**521**	**605**	**3159**	**708**

注:①普通中学高中学校数中含完全中学。②普通中学初中校数中含9年制学校156所。③研究生数包含科研院校的研究生人数。④研究生专任教师数无法从普通高等学校专任教师数中拆分。

13-6 普通中学基本情况(2020年)

Basic Statistics on Regular Secondary Schools(2020)

项目	学校数 (所)	毕业生 (人)	招生数 (人)	在校生 (人)	专任教师 (人)
总计	**635**	**194835**	**231499**	**663943**	**56018**
城市	319	127182	152667	433164	36874
县镇	217	54101	62651	182329	15228
农村	99	13552	16181	48450	3916
高中	**162**	**65168**	**73456**	**213569**	**19491**
城市	119	45057	50936	148086	14013
县镇	35	16610	18551	53881	4501
农村	8	3501	3969	11602	977
初中	**473**	**129667**	**158043**	**450374**	**36527**
城市	200	82125	101731	285078	22861
县镇	182	37491	44100	128448	10727
农村	91	10051	12212	36848	2939

13-7 小学基本情况(2020年)

Basic Statistics on Primary Schools(2020)

项目	学校数 (所)	毕业生 (人)	招生数 (人)	在校生 (人)	专任教师 (人)
总计	**623**	**158247**	**190367**	**1062195**	**61677**
城市	369	103181	141669	749388	42852
县镇	171	41468	38745	246030	14321
农村	83	13598	9953	66777	4504

13-8 成人高等学校教育基本情况

Basic Statistics on Education in Institutions of Higher Learning for Adults

项　目	单　位	2017 年	2018 年	2019 年	2020 年
成人高等院校					
学 校 数	所	68	68	68	68
毕业生数	人	89948	71294	69586	75025
在校生数	人	191264	191761	195540	204136
招 生 数	人	71607	77274	76976	85635

注:2011 年以后成人高校数据包含普通高等学校中的成人教育数据。

13-9 幼儿园基本情况

Basic Statistics on Kindergartens

项　目	单　位	2017 年	2018 年	2019 年	2020 年
幼儿园数	所	2366	2528	2630	2732
幼儿园班数	班	17477	18604	19862	20926
在园幼儿数	人	543564	565180	603530	632147
教职员工数	人	72864	79715	87064	92492
#教　　师	人	36466	39198	42284	45354
保 育 员	人	16251	17950	19871	21160

注:2013 年起保育员包含民办幼儿园的数据。

13-10 艺术表演团体及场所演出情况
Basic Statistics on Performance of Art Troupes and Sites

项 目	单 位	2017 年	2018 年	2019 年	2020 年
艺术表演团体	个	**6**	**7**	**6**	**5**
国内演出场次	千场	0.75	0.99	0.85	0.26
国内观众人次	万人次	33.9	51.31	33.34	12.67
出访演出场次	场	2	78	98	10
艺术表演场所	个	**10**	**8**	**7**	**6**
座 席 数	千个	4.32	2.86	2.86	2.99
演映出场数	千场	0.41	0.12	0.15	0.23
#艺术场数	千场	0.38	0.11	0.13	0.22
观众人次	万人次	13.33	7.05	8.98	6.31
#艺术场数	万人次	11.7	5.5	6.4	6.2

13-11 群众文化事业(2020 年)
Main Indicators on Mass Culture(2020)

项 目	单 位	总 计	文化馆	文化站
机 构 数	个	358	22	336
人 员 数	人	1760	461	1299
举办展览	个	2081	360	1721
举办训练班	次	12015	2309	9706
组织文艺活动	次	18382	2107	16275
藏 书	万册	252.03	—	252.03
总 收 入	万元	32793	17996	14797
总 支 出	万元	33412	18082	15330
设施建筑面积	万平方米	45.39	12.67	32.72

13-12 公共图书馆基本情况

Basic Statistics on Public Libraries

项　目	单　位	2017 年	2018 年	2019 年	2020 年
图书馆数	个	22	22	22	22
阅览室座席数	个	10611	11076	11668	11579
总藏量	万册(件)	1997.52	2293.42	2455.78	1227.9
图书流通人数	万人次	789.94	770.46	823.50	494.40
公共房屋建筑面积	万平方米	13.97	13.98	14.40	14.51
#书　　库	万平方米	2.56	2.63	2.58	2.54
阅 览 室	万平方米	5.39	5.40	5.54	5.74
经费支出	万元	14379.3	18386	15450	15152
#购书费	万元	3033.9	1632	2042	1603

注:2020 年图书总藏量不包括电子书籍。

13-13 博物馆基本情况

Basic Statistics on Museums

项　目	单　位	2017 年	2018 年	2019 年	2020 年
博物馆数	个	33	34	33	33
综 合 馆	个	10	11	10	10
专 业 馆	个	23	23	23	23
文物藏品	件	485269	389504	430195	395602
#一 级 品	件	819	833	833	832
展　　览	个	88	92	101	50
参观人数	万人次	1174	1681	1666	713
公用房屋建筑面积	万平方米	27.8	27.5	29.8	33.6

注:本表数据来源于国有博物馆 2018 年文化和旅游部文化文物年报表统计数据。

13-14 广播、电视事业基本情况(2020年)

Basic Statistics on Broadcasting and Television(2020)

项　目	单　位	广播事业	# 市　级	# 县　级	电视事业	# 市　级	# 县　级
基本情况							
广播电视台	座	18	1	16	18	1	16
发 射 台	座	35	3	29	35	3	29
节目套数	套	26	5	13	29	8	13
全年节目播音时间	小时	175879	37960	76905	191977	54836	72495
人口覆盖率	%	100	100	64.66	100	100	64.87
全年节目制作情况	**小时**	**115315**	**44029**	**12448**	**52663**	**24161**	**3609**
新闻咨询节目	小时	22692	8823	2017	13305	3403	1599
综艺益智	小时	18972	1660	3486	2823	1165	89
专题服务节目	小时	40595	17593	4680	14574	4937	644
广告节目	小时	5811	1598	650	4242	748	814

主要统计指标解释

普通高等学校 指按照国家规定的设置标准和审批程序批准举办，通过国家统一招生考试，招收高中毕业生为主要培养对象，实施高等教育的全日制大学、独立设置的学院和高等专科学校、短期职业大学。

成人高等学校 指按照国家有关规定审批，招收通过全国成人高教统一招生考试的具有高中毕业或同等学历的在职从业人员利用脱产、半脱产、业余或函授等多种形式对其实施高等学历教育培养高等教育专科或本科毕业水平的专门人才，修业年限、课程设置和总学时数均按高等学历教育要求付诸实施的学校。包括广播电视大学、职工高等学校、农民高等学校、管理干部学院、教育学院、独立设置的函授学院等。

小学学龄儿童入学率 指调查范围内已入小学学习的学龄儿童占学龄儿童总数（包括弱智儿童在内，但不包括盲聋哑儿童）的比重。计算公式：

$$小学学龄儿童入学率=\frac{已入学的小学学龄儿童数}{校内外小学学龄儿童总数}\times 100\%$$

独立研究与开发机构 指有明确的任务和研究方向，有一定学术水平的业务骨干和一定数量的研究人员，具有研究、开发、开展学术工作的基本条件，主要进行科学研究与技术开发活动，并且在行政上有独立的组织形式，财务上独立核算盈亏，有权与其他单位签订合同，在银行有单独户头的单位。包括国务院各部门、中国科学院、中国社会科学院和各省、自治区、直辖市以及地（市）以上〔含地（市）〕各部门所属的国有独立的科学研究与技术开发机构。

独立研究与开发机构职工 指在科学研究与技术开发机构工作，并由其支付工资的各种人员。包括长期职工和临时职工，不包括编制以外的离休、退休人员和停薪留职人员，但包括招聘人员。

研究与发展经费支出 指报告期内用于研究与实验发展课题活动（基础研究、应用研究、实验发展）的全部实际支出。包括用于研究与发展课题活动的直接支出，还包括间接用于研究与发展活动的一切支出（院、所管理费、维持院、所正常运转的必需费用和与研究发展有关的基本建设支出）。

科学家和工程师 指具有大学本科及以上学历的和不具备上述学历但有高、中级职称的人员。

专业技术人员 指已取得科学技术职称，或大学、中专的理、工、农、医科系毕业，以及国民经济各部门从工作实践中提拔，从事理、工、农、医等自学科学技术的研究、教学、生产的专业人员和在机关、企业、事业中从事科学技术业务管理工作的专业人员。

工程技术人员 指在国民经济各行业从事工程技术工作的自然科学技术专业人员，包括：高级工程师、工程师、助理工程师、技术员和未评定职称的技术人员。

农业技术人员 指在国民经济各行业从事农业技术工作的自然科学技术专业人员，包括：高级农艺师、农艺师、助理农艺师、技术员和未评定职称的技术人员。

卫生技术人员 指在国民经济各行业从事卫生医务工作的自然科学技术专业人员，包括：正副主任医师、主治医师、医师、医（护）士和未评定职称的技术人员。

科学研究人员 指在国民经济各行业从事科学技术活动的自然科学技术专业人员，包括：正副研究员、助理研究员、研究实习员、技术员和未评定职称的技术人员。

自然科学教学人员 指在国民经济各行业从事自然科学技术方面教学活动的专业人员，包括：正副教授、讲师、助教、教师和在中学从事自然科学技术方面教学活动的人员。

文化事业机构 指从事专业文化工作和为专业文化工作服务的独立建制的单独核算的单位。不包括这些单位另外举办独立核算的其他机构和各部门的业余文化组织。

十四　体育、卫生、福利及其他

简 要 说 明

主要内容

本部分反映体育、卫生、社会福利及其他事业发展情况。

体育：包括体育竞赛、体育竞技和全民健身的群众体育，以及相关的体育信息。

卫生：包括各类医疗卫生机构、床位、工作人员及病床使用率等指标。

民政：包括社会福利院、儿童福利院、精神病人福利院、社会办敬老院等各级福利院个数、床位及收养人数；优抚、救济情况。

其他事业：包括全市范围内司法、社会治安情况等。

资料来源

体育资料来源于成都市体育局。

卫生资料来源于成都市卫生健康委员会。

社会福利资料来源于成都市民政局。

律师、公证文书等资料来源于成都市司法局。

劳动仲裁资料来源于成都市人力资源和社会保障局。

社会治安资料来源于成都市公安局。

其他需要说明的问题

体育资料为全市统计口径。

卫生资料为全社会统计口径。

福利机构相应指标为市及市以下统计口径。

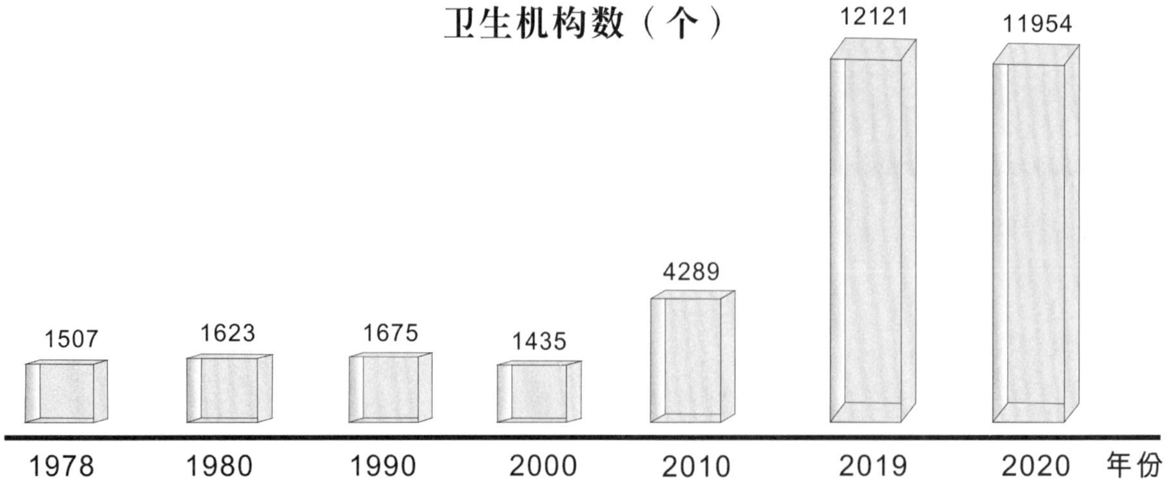
卫生机构数（个）
1507
1623
1675
1435
4289
12121
11954
1978
1980
1990
2000
2010
2019
2020
年份

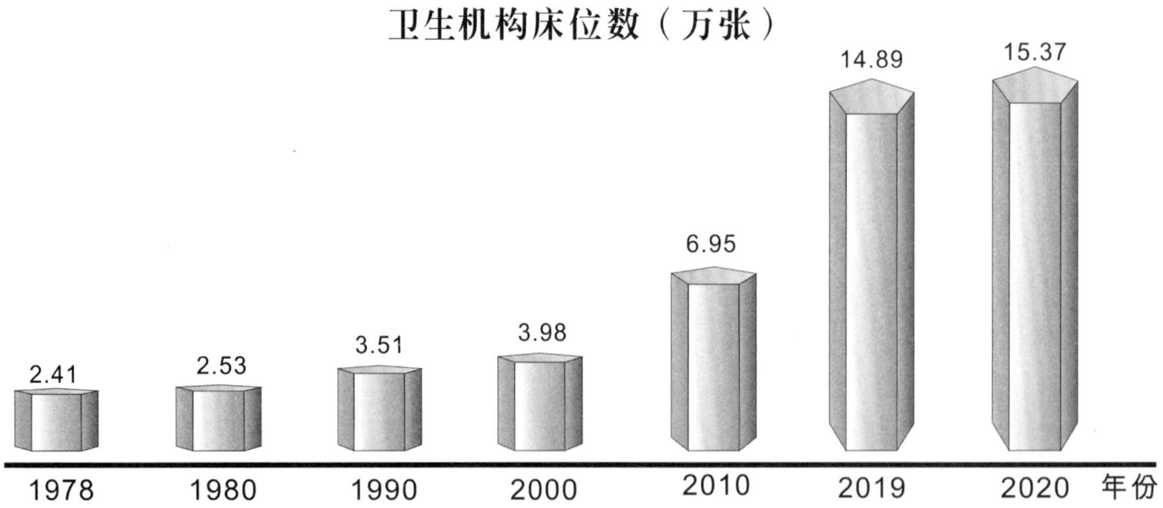
卫生机构床位数（万张）
2.41
2.53
3.51
3.98
6.95
14.89
15.37
1978
1980
1990
2000
2010
2019
2020
年份

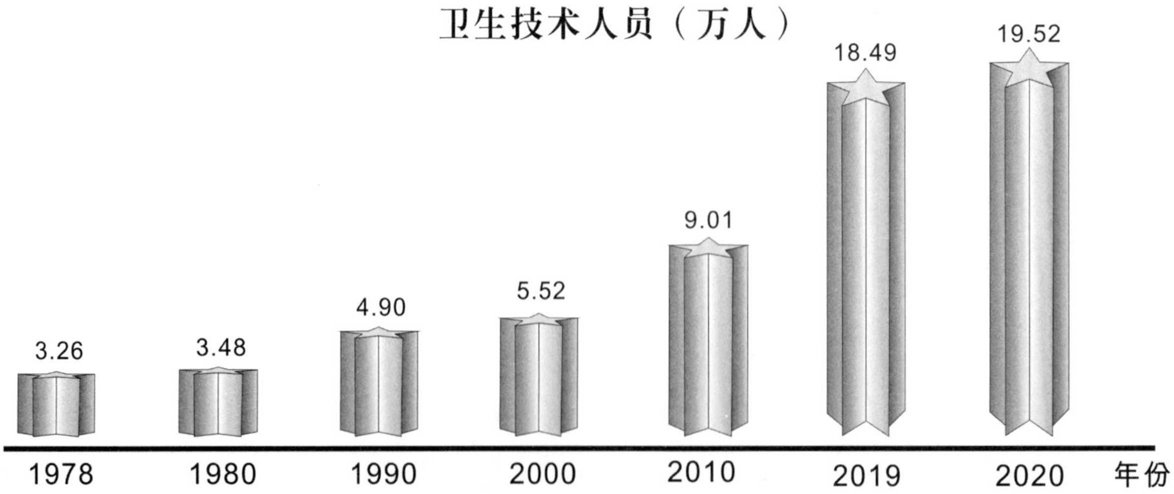
卫生技术人员（万人）
3.26
3.48
4.90
5.52
9.01
18.49
19.52
1978
1980
1990
2000
2010
2019
2020
年份

14-1 体育活动情况
Activities of Sports

项 目	单 位	2017 年	2018 年	2019 年	2020 年
体育场地数	个	21038	21562	31871	36632
等级运动员发展人数	人	361	255	621	337
#二级运动员	人	361	255	457	337
等级裁判员发展人数	人	—	—	691	848
优秀运动队运动员	人	133	132	136	123
专职教练员	人	213	197	129	192
体育后备人才数	人	6403	5297	3762	1573
各部门举办全民健身活动次数	次	3000	3178	3782	5114
全民健身路径	条	7178	7598	8452	8988

14-2 医疗卫生事业基本情况
Basic Statistics of Health Care

项　目	单　位	2017 年	2018 年	2019 年	2020 年
总　　计					
机 构 数	个	10183	10755	12121	11954
#医院、卫生院	个	888	892	909	894
床 位 数	万张	13.45	14.32	14.89	15.37
#医院	万张	11.05	11.82	12.38	12.79
#社区卫生服务中心(站)	万张	0.4	0.42	0.44	0.49
#乡镇卫生院	万张	1.70	1.77	1.75	1.75
工作人员	万人	20.07	21.59	23.77	24.95
#卫生技术人员	万人	15.80	16.87	18.49	19.52
#执业(助理)医师	万人	5.82	6.15	6.84	7.24
注册护士	万人	7.24	7.84	8.78	9.30
药剂人员	万人	0.81	0.84	0.89	0.94
总计中:政府办医院					
机 构 数	个	107	110	116	113
床 位 数	万张	6.25	6.71	7.03	7.27
工作人员数	万人	8.19	8.69	9.19	9.65
#卫生技术人员	万人	6.66	7.04	7.41	7.91
#执业(助理)医师	万人	2.30	2.39	2.54	2.76
平均每万人口拥有					
医院、卫生院床位数	张	66.45	68.59	69.23	69.45
卫生技术人员	人	82.34	85.15	90.60	93.25
#执业(助理)医师	人	30.33	31.04	33.51	34.57

注:本表中“总计中:政府办医院”的机构数2000年为政府及非政府部门举办的县及县以上医院,2014年及以后各年度为由政府部门举办的所有医院。从2011年起将村卫生室纳入统计范围。2015年起“平均每万人口拥有”数据按常住人口计算,2017-2020年按第七次全国人口普查结果调整后的常住人口计算。

14-3 农村村级卫生组织情况(2020年)
Health Organization at Village Level(2020)

项　目	总　计	按设置/主办单位分					按行医方式分		
		村　办	乡卫生院设点	联合办	私人办	其他	西医为主	中医为主	中西医结　合
机构数(个)	3365	1986	293	118	872	96	1703	157	1505
执业(助理)医师(人)	1294	759	140	39	307	49	672	68	554
注册护士数(人)	203	100	36	1	52	14	114	7	82
乡村医生和卫生员(人)	3326	1959	247	155	890	75	1433	162	1731
乡村医生数	3235	1920	234	150	858	73	1409	147	1679
卫 生 员	91	39	13	5	32	2	24	15	52

14-4 医院诊疗情况(2020 年)

Number of Hospital Patients(2020)

项 目	诊疗人次（人次）	#门急诊	健康检查人数（人）	入院人数（人）	病床使用率（%）	出院者平均住院日（天）
医院总计	**70968527**	**69404091**	**4310482**	**3276616**	**74.75**	**10.58**
综合医院	44986711	43857766	3276605	2197310	74.55	9.14
中医医院	9804827	9502341	627646	441902	76.78	10.36
中西医结合医院	3029498	2974151	128620	94878	69.18	11.19
专科医院	13139665	13062007	277611	541967	75.09	16.45
#口腔医院	1356587	1352921		5816	41.72	7.51
眼科医院	669802	655205		28192	37.88	3.59
耳鼻喉医院	55164	54463		6497	61.83	6.13
肿瘤医院	590251	589823	29955	53613	80.37	10.07
心血管病医院	4825	4825		67	7.55	13.28
妇产(科)医院	770833	759419	2151	20758	31.94	5.20
儿童医院	357611	357611		7224	38.85	7.53
精神病医院	697022	693648	1528	51747	96.92	79.20
传染病医院	807878	807878	15280	20785	82.37	15.05
皮肤病医院	67840	66260		4670	43.70	8.70
职业病医院	239703	239703	66071	19349	76.92	10.38
骨科医院	403267	397311		50099	59.92	10.90
康复医院	132778	127017	323	17414	55.51	14.18
美容医院	781553	769038		4962	22.49	3.10
其他专科医院	6204551	6186885	162303	250774	71.89	9.96

注:2018 年医院总数新增民族医医院和护理院。

14-5 卫生部门综合医院有关经营情况(2020年)

Operation of Hospitals Runs by The Health Department(2020)

项目	机构数(个)	医师人均担负年诊疗人次(人次)	医师人均担负年住院床日(人次)	平均每诊疗人次医疗费(元)				平均每一出院者住院医疗费(元)			
				合计	#药品费	#检查费	#治疗费	合计	#床位费	#药费	#治疗费
综合医院合计	**48**	**1950**	**699**	**379**	**142**	**98**	**46**	**14056**	**374**	**2915**	**1881**
部属	1	1850	500	725	293	203	72	26090	639	4801	1853
省属	7	1956	752	538	229	134	61	18983	416	4409	3127
省辖市属	5	1594	674	294	103	72	49	14707	400	3050	3063
县辖市属	27	2194	768	234	71	59	30	9146	291	1887	1467
县属	8	2097	829	216	75	48	33	7048	204	1648	1102

备注:主办单位卫生行政部门。

14-6 全市居民前十位死亡原因、死亡率(2020年)

Cause of Death and Death Rate of 10 Major Diseases(2020)

序位及死因	死亡序位	死亡率(/10万)	死亡构成(%)
十种死亡原因合计	—	**603.5**	**98.71**
循环系统疾病	1	191.86	31.38
肿瘤	2	184.99	30.26
呼吸系统疾病	3	121.46	19.87
损伤和中毒	4	36.43	5.96
内分泌、营养和代谢疾病	5	22.34	3.65
消化系统疾病	6	21.57	3.53
神经系统疾病	7	9.68	1.58
传染病和寄生虫病	8	6.6	1.08
泌尿生殖系统疾病	9	6.58	1.08
肌肉骨骼和结缔组织疾病	10	1.99	0.33

注:死亡率=住院死亡人数/出院人数。

14-7 社会福利机构情况

Basic Statistics on Social welfare Institutions

项　目	单　位	2017 年	2018 年	2019 年	2020 年
社会福利院					
单 位 数	个	14	14	13	13
床 位 数	张	4520	5677	4847	4779
年末收养人数	人	2357	2795	2339	2321
儿童福利院					
单 位 数	个	2	2	3	3
床 位 数	张	779	760	780	780
年末收养人数	人	573	532	505	505
精神病人福利院					
单 位 数	个	1	1	1	1
床 位 数	张	800	800	800	800
年末收养人数	人	706	706	768	768
社区养老机构和设施					
单 位 数	个	1687	2237	2248	2501
床 位 数	张	28827	34902	31721	28583
年末收养人数	人	12216	20256	7348	9642

14-8 优抚、救济情况

Persons Receiving Subsidies or Relief Funds

项　目	2017 年	2018 年	2019 年	2020 年
优抚革命伤残人员(人)	9496	9745	9982	10126
抚恤人数(人)	1395	1341	1305	1307
#烈属抚恤	380	347	321	310
复退军人得到定期定量补助人数(人)	93442	95910	99330	101662

14-9 律师、公证、调解工作基本情况

Basic Statistics on Lawyers, Notarization and Mediation

项 目	单 位	2017 年	2018 年	2019 年	2020 年
律师工作					
律师事务所	个	659	731	800	877
律师人员	人	11641	13081	14295	16827
#专职律师	人	11024	12434	14074	14530
民事诉讼代理	件	57042	60341	68049	83392
刑事诉讼辩护及代理	件	8372	9208	19346	12926
行政诉讼代理	件	4150	4176	4647	4171
非诉讼法律事务	件	22276	45595	68049	42895
解答法律咨询 代写法律事务文书	件 件	141594	238496	213258	77481
公证工作					
公证机构	个	23	23	23	23
公 证 员	人	226	263	254	246
公证员助理	人	376	312	310	305
办理国内公证	件	455810	435501	487184	541839
办理涉外公证	件	49830	45078	68337	40230
办理涉港澳台公证	件	1027	443	1475	244
公证费总收入	万元	17083	21278	24196	22000

注:按司法部的统一要求,从 2017 年开始,“解答法律咨询”和“代写法律事务文书”两项指标数据合并统计。

14-10　国内公证文书分类情况(2020年)

Domestic Notarial Documents by Type(2020)

单位:件

类　　别	数　量	类　　别	数　量
受　　理	**582788**	抵押登记	4
出　　证	**582788**	提　　存	124
合同(协议)	53847	保　　管	41
继　　承	27169	现场监督	988
委　　托	235363	保全证据	10564
声　　明	36290	收养关系、婚姻状况、亲属关系	3788
赠　　与	243	出生、死亡	2632
遗　　嘱	3044	签名(印鉴)	9369
身份、经历、学历、学位、职务、职称	649	文本相符	6132
有无违法犯罪记录	4187	赋予执行效力	152911
公司章程	40	其　　他	11699
证书、执照	20407	**撤　　销**	**14**
执行证书	2297		

14-11 基层法律服务情况

Law Service for Grassroots Units(2020)

项　目	单　位	2019 年	2020 年	项　目	单　位	2019 年	2020 年
一、机构人员情况				代理诉讼事务	件	6070	3676
已建基层法律事务所	个	115	112	代理非诉讼事务	件	1890	1005
基层法律工作者	人	509	488	调解纠纷	件	1644	2737
二、全年工作情况				解答法律咨询	人次	16580	8322
担任法律顾问	家	736	436	办理法律援助事务	件	1002	685

14-12 劳动仲裁受理及处理案件情况(2020 年)

Labor Disputes Accepted and Handled by labor dispute Arbitration committees

项　目	单　位	合　计	#国有企业	#城镇集体企业	#外商及港澳台投资企业	#私营企业
上期末结案件数	**件**	**1240**	**31**		**119**	**1090**
案件受理情况						
案 件 数	件	27162	185	17	629	26331
劳动者申述案件数	件	25653	174	15	592	24872
劳动者当事人人数	人	28266	189	17	629	27431
案件处理情况						
结案案件数	件	26481	157	11	620	25693
处理方式						
仲裁调解	件	14049	55	4	143	13847
仲裁裁决	件	9955	82	7	283	9583
其他方式	件	2477	20		194	2263
处理结果						
用人单位胜诉	件	3499	52	2	83	3362
劳动者胜诉	件	8400	18	2	62	8318
双方部分胜诉	件	9056	35	3	148	8870
本期未结案数	**件**	**1921**	**59**	**6**	**128**	**1728**

14-13 社会治安及交通、火灾情况

Basic Statistics of Law-and-order Situation, Traffic Accidents and Fires

项 目	单 位	2016 年	2017 年	2018 年	2019 年	2020 年
治安案件						
受理数	起	212234	241469	203541	188956	155511
查处数	起	125480	158008	131279	115846	78468
交通事故						
交通事故发生数	起	1851	1752	1805	1792	1764
死伤人数	人	2213	2037	2001	1894	1741
#死亡人数	人	672	647	619	614	560
直接经济损失	万元	673. 4	569. 4	665. 2	555. 8	495. 4
火灾事故						
火灾事故发生数	起	6629	6285	4200	2780	2690
死伤人数	人	41	14	25	66	36
#死亡人数	人	28	10	14	18	18
直接财产损失	万元	1814. 2	3032. 8	2026. 2	1582. 8	5476

主要统计指标解释

等级运动员人数 指经考核正式批准授予等级运动员称号的人数。运动员等级分为国际级运动健将、运动健将、一级运动员、二级运动员、三级运动员、少年级运动员。

等级裁判员人数 指经考核正式批准授予等级裁判员称号的人数。裁判员等级分为国际裁判、国家级裁判、一级裁判、二级裁判、三级裁判。

体育场 指有 400 米跑道(中心含足球场),有固定跑道 6 条以上,并有固定看台的室外田径场地。以看台容纳观众人数分:甲级 25000 人以上,乙级 15000-25000 人,丙级 5000-15000 人,丁级 5000 人以下。体育馆指有固定看台,可供篮球、排球、羽毛球、乒乓球、体操等项目训练比赛活动用的室内运动场地。以看台容纳观众人数分:甲级 6000 人以上,乙级 4000-6000 人,丙级 2000-4000 人,丁级 2000 人以下。

医院 指名称为医院,设有固定床位能收容病人住院并能为病人提供医疗、护理服务的医疗机构。包括县及县以上医院、农村乡卫生院、其他医院三部分。按所属性质分为卫生部门、工业及其他部门,集体经济单位三类。其中县及县以上医院按业务性质分为综合医院和专科医院。

卫生技术人员 指卫生事业机构支付工资的全部固定职工和合同制职工中现任职务为卫生技术工作的专业人员。包括中医师、西医师、中西医结合高级医师、护师、中药师、西药师、检验师、其他技师、中医士、西医士、护士、助产士、中药剂士、西药剂士、检验士、其他技士、其他中医、护理员、中药剂员、西药剂员、检验员,其他初级卫生技术人员。

社会福利事业单位 指集中收养社会孤老、残、幼的机构。包括由民政部门管理的社会福利院、儿童福利院、精神病人福利院和城镇集体办的福利院,以及农村集体举办的敬老院。

律师 指受聘参加法律顾问处工作,担任法律顾问、刑(民)事代理人、刑事辩护人,办理非诉讼事件、解答法律询问,代写法律事务文书等主要从事律师业务的专职法律工作者和兼职律师。

十五 区(市)县

简 要 说 明

主要内容

本部分资料反映成都市各区（市）县经济、社会发展的基本情况，主要包括：土地、人口、地区生产总值、农业、工业、交通运输邮电、固定资产投资、社会消费品零售总额、财政金融、税收情况等主要社会经济情况。

资料来源

全市资料来源于成都市统计局和市级有关主管部门。

区（市）县资料，主要来源于各区（市）县统计局，部分资料来源于市级相关主管部门。

其他需要说明的问题

本部分各项指标均按统计用行政区划口径计算。

财政指标按分级核算口径计算，金融指标按金融业务统计口径计算。

部分指标未列锦江、青羊、金牛、武侯、成华五区，故分项数据之和不等于全市数据合计。

15-1 区(市)县土地面积、户籍总户数和人口数(2020年)

Land Area, Registered Households and Population in Districts, Cities at County Level and Counties(End of 2020)

地 区	土地面积(平方公里)	耕地面积(公顷)	年末户籍总户数(户)	年末户籍总人口(人)	平均每户人口(人)
全 市	**14335**	**523153**	**5764870**	**15196953**	**2.64**
#锦 江 区	61	855	244101	631802	2.59
青 羊 区	66	469	277341	733297	2.64
金 牛 区	108	752	311285	768231	2.47
武 侯 区	122	444	537673	1393540	2.59
成 华 区	108	1291	331811	803586	2.42
龙泉驿区	556	7886	297005	759829	2.56
青白江区	379	18884	190876	423029	2.22
新 都 区	496	25632	329352	833149	2.53
温 江 区	276	13165	220135	529388	2.40
双 流 区	1068	39806	494568	1428949	2.89
郫 都 区	437	20485	259522	673488	2.60
新 津 区	329	15226	144559	319177	2.21
简 阳 市	2214	107361	478998	1501314	3.13
都江堰市	1208	26712	246861	620520	2.51
彭 州 市	1421	50703	295197	795093	2.69
邛 崃 市	1377	44310	228769	649899	2.84
崇 州 市	1089	39124	245358	657925	2.68
金 堂 县	1156	56500	338149	901140	2.66
大 邑 县	1284	29638	178474	506804	2.84
蒲 江 县	580	23909	114836	266793	2.32

注:①本表中土地面积及耕地面积数据由市规划和自然资源局提供,因第三次全国国土调查正在开展,相关数据为2018年,来源于国家下发的2018年四川省农村土地利用现状二级分类面积汇总表。②本表土地面积、耕地面积、户籍人口数据为统计用行政区划口径,下同。

15-2 历年区(市)县

Total Registered Population in Districts, Cities at County

年 份	全 市	锦江区	青羊区	金牛区	武侯区	成华区	龙泉驿区	青白江区	新都区
1949	50132						2102	1704	2920
1952	51196						2169	1801	3093
1957	59419						2047	2009	3415
1962	55134						2022	2158	3144
1965	60938						2268	2387	3495
1970	69521						2716	2850	4093
1975	78197						3186	3302	4597
1978	80606						3363	3449	4733
1979	81581						3369	3470	4753
1980	82254						3403	3488	4786
1981	83341						3455	3517	4850
1982	84325						3497	3545	4904
1983	84885						3508	3558	4934
1984	85400						3511	3563	4954
1985	86268						3535	3585	4988
1986	87473						3577	3627	5050
1987	88730						3625	3668	5125
1988	89857						3695	3665	5248
1989	90859						3697	3722	5290
1990	91950	3953	4438	4336	3486	4389	3729	3749	5323
1991	92773	3958	4474	4404	3563	4461	3779	3779	5388
1992	93686	3983	4498	4518	3664	4527	3837	3800	5460
1993	94730	4014	4561	4620	3786	4616	3915	3822	5541
1994	96039	4041	4608	4717	3917	4726	4291	3848	5642
1995	97160	4032	4665	4827	4057	4823	4505	3877	5716
1996	98074	3939	4581	5016	4689	4993	4586	3909	5782
1997	98919	3927	4578	5136	4893	5068	4655	3934	5829
1998	99700	3928	4595	5245	5028	5117	4731	3953	5874
1999	100356	3886	4593	5414	5156	5222	4792	3966	5893
2000	101335	3810	4568	5650	5338	5338	4848	4002	5959
2001	101990	3898	4587	5810	5483	5443	4920	4011	5976
2002	102848	3933	4669	6001	5742	5546	4996	4016	5989
2003	104431	3902	4650	6361	6217	5810	5108	4024	6048
2004	105969	3926	4780	6649	6540	5944	5251	4040	6130
2005	108203	3972	4996	6812	7330	6094	5380	3943	6387
2006	110340	3995	5124	6953	7955	6157	5646	4000	6501
2007	111228	3974	5231	6987	8147	6154	5724	4028	6587
2008	112496	4023	5374	6991	8358	6192	5805	4068	6671
2009	113963	4114	5540	7117	8622	6321	5880	4086	6755
2010	114907	4234	5679	7178	9435	6433	5923	4106	6829
2011	116328	4386	5860	7227	9594	6605	5988	4139	6905
2012	117335	4539	6011	7318	9831	6750	6038	4134	6965
2013	118799	4706	6188	7408	10086	6881	6149	4149	7023
2014	121074	4929	6405	7538	10502	7078	6320	4167	7186
2015	122805	5116	6561	7560	10860	7228	6434	4177	7336
2016	139893	5375	6722	7607	11252	7382	6598	4196	7483
2017	143533	5664	6907	7614	12181	7605	6848	4210	7715
2018	147605	5971	7071	7658	12925	7761	7144	4220	7994
2019	150007	6165	7190	7675	13397	7902	7400	4238	8204
2020	151970	6318	7333	7682	13935	8036	7598	4230	8331

年末户籍人口数

Level and Counties over the Years(Year-end)

单位:百人

温江区	双流区	郫都区	新津区	简阳市	都江堰市	彭州市	邛崃市	崇州市	金堂县	大邑县	蒲江县
1454	6727	2553	1566		3044	4089	3795	4061	4431	3008	1233
1550	5938	2642	1703		3173	4378	4003	4220	4768	3096	1316
1678	5716	2815	1874		3509	4968	4528	4475	5212	3467	1496
1485	4498	2461	1618		3177	4664	3771	4032	4966	2809	1346
1656	5043	2737	1800		3650	5172	4089	4318	5412	3163	1521
1990	5800	3245	2111		4234	6024	4832	5055	6287	3718	1848
2256	7308	3704	2432		4666	6603	5592	5537	7163	4289	2177
2331	7443	3803	2488		4761	6753	5752	5634	7424	4366	2238
2350	7552	3840	2500		4798	6781	5764	5662	7470	4375	2248
2370	7617	3869	2524		4817	6817	5781	5705	7487	4391	2259
2398	7751	3916	2556		4868	6884	5827	5752	7540	4437	2287
2441	7837	3943	2576		4919	6950	5852	5796	7593	4480	2308
2458	7863	3955	2584		4949	6968	5879	5823	7609	4494	2313
2467	7899	3959	2591		4989	6977	5895	5847	7605	4497	2323
2499	7952	3992	2612		5044	7026	5914	5888	7652	4515	2354
2498	8071	3995	2639		5109	7120	5962	5942	7711	4562	2389
2520	8190	4034	2668		5191	7218	6019	6003	7790	4616	2412
2555	8301	4070	2691		5271	7271	6067	6067	7868	4652	2430
2591	8451	4110	2711		5326	7322	6110	6141	7951	4694	2437
2650	8494	4212	2728		5429	7381	6188	6221	8053	4737	2454
2685	8554	4245	2743		5492	7427	6223	6264	8108	4762	2463
2755	8618	4271	2766		5545	7469	6273	6294	8142	4794	2472
2848	8693	4312	2784		5602	7517	6298	6335	8173	4813	2478
2897	8730	4355	2797		5682	7559	6330	6381	8189	4837	2492
2933	8790	4412	2819		5728	7592	6362	6413	8226	4861	2522
2977	8401	4475	2838		5773	7607	6382	6448	8263	4883	2533
3008	8457	4557	2851		5804	7619	6402	6458	8295	4910	2537
3039	8518	4627	2865		5849	7652	6410	6468	8331	4924	2545
3052	8543	4662	2882		5874	7691	6409	6467	8373	4931	2550
3056	8616	4709	2895		5944	7740	6398	6462	8446	4961	2563
3066	8667	4758	2900		5946	7726	6386	6451	8438	4961	2563
3087	8698	4804	2907		5955	7722	6361	6444	8448	4966	2564
3137	8846	4833	2920		5971	7782	6354	6493	8448	4968	2559
3194	9064	4883	2938		5984	7774	6353	6508	8455	4990	2566
3293	9269	4696	2966		6025	7788	6447	6633	8536	5061	2575
3384	9281	4843	2993		6104	7837	6514	6687	8619	5137	2610
3439	9389	4947	3019		6090	7947	6506	6656	8650	5149	2605
3535	9485	5017	3048		6118	7996	6561	6702	8764	5167	2620
3649	9661	5045	3063		6096	8034	6600	6741	8833	5175	2630
3699	9200	5086	3078		6096	8002	6582	6692	8845	5180	2630
3776	9421	5135	3087		6118	8053	6605	6718	8890	5186	2637
3833	9600	5187	3080		6138	8035	6561	6658	8904	5120	2635
3904	9781	5262	3100		6157	8062	6568	6680	8918	5127	2649
4039	10097	5425	3117		6193	8085	6572	6699	8938	5122	2664
4153	10388	5586	3130		6205	8081	6587	6686	8920	5118	2678
4299	10721	5752	3153	14991	6228	8050	6566	6703	8998	5137	2683
4551	11852	6009	3172	14939	6226	8030	6550	6636	9030	5115	2678
4877	13166	6329	3189	15070	6222	8024	6547	6628	9027	5100	2682
5100	13829	6549	3188	15032	6222	7987	6519	6609	9036	5092	2675
5294	14289	6735	3192	15013	6205	7951	6499	6579	9011	5068	2668

15-3 区(市)县户籍人口自然变动情况(2020年)

Statistics on Natural Changes of Registered Population in Districts, Cities at County Level and Counties(2020)

地 区	出生人口(人)	死亡人口(人)	出生率(‰)	死亡率(‰)	自然增长率(‰)
全 市	**182881**	**156692**	**12.11**	**10.38**	**1.73**
#锦江区	10829	11935	17.35	19.12	-1.77
青羊区	9218	6842	12.69	9.42	3.27
金牛区	8940	7281	11.64	9.48	2.16
武侯区	20566	12698	15.05	9.29	5.76
成华区	12954	9146	16.26	11.48	4.78
龙泉驿区	11141	6140	14.86	8.19	6.67
青白江区	4545	5528	10.73	13.06	-2.32
新都区	9553	9453	11.55	11.43	0.12
温江区	8010	3635	15.41	6.99	8.42
双流区	21491	9418	15.29	6.70	8.59
郫都区	9092	6132	13.69	9.23	4.46
新津区	2701	2941	8.47	9.22	-0.75
简阳市	15869	17573	10.56	11.70	-1.13
都江堰市	5039	7163	8.11	11.53	-3.42
彭州市	6360	8478	7.98	10.64	-2.66
邛崃市	5840	6355	8.97	9.76	-0.79
崇州市	5729	7885	8.69	11.96	-3.27
金堂县	8305	9400	9.20	10.42	-1.21
大邑县	4031	5672	7.94	11.17	-3.23
蒲江县	2668	3017	9.99	11.29	-1.31

15-4 区(市)县户籍人口机械变动情况(2020年)

Moving Changes of Registered Population in Districts, Cities at County Level and Counties(2020)

地　区	迁入人口(人)	迁出人口(人)	迁入率(‰)	迁出率(‰)	机械变动增长率(‰)
全　市	**296199**	**126121**	**19.62**	**8.35**	**11.26**
#锦江区	19597	6675	31.40	10.69	20.70
青羊区	19908	7945	27.42	10.94	16.47
金牛区	15669	7090	20.41	9.23	11.17
武侯区	61025	20389	44.65	14.92	29.73
成华区	18817	7400	23.61	9.29	14.33
龙泉驿区	22124	7291	29.50	9.72	19.78
青白江区	2924	2684	6.91	6.34	0.57
新都区	18890	6212	22.85	7.51	15.33
温江区	20801	5758	40.03	11.08	28.95
双流区	53204	19221	37.84	13.67	24.17
郫都区	21291	8230	32.05	12.39	19.66
新津区	1935	1335	6.07	4.18	1.88
简阳市	6178	6353	4.11	4.23	-0.12
都江堰市	3701	3237	5.96	5.21	0.75
彭州市	2208	3651	2.77	4.58	-1.81
邛崃市	1329	2765	2.04	4.25	-2.21
崇州市	1740	2576	2.64	3.91	-1.27
金堂县	2615	3960	2.90	4.39	-1.49
大邑县	1422	2149	2.80	4.23	-1.43
蒲江县	821	1200	3.07	4.49	-1.42

15-5 区(市)县婚姻、计划生育情况(2020年)

Matrimony and Family Planning in Districts, Cities at County Level and Counties(2020)

地　区	结婚登记人数(人)	离婚登记人数(人)	符合政策生育率(%)	综合避孕率(%)	一孩率(%)
全　　市	**108875**	**61214**	**99.43**	**67.48**	**62.40**
#锦 江 区	4508	2968	99.62	69.22	63.27
青 羊 区	5064	3045	99.42	73.94	67.94
金 牛 区	5455	3182	99.63	73.59	68.15
武 侯 区	12683	6663	99.77	62.21	70.74
成 华 区	5582	3686	99.90	57.86	67.71
龙泉驿区	6046	3549	99.54	67.88	59.64
青白江区	2910	2017	99.36	78.47	57.99
新 都 区	5208	3157	99.53	53.67	59.21
温 江 区	3894	2216	99.71	65.56	61.48
双 流 区	13775	6007	99.75	60.11	65.14
郫 都 区	4950	3043	99.74	60.92	55.05
新 津 区	2155	1279	99.24	69.48	57.76
简 阳 市	9037	4624	98.31	72.56	58.68
都江堰市	3567	2257	99.83	81.84	56.64
彭 州 市	4843	2897	99.62	62.63	60.26
邛 崃 市	4462	2590	99.29	68.40	60.87
崇 州 市	4187	2535	99.41	72.98	59.80
金 堂 县	5680	3029	98.81	71.01	59.67
大 邑 县	3111	1588	99.12	78.37	61.04
蒲 江 县	1758	882	99.11	71.94	58.64

15-5 续表

地 区	已婚育龄妇女人数（万人）	已婚育龄妇女按现有子女分布（%）		
		无孩	一孩	两孩
全 市	**255.78**	**10.07**	**65.91**	**22.96**
#锦 江 区	7.68	12.05	68.58	18.68
青 羊 区	11.26	10.72	71.33	17.43
金 牛 区	10.81	12.49	69.85	16.86
武 侯 区	15.80	14.01	67.89	17.29
成 华 区	11.65	11.79	70.44	17.06
龙泉驿区	13.58	7.89	66.31	24.77
青白江区	7.66	9.53	68.20	21.34
新 都 区	17.56	9.17	68.06	22.12
温 江 区	10.27	13.11	66.20	20.04
双 流 区	26.09	15.57	62.19	21.41
郫 都 区	12.62	6.86	70.29	22.22
新 津 区	5.87	9.42	69.15	20.68
简 阳 市	26.41	8.99	49.62	38.98
都江堰市	10.97	7.41	73.18	18.56
彭 州 市	13.88	6.20	70.69	22.21
邛 崃 市	11.78	11.21	67.83	20.07
崇 州 市	11.34	5.59	73.77	19.62
金 堂 县	16.13	8.65	56.42	33.03
大 邑 县	9.56	7.94	71.30	19.94
蒲 江 县	4.86	5.87	71.24	20.85

15-6 区(市)县地区生产总值(2020年)

Gross Domestic Product in Districts, Cities at County Level and Counties(2020)

单位:万元

地 区	地区生产总值	第一产业	第二产业	# 工 业	第三产业
全 市	**177166756**	**6551691**	**54185033**	**42082746**	**116430032**
#锦江区	11458965	7244	1277581	465282	10174140
青羊区	13048364	456	1809185	1151252	11238723
金牛区	13299444	845	2514542	894648	10784057
武侯区	29647789	302	4900182	2783959	24747305
成华区	11032943	466	3152037	3087392	7880440
龙泉驿区	13551914	352523	8438922	7781564	4760469
青白江区	5590721	193352	1698244	1301186	3699125
新都区	8779497	368660	2751445	2153544	5659392
温江区	6238376	231542	2332797	1821709	3674037
双流区	16122292	418833	4335271	3245612	11368188
郫都区	12336202	295473	7018298	6264474	5022431
新津区	4005909	233018	1653596	1386766	2119295
简阳市	5519345	987749	1295613	1023449	3235983
都江堰市	4416962	367610	1462724	1103870	2586628
彭州市	5073716	667131	2604040	2331601	1802545
邛崃市	3508380	537305	1442466	1079469	1528609
崇州市	4058530	502317	1909233	1617307	1646980
金堂县	4688881	659710	1816616	1172632	2212555
大邑县	3006678	476227	1160535	953514	1369916
蒲江县	1781848	250928	611706	463516	919214

15-7 区(市)县地区生产总值发展速度(2020年)

Development Rates of Gross Domestic Product in Districts, Cities at County Level and Counties(2020)

单位:%

地区	地区生产总值	第一产业	第二产业	#工业	第三产业
全市	**104.0**	**103.3**	**104.8**	**104.7**	**103.6**
#锦江区	102.0	101.4	102.8	108.8	101.9
青羊区	102.2	321.1	105.7	105.9	101.5
金牛区	102.8	102.5	107.1	105.0	101.6
武侯区	106.1	100.0	105.7	106.4	106.2
成华区	103.2	102.2	105.5	104.5	102.0
龙泉驿区	103.9	103.7	104.5	104.4	102.3
青白江区	105.7	103.2	105.6	105.2	106.0
新都区	105.2	103.8	103.6	105.2	106.5
温江区	105.1	104.3	107.4	106.0	103.1
双流区	103.8	99.8	108.0	108.2	101.9
郫都区	105.6	100.5	107.4	107.1	102.3
新津区	106.0	105.3	105.0	105.2	107.4
简阳市	101.9	102.2	95.5	96.4	106.2
都江堰市	104.1	103.5	103.3	104.9	104.9
彭州市	95.9	103.3	92.8	91.8	100.2
邛崃市	105.1	104.5	105.8	105.7	104.4
崇州市	105.8	104.1	107.6	108.4	103.3
金堂县	105.8	104.1	106.8	106.3	105.3
大邑县	104.2	106.0	104.5	106.1	103.1
蒲江县	103.9	102.3	103.1	103.8	105.3

注:发展速度以上年度为基期,按可比价格计算。

15-8 区(市)县农林牧渔业总产值

Gross Output Value of Farming, Forestry, Animal Husbandry and Fishery in Districts, Cities at County Level and Counties

单位:万元

地 区	1978 年	1980 年	1990 年	2000 年	2010 年	2019 年	2020 年
全 市	**157073**	**171518**	**601911**	**1977360**	**5183474**	**10033425**	**10719451**
#龙泉驿区	8551	8402	31264	156929	425000	632636	637031
青白江区	6540	7591	21574	67411	158625	315996	322871
新 都 区	11133	12687	44402	129089	275664	560830	590020
温 江 区	7369	7765	21371	74367	201005	365524	377994
双 流 区	17079	19464	54809	200855	507116	320624	731420
郫 都 区	11108	10958	36945	127977	274646	497590	513031
新 津 区	4924	5745	19173	80910	194844	355799	386016
简 阳 市						1192198	1555933
都江堰市	10492	11948	40924	131933	241952	556599	607146
彭 州 市	14812	17203	61611	195610	444647	1003468	1055080
邛 崃 市	10485	13377	52290	171294	387143	772907	880791
崇 州 市	14852	16075	54908	158879	378016	708208	803424
金 堂 县	13567	14985	56926	179171	449613	944972	1061555
大 邑 县	7492	9645	35912	112632	316083	681258	773725
蒲 江 县	5380	6322	22200	74275	212851	379793	408625

注:2020 年分区(市)县数据为统计用行政区划口径。

15-9 区(市)县农林牧渔业总产值(2020年)

Gross Output Value of Farming, Forestry, Animal Husbandry and Fishery in Districts, Cities at County Level and Counties(2020)

单位:万元

地区	总计	其中:				
		农业	林业	牧业	渔业	农林牧渔专业及辅助性活动
全市	10719451	6758267	282129	3031475	305350	342230
#锦江区	11889	11889				
青羊区	692	692				
金牛区	1233	1171			62	
武侯区	134	134				
成华区	841	841				
龙泉驿区	637031	385167	131479	28235	37048	55102
青白江区	322871	254256	1756	37910	8714	20235
新都区	590020	465366	1406	84779	7633	30836
温江区	377994	363955	329	3998	3544	6168
双流区	731420	633614	3639	41359	36081	16727
郫都区	513031	487700	669	2555	2187	19920
新津区	386016	181434	2917	167676	25318	8671
简阳市	1555933	788554	48652	627289	65329	26109
都江堰市	607146	441503	1436	126736	2982	34489
彭州市	1055080	776480	8277	253103	9480	7740
邛崃市	880791	386048	38449	418325	17586	20383
崇州市	803424	428847	10294	317950	19431	26902
金堂县	1061555	624970	16865	343983	29963	45774
大邑县	773725	284184	15402	429365	28589	16185
蒲江县	408625	241462	559	148212	11403	6989

15-10 区(市)县农林牧渔业总产值构成(2020年)

Gross Output Value of Farming, Forestry, Animal Husbandry and Fishery in Districts, Cities at County Level and Counties and Its Composition(2020)

单位:%

地 区	总 计	其 中:				
		农 业	林 业	牧 业	渔 业	农林牧渔专业及辅助性活动
全 市	**100.0**	**63.0**	**2.6**	**28.3**	**2.9**	**3.2**
#锦 江 区	100.0	100.0				
青 羊 区	100.0	100.0				
金 牛 区	100.0	95.0			5.0	
武 侯 区	100.0	100.0				
成 华 区	100.0	100.0				
龙泉驿区	100.0	60.5	20.6	4.4	5.8	8.7
青白江区	100.0	78.8	0.5	11.7	2.7	6.3
新 都 区	100.0	78.9	0.2	14.4	1.3	5.2
温 江 区	100.0	96.3	0.1	1.1	0.9	1.6
双 流 区	100.0	86.6	0.5	5.7	4.9	2.3
郫 都 区	100.0	95.1	0.1	0.5	0.4	3.9
新 津 区	100.0	47.0	0.8	43.4	6.6	2.2
简 阳 市	100.0	50.7	3.1	40.3	4.2	1.7
都江堰市	100.0	72.7	0.2	20.9	0.5	5.7
彭 州 市	100.0	73.6	0.8	24.0	0.9	0.7
邛 崃 市	100.0	43.8	4.4	47.5	2.0	2.3
崇 州 市	100.0	53.4	1.3	39.6	2.4	3.3
金 堂 县	100.0	58.9	1.6	32.4	2.8	4.3
大 邑 县	100.0	36.7	2.0	55.5	3.7	2.1
蒲 江 县	100.0	59.1	0.1	36.3	2.8	1.7

15-11 区(市)县年末生猪存栏数

Number of Living Hogs in Districts, Cities at County Level and Counties

单位:头

地 区	1978 年	1980 年	1990 年	2000 年	2010 年	2019 年	2020 年
全 市	**4590063**	**5421991**	**5329303**	**4331741**	**4836876**	**1582481**	**2600000**
#锦 江 区				26742	1043		
青 羊 区				32740	942		
金 牛 区	269677	283544	277319	61134	3994		
武 侯 区				20923	1169		
成 华 区				56027	15842		
龙泉驿区	227517	241606	268666	172649	98535	3624	3717
青白江区	235256	267619	248464	202242	127718	13536	16305
新 都 区	355193	400301	322210	234262	178196	10193	13913
温 江 区	167215	214417	249651	200312	96415	2322	2759
双 流 区	542336	593404	533261	323112	510513	14643	23158
郫 都 区	261455	344499	344841	261861	108292	1981	2506
新 津 区	157642	181843	202910	172552	149624	16185	74267
简 阳 市						421128	505257
都江堰市	284847	379640	332703	253086	259750	48672	101069
彭 州 市	434814	518500	486550	373744	324339	115000	230970
邛 崃 市	354797	436806	493786	550662	926946	231130	423063
崇 州 市	372526	469021	485872	310862	574869	120690	298290
金 堂 县	502264	575928	552860	584138	497282	249098	308257
大 邑 县	274919	323895	322571	313159	509657	116320	315935
蒲 江 县	149605	190968	207639	148680	431803	217959	280534

注:本表中 2010 年数据按农业普查调查结果进行了修订。

15-12 历年区(市)县

Total Grain Yield in Districts, Cities at

年 份	全 市	龙泉驿区	青白江区	新都区	温江区	双流区	郫都区	新津区
1949	1273658	57550	59710	88810	60890	155510	96710	33236
1957	1870274	78905	71760	140335	76055	193463	143020	65255
1962	1372761	48095	60370	111510	59295	117443	113790	50760
1965	1917783	82975	77990	145530	86535	189340	145745	69520
1970	2339406	107370	100345	173055	98385	240780	169290	80790
1975	2539669	132180	113290	205800	112030	286099	180380	90615
1978	2948539	156920	126085	214775	125870	332503	208028	106445
1979	3104080	159605	131755	222950	126965	335998	216370	109540
1980	3051394	156495	130740	217670	130160	344047	212992	110580
1981	3010770	149550	117340	214290	133645	330815	217861	110780
1982	3526560	171495	144160	259995	143555	399362	250940	119585
1983	3712175	180210	153415	262570	147915	412318	258840	127180
1984	3593555	186975	151900	260585	151175	389172	237195	120160
1985	3447355	176890	151670	241675	138715	372821	233170	121125
1986	3577317	170335	149669	250441	150124	387088	254201	126652
1987	3538924	171232	142942	252429	150438	372897	250029	127762
1988	3295664	155911	137991	230236	143431	338568	234655	108674
1989	3567994	176466	148740	252453	151220	386346	243844	123681
1990	3817016	187058	153745	273361	158486	416971	269136	129562
1991	3922619	189782	161912	275714	164900	437011	279412	138606
1992	3990512	196678	165086	276635	166593	437509	274367	142771
1993	3975301	170404	161258	281046	166691	435888	285296	147093
1994	3972979	170500	160438	281676	167179	429424	294634	147088
1995	3989688	172587	163254	283686	168309	432569	292139	147235
1996	4006090	172782	166824	285593	169260	428096	292192	148136
1997	4020984	172240	160677	271665	168885	422736	296379	151981
1998	4038582	171150	162409	282547	164785	422402	296462	151657
1999	3970178	165061	163377	272092	161227	413132	280063	147584
2000	3637072	125018	155671	263925	137437	371383	242205	139069
2001	3107297	102928	132257	203563	108864	295681	190756	122791
2002	2990804	74601	137962	221015	94565	294670	179377	118590
2003	2651189	52482	132909	190036	64655	258602	153472	115859
2004	2760346	50572	146918	198342	67614	286070	152593	120000
2005	2599076	52520	145605	190395	63384	280497	150596	114633
2006	2651040	51623	139262	204927	58219	286652	158822	119695
2007	2257194	35500	120863	178529	110	231223	124440	104666
2008	2216977	32989	114229	178652	212	215215	112586	103684
2009	2119334	29200	104812	170357	317	197088	99946	98332
2010	2054792	26965	98038	167802	521	182527	87750	92948
2011	1987429	24696	91856	166218	725	169574	77095	86789
2012	1934251	22178	85184	163274	1232	158375	68934	82481
2013	1891559	20445	79727	158946	1940	149580	61011	77306
2014	1808768	18628	73619	152927	2951	136997	53753	71358
2015	1774435	17324	70398	150879	4763	128725	48601	67460
2016	2307327	16601	67687	146103	8145	122712	43807	63277
2017	2318536	15899	67695	144644	7696	121420	44205	62887
2018	2302793	15166	66981	142804	7626	44880	43299	62658
2019	2259048	12551	63836	137885	7741	38520	42815	61934
2020	2278583	12797	64189	138451	8623	112582	44277	62435

注:①本表中2007-2017年数据按农业普查调查结果进行了修订。②2018年、2019年双流区数据不含四川天府新区成都直管区数据,简

粮食总产量

County Level and Counties over the Years

单位:吨

简阳市	都江堰市	彭州市	邛崃市	崇州市	金堂县	大邑县	蒲江县
174031	101460	124925	84518	123315	95544	75875	45605
238217	134295	196350	158475	175080	133102	128010	67785
169162	86890	157220	116005	141805	113043	84485	38920
251624	126710	195426	168310	184650	147963	120985	70416
349233	148285	247711	189582	217030	192538	149085	91463
365123	152380	264658	188039	216935	211019	148625	88997
428200	184225	285237	235438	257410	245199	199850	111516
443400	193885	310418	263125	274605	260504	214815	122845
539300	178835	301665	255510	253870	282109	205680	118195
475900	194610	300280	264850	265050	216615	215440	118410
580500	229930	346225	304285	307650	315752	235555	129885
632500	232225	361250	330420	332155	351130	250610	138665
623545	227700	340340	285205	350950	345765	246620	121865
623197	211835	305105	299070	339110	339120	233360	118675
656974	227581	328326	330838	350705	315512	247259	127790
678819	225417	309278	332162	345083	327089	241526	132989
615223	210891	292780	304775	318577	317010	218718	133310
687085	222647	324015	327406	332982	346236	235544	139559
702326	255716	349609	337250	357397	349793	275918	143934
721701	264161	364937	348013	367756	337694	287890	146927
725221	260557	387642	358200	369807	362942	284728	151119
572417	254986	397966	370004	369954	356033	281348	151772
633400	262847	406035	363781	379303	359200	261279	152325
711947	266579	408556	365198	379393	365046	262324	154798
713219	266596	412617	370222	379571	367342	270120	156592
714018	266650	417795	379689	385032	371452	279322	159730
714581	266630	420124	385655	385121	371929	281596	160116
759912	265568	420388	378772	383309	377661	285908	155956
735233	239895	404117	360011	369538	332631	276013	138363
563767	222914	363450	333414	339302	252783	255617	124296
685844	198826	326228	313898	333583	267163	255130	125761
576724	174009	267105	294200	296323	255478	238507	121433
660116	169614	279401	295008	302323	297327	235869	127243
699915	151166	263728	261480	293604	289811	205720	113161
556924	168494	285796	269937	314051	246687	211730	118752
635544	135653	245487	230628	266206	291785	180848	104037
629685	131701	252349	236853	265874	290883	180994	95524
599136	126169	253767	236194	258506	278206	177318	85289
596816	121372	257068	236989	252035	275208	175085	77648
602323	117561	255693	236193	245409	273852	168794	70939
582313	114404	256594	237426	241173	268405	168708	64344
586488	112049	258565	240730	235777	269416	165149	59681
562614	106968	251174	237398	226598	261817	159124	54514
554791	105123	253896	235590	222474	261519	156081	50909
562137	103084	255826	236108	216978	263447	151556	48453
566702	102975	256871	237397	219304	265085	155800	49421
561902	103162	255842	236603	217849	262409	156876	48549
545624	101298	246363	237925	218254	262152	157641	49540
546243	104841	249072	242106	220683	262487	161460	48291

阳市数据不含成都东部新区,2020 年数据为统计用行政区划口径。

15-13 区(市)县农林牧渔业主要产品产量

Yield of Major Farm Crops in Districts, Cities at County Level and Counties

单位:吨

地　区	稻谷产量		小麦产量		油菜籽产量	
	2019 年	2020 年	2019 年	2020 年	2019 年	2020 年
全　市	**1188979**	**1192521**	**162842**	**161807**	**312704**	**304382**
#锦 江 区						
青 羊 区					25	14
金 牛 区	27	45			48	38
武 侯 区						
成 华 区						
龙泉驿区	3138	3118			2716	2660
青白江区	28950	28998	5085	4758	11662	10550
新 都 区	108782	109036	20277	20125	16405	15999
温 江 区	7013	8061	64	57	481	471
双 流 区	75190	72443	2795	2784	21201	19003
郫 都 区	38768	39926	1477	1427	8707	8625
新 津 区	48258	48416	8036	8092	10102	10127
简 阳 市	117591	115313	10185	7813	82108	74079
都江堰市	84707	87675	1978	1959	27098	28214
彭 州 市	181078	181594	3938	4840	16836	13985
邛 崃 市	147602	149652	31981	31574	22379	24448
崇 州 市	168167	170218	32235	32468	27016	27131
金 堂 县	67115	67158	11668	11624	44841	46808
大 邑 县	95146	96754	33125	34287	7104	8607
蒲 江 县	17447	14114			13975	13623

15-13 续表 1

单位:吨

地 区	蔬菜及食用菌产量		水果产量		禽蛋产量	
	2019 年	2020 年	2019 年	2020 年	2019 年	2020 年
全 市	**6062099**	**6104021**	**1703575**	**1722152**	**195041**	**184104**
#锦 江 区	469	503	2			
青 羊 区	371	1459				
金 牛 区	3389	3421				
武 侯 区	364	378				
成 华 区	1059	1078				
龙泉驿区	141228	150548	157661	146651	206	206
青白江区	195097	203940	31878	35544	6178	3502
新 都 区	301713	322472	26366	27253	8354	6234
温 江 区	53042	55201	366	358	1394	788
双 流 区	447182	449158	220915	211295	2486	1719
郫 都 区	780465	704122	5812	5984	296	123
新 津 区	213493	225693	50571	53757	12351	10300
简 阳 市	537219	524806	232411	219051	30855	32326
都江堰市	247092	269876	43916	51831	10926	7773
彭 州 市	1162273	1177659	35708	39504	11421	11806
邛 崃 市	306633	315998	172340	175753	10195	10250
崇 州 市	316968	327425	31414	30493	41407	38282
金 堂 县	920462	935283	263084	268923	29740	31127
大 邑 县	219037	226326	45848	45505	24868	25040
蒲 江 县	214543	208675	385283	410250	4363	4628

15-13 续表 2

地区	水产品（吨）		出栏生猪头数（头）		出栏羊只数（只）	
	2019 年	2020 年	2019 年	2020 年	2019 年	2020 年
全 市	**149321**	**149464**	**3692287**	**4003943**	**814231**	**829668**
#锦江区						
青羊区						
金牛区	60	72				
武侯区						
成华区						
龙泉驿区	9452	8977	5200	8457	1139	1453
青白江区	5860	7585	53051	31008	10732	7391
新都区	2604	2695	41818	30070	354	553
温江区	766	610	6201	6039	5	116
双流区	21155	21946	85320	35020	7546	7632
郫都区	998	1091	4885	6968	26	19
新津区	12600	10000	125960	168892	4051	4231
简阳市	33159	32066	621087	700783	539999	538595
都江堰市	1310	1313	238387	220959	8901	9876
彭州市	3759	3131	285172	349132	7324	7411
邛崃市	14059	15841	681158	701535	19670	22753
崇州市	10756	10491	366129	450178	15971.5	16474
金堂县	15993	16841	452873	472454	174311	188405
大邑县	9234	9610	347173	436751	19673	20145
蒲江县	7556	7195	377873	385697	4528	4614

15-13 续表 3

单位:吨

地区	肉类总产量		#猪肉		牛奶	
	2019 年	2020 年	2019 年	2020 年	2019 年	2020 年
全　市	**437234**	**441391**	**268559**	**280962**	**77120**	**80173**
#锦江区						
青羊区						
金牛区						
武侯区						
成华区						
龙泉驿区	789	1033	374	593		
青白江区	6494	4147	3985	2176	6107	5258
新都区	8899	7929	3098	2110	6471	3650
温江区	770	654	460	424		
双流区	10208	6470	6355	2457	3111	1119
郫都区	553	687	355	489	47	87
新津区	29380	28453	9243	11251	1648	967
简阳市	71115	75577	44901	49175	1659	212
都江堰市	31899	27856	17610	16105	1850	1540
彭州市	33900	36742	20320	24459	6721	6283
邛崃市	64206	63856	49693	49728	31002	42029
崇州市	44236	47881	26510	30789	7050	6038
金堂县	55579	58019	33273	33823	11229	12882
大邑县	42900	46843	24622	29307	217	
蒲江县	36306	35245	27759	28076	8	108

15-14 历年区(市)县

Per Capita Disposable Income of Rural Residents in Districts,

年 份	全 市	龙泉驿区	青白江区	新都区	温江区	双流区	郫都区	新津区
1949	32	30	23	24	45	40	42	23
1957	54	62	35	56	80	72	77	48
1962	44	43	47	53	66	58	62	39
1965	67	71	57	87	103	65	101	54
1970	82	80	74	124	125	72	120	68
1975	90	93	80	132	132	80	135	70
1978	140	155	129	156	176	130	168	151
1979	175	179	142	202	204	141	188	206
1980	223	221	187	259	262	192	238	225
1981	276	194	133	303	304	227	281	291
1982	310	260	195	374	323	265	325	327
1983	334	298	213	375	373	305	359	329
1984	366	308	280	459	392	343	405	346
1985	413	359	357	492	433	378	457	435
1986	458	470	420	549	490	435	493	470
1987	526	528	467	625	553	507	552	553
1988	632	570	526	684	624	596	584	595
1989	693	790	598	746	702	650	667	630
1990	773	692	649	876	791	690	707	635
1991	832	831	755	987	880	745	821	773
1992	903	944	820	1067	969	850	868	865
1993	1029	1046	906	1167	1128	1029	1036	968
1994	1303	1378	1160	1498	1560	1375	1415	1330
1995	1649	1703	1463	1769	1891	1771	1844	1710
1996	2051	2047	1815	2202	2318	2226	2190	2087
1997	2427	2499	2196	2417	2556	2578	2555	2420
1998	2631	2699	2418	2623	2763	2808	2771	2635
1999	2783	2881	2570	2793	2936	2979	2942	2787
2000	2926	3041	2713	2943	3092	3141	3098	2933
2001	3178	3268	2944	3114	3298	3308	3270	3072
2002	3377	3493	3141	3345	3527	3517	3480	3248
2003	3655	3755	3351	3661	3838	3831	3782	3558
2004	4072	4207	3787	4141	4345	4293	4210	4013
2005	4485	4679	4175	4605	4864	4767	4700	4462
2006	4905	5124	4552	5033	5351	5227	5156	4862
2007	5642	5934	5231	5803	6245	6079	5996	5523
2008	6481	7255	6236	7086	7611	7129	7320	6417
2009	7129	7901	6767	7699	8264	7718	7944	6962
2010	8205	9248	7871	8985	10007	9030	9271	8020
2011	9895	11079	9369	10800	12028	10818	11107	9669
2012	11501	12554	10612	12256	13628	12262	12595	11064
2013	12985	14098	12045	13800	15345	13758	14132	12524
2014	14478	15649	13551	15345	17125	15299	15701	14102
2015	17690	21640	17812	19349	21508	20610	20400	16856
2016	18605	23501	19380	21071	23401	22609	22134	18492
2017	20298	25593	21085	22926	25437	24772	24060	20194
2018	22135	27742	22856	24828	27523	26877	26081	22112
2019	24357	30405	25004	27237	30138	29458	28559	24345
2020	26432	32863	27099	29547	32635	31898	30897	26482

农村居民人均可支配收入

Cities at County Level and Counties over the Years

单位:元

简阳市	都江堰市	彭州市	邛崃市	崇州市	金堂县	大邑县	蒲江县
	33	37	29	32	21	38	22
	67	70	52	52	34	66	32
	45	48	36	41	35	63	36
	66	65	60	64	50	80	59
	73	83	68	75	63	110	79
	75	85	60	67	61	111	83
	121	131	122	131	138	136	135
	172	181	135	154	144	187	195
	197	229	208	224	151	198	202
	262	271	237	272	156	247	257
	278	309	253	321	197	340	341
	315	350	264	354	236	377	351
	347	366	345	422	278	384	359
	399	404	429	438	310	442	417
	456	466	477	500	343	464	459
	503	543	522	609	390	501	505
	622	671	644	688	443	611	559
	666	696	684	719	502	711	626
	692	742	711	819	552	754	651
	777	831	754	846	609	803	788
	835	915	832	884	660	891	859
	1020	1026	941	1044	777	1066	950
	1330	1347	1227	1326	1081	1327	1220
	1758	1763	1580	1682	1424	1654	1544
	2219	2195	1944	2100	1808	2034	1909
	2434	2487	2209	2447	2187	2343	2188
	2636	2710	2420	2652	2390	2572	2443
	2788	2841	2572	2803	2543	2737	2596
	2933	2984	2715	2946	2686	2887	2739
	3193	3062	2886	3075	2804	3060	2898
	3389	3257	3070	3269	2951	3252	3093
	3609	3485	3251	3502	3123	3438	3300
	4038	3847	3622	3899	3482	3872	3708
	4466	4262	4022	4266	3834	4282	4130
	4852	4635	4359	4616	4143	4649	4472
	5536	5275	4969	5222	4690	5314	5094
	5400	5228	5689	5970	5410	6095	5856
	5832	5602	6110	6412	5800	6538	6298
	7086	6672	7071	7464	6699	7544	7330
	9671	8647	8598	9084	8215	9095	8855
	10417	9793	9833	10406	9409	10406	10135
	11792	11066	11101	11780	10670	11759	11453
	13266	12438	12444	13241	12078	13229	12839
12323	16506	16319	15536	16269	14765	16511	16547
13531	18140	17935	17027	17896	16212	18096	18119
14884	19846	19549	18611	19543	17720	19743	19768
16298	21672	21386	20398	21438	19368	21618	21626
18009	23861	23504	22499	23625	21305	23737	23788
19643	25980	25520	24497	25747	23153	39652	39016

15-15 区(市)县农村居民人均收支情况(2020年)

Per Capita Income and Annual Expenditure of Rural Residents in Districts, Cities at County Level and Counties(2020)

单位:元

地　区	农村居民人均可支配收入		人均生活消费支出	
	绝对数	比上年±%	绝对数	比上年±%
全　市	**26432**	**8.5**	**18501**	**5.3**
#龙泉驿区	32863	8.1	23213	4.6
青白江区	27099	8.4	18587	4.7
新都区	29547	8.5	19729	4.3
温江区	32635	8.3	23550	7.8
双流区	31898	8.3	21769	6.5
郫都区	30897	8.2	20391	4.3
新津区	26482	8.8	19231	5.1
简阳市	19643	9.1	14439	4.8
都江堰市	25980	8.9	18791	4.0
彭州市	25520	8.6	18479	7.5
邛崃市	24497	8.9	17764	4.3
崇州市	25747	9.0	16006	3.8
金堂县	23153	8.7	16140	6.5
大邑县	25821	8.8	19011	6.3
蒲江县	25805	8.5	16227	4.2

15-16 成都各区(市)县粮食产量情况(2020年)

Annual Grain Output of the Main Grain-producing County in Chengdu(2020)

单位:万亩、万吨

区(市)县	全年粮食		其中:夏收粮食		#小麦		其中:秋收粮食		#水稻		#玉米	
	面积	产量	面积	产量	面积	产量	面积	产量	面积	产量	面积	产量
全　市	568.53	227.86	99.96	26.31	51.85	16.18	468.57	201.55	222.86	119.25	144.33	56.99
#龙泉驿区	3.90	1.28	0.87	0.19	0.00	0.00	3.03	1.09	0.57	0.31	1.31	0.46
青白江区	16.60	6.42	3.89	1.10	1.38	0.48	12.71	5.32	5.39	2.90	4.96	1.74
新都区	28.91	13.85	6.98	2.28	6.08	2.01	21.93	11.57	19.97	10.90	0.85	0.35
温江区	1.73	0.88	0.08	0.02	0.02	0.01	1.64	0.85	1.49	0.81	0.06	0.02
双流区	25.84	11.26	2.70	0.75	0.87	0.28	23.14	10.51	13.10	7.24	5.34	2.11
郫都区	8.69	4.43	0.63	0.20	0.45	0.14	8.06	4.23	7.38	3.99	0.47	0.19
新津区	13.24	6.24	2.96	0.90	2.64	0.81	10.28	5.35	8.90	4.84	0.97	0.40
简阳市	165.21	54.62	23.59	3.68	3.68	0.78	141.62	50.94	23.39	11.53	68.29	26.70
都江堰市	21.40	10.48	0.80	0.25	0.62	0.20	20.60	10.24	16.70	8.77	3.25	1.33
彭州市	54.22	24.91	6.79	1.96	1.48	0.48	47.43	22.95	33.32	18.16	7.57	3.16
邛崃市	56.53	24.21	11.73	3.58	10.12	3.16	44.80	20.63	28.03	14.97	11.54	4.56
崇州市	46.95	22.07	11.29	3.49	10.44	3.25	35.66	18.57	31.29	17.02	2.96	1.19
金堂县	73.89	26.25	13.35	3.51	3.53	1.16	60.53	22.74	12.30	6.72	26.55	10.73
大邑县	37.81	16.15	11.37	3.63	10.54	3.43	26.44	12.52	18.29	9.68	6.12	2.46
蒲江县	13.60	4.81	2.93	0.78	0.00	0.00	10.67	4.03	2.73	1.41	4.09	1.57

15-17 成都市各区(市)县生猪生产情况(2020年)

Situation of the Main Pig-producing County in Chengdu(2020)

单位:万头、万吨

县名	期末存栏(万头)		能繁母猪(万头)		全年出栏(万头)		猪肉产量(万吨)	
	2020年	比上年±%	2020年	比上年±%	2020年	比上年±%	2020年	比上年±%
全市	260.00	64.3	23.81	52.4	400.39	8.4	28.10	4.6
#龙泉驿区	0.37	2.6	0.03	3.6	0.85	62.6	0.06	58.2
青白江区	1.63	20.5	0.15	25.3	3.10	-41.6	0.22	-45.4
新都区	1.39	36.5	0.10	21.0	3.01	-28.1	0.21	-31.9
温江区	0.28	18.8	0.02	12.8	0.60	-2.6	0.04	-7.9
双流区	2.32	58.2	0.17	20.0	3.50	-59.0	0.25	-61.3
郫都区	0.25	26.5	0.01	-30.6	0.70	42.6	0.05	37.7
新津区	7.43	358.9	0.61	280.6	16.89	34.1	1.13	21.7
简阳市	50.53	20.0	4.35	3.9	70.08	12.8	4.92	9.5
都江堰市	10.11	107.7	0.92	137.1	22.10	-7.3	1.61	-8.5
彭州市	23.10	100.8	2.26	75.6	34.91	22.4	2.45	20.4
邛崃市	42.31	83.0	4.12	85.7	70.15	3.0	4.97	0.1
崇州市	29.83	147.2	2.54	140.5	45.02	23.0	3.08	16.1
金堂县	30.83	23.7	2.99	21.3	47.25	4.3	3.38	1.7
大邑县	31.59	171.6	2.80	142.5	43.68	25.8	2.93	19.0
蒲江县	28.05	28.7	2.74	19.1	38.57	2.1	2.81	1.1

15-18 区(市)县规模以上工业企业主要经济指标(2020年)

Main Indicators of Industrial Enterprises above Designed Size in Districts, Cities at County Level and Counties(2020)

单位:万元

地 区	企业数（个）		#亏损企业	亏损面(%)
	绝对数	占全市的比重(%)		
全 市	**3691**	**100**	**628**	**17.01**
#锦江区	9	0.24		
青羊区	24	0.65	3	12.5
金牛区	40	1.08	1	2.5
武侯区	215	5.82	34	15.81
成华区	34	0.92	4	11.76
龙泉驿区	356	9.65	63	17.7
青白江区	231	6.26	28	12.12
新都区	275	7.45	39	14.18
温江区	263	7.13	38	14.45
双流区	389	10.54	80	20.57
郫都区	428	11.6	71	16.59
新津区	122	3.31	18	14.75
简阳市	113	3.06	24	21.24
都江堰市	187	5.07	35	18.72
彭州市	156	4.23	27	17.31
邛崃市	215	5.82	38	17.67
崇州市	183	4.96	37	20.22
金堂县	181	4.9	37	20.44
大邑县	167	4.52	26	15.57
蒲江县	103	2.79	25	24.27

注:规模以上工业企业指年主营业务收入在2000万元及以上的工业企业。

15-18 续表1

单位:万元

地 区	利税总额		利润总额		亏损企业亏损额	
	绝对数	占全市的比重(%)	绝对数	占全市的比重(%)	绝对数	占全市的比重(%)
全 市	**16992020**	**100**	**9507413**	**100**	**1016419**	**100**
#锦 江 区	67956	0.40	55607	0.58		
青 羊 区	357834	2.11	323842	3.41	845	0.08
金 牛 区	246751	1.45	155944	1.64	272	0.03
武 侯 区	2462223	14.49	1669754	17.56	258826	25.46
成 华 区	1208762	7.11	881487	9.27	18136	1.78
龙泉驿区	4300236	25.31	1329238	13.98	124293	12.23
青白江区	296925	1.75	215646	2.27	64201	6.32
新 都 区	655205	3.86	415824	4.37	27716	2.73
温 江 区	511435	3.01	373194	3.93	29234	2.88
双 流 区	870018	5.12	639927	6.73	150332	14.79
郫 都 区	2651043	15.60	1663636	17.50	175507	17.27
新 津 区	221019	1.30	153431	1.61	5085	0.50
简 阳 市	312546	1.84	198504	2.09	11190	1.10
都江堰市	1488602	8.76	499622	5.26	14996	1.48
彭 州 市	219670	1.29	148308	1.56	23005	2.26
邛 崃 市	360945	2.12	264357	2.78	7425	0.73
崇 州 市	179147	1.05	120730	1.27	5660	0.56
金 堂 县	267024	1.57	222550	2.34	64100	6.31
大 邑 县	204711	1.20	126283	1.33	15450	1.52
蒲 江 县	109967	0.65	49527	0.52	20146	1.98

15-18 续表 2

地　区	资产总计(万元)		营业收入(万元)		从业人员平均人数(人)	
	绝对数	占全市的比重(%)	绝对数	占全市的比重(%)	绝对数	占全市的比重(%)
全　市	**197495635**	**100**	**149664886**	**100**	**1032041**	**100**
#锦 江 区	658565	0.33	297711	0.20	2177	0.21
青 羊 区	6446647	3.26	4844855	3.24	11591	1.12
金 牛 区	2705485	1.37	1168901	0.78	11194	1.08
武 侯 区	44467490	22.52	19329698	12.92	142611	13.82
成 华 区	14575310	7.38	9253715	6.18	60469	5.86
龙泉驿区	20175372	10.22	19225639	12.85	87273	8.46
青白江区	5384369	2.73	4635525	3.10	31746	3.08
新 都 区	7724650	3.91	5506592	3.68	58457	5.66
温 江 区	5501585	2.79	4110963	2.75	47288	4.58
双 流 区	21010067	10.64	14730357	9.84	79469	7.70
郫 都 区	38136159	19.31	38709823	25.86	227733	22.07
新 津 区	2225929	1.13	2345372	1.57	20086	1.95
简 阳 市	2803183	1.42	1851548	1.24	15248	1.48
都江堰市	7174766	3.63	6920727	4.62	32767	3.17
彭 州 市	2427467	1.23	2372074	1.58	24098	2.33
邛 崃 市	5393272	2.73	4935671	3.30	95177	9.22
崇 州 市	2569911	1.30	1983005	1.32	19270	1.87
金 堂 县	4532970	2.30	3725480	2.49	28339	2.75
大 邑 县	2697262	1.37	2835770	1.89	27730	2.69
蒲 江 县	885177	0.45	881460	0.59	9318	0.90

15-18 续表3

单位:%

地 区	总资产贡献率	成本费用利润率	资产负债率	流动资产周转次数(次)
全 市	**9.1**	**6.89**	**55.7**	**1.56**
#锦江区	10.31	22.92	31.72	1.13
青羊区	5.40	7.16	62.19	1.18
金牛区	9.30	15.77	38.35	0.72
武侯区	6.41	9.22	49.53	1.78
成华区	8.44	10.51	35.56	2.58
龙泉驿区	21.36	8.51	60.27	1.55
青白江区	7.02	4.81	69.94	1.57
新都区	9.00	8.19	52.73	1.23
温江区	9.69	9.89	44.52	1.39
双流区	4.77	4.52	67.46	1.68
郫都区	7.22	4.46	65.29	1.42
新津区	10.48	7.00	47.14	1.86
简阳市	11.81	11.71	49.25	1.33
都江堰市	21.09	8.71	30.42	2.39
彭州市	9.63	6.67	57.23	1.80
邛崃市	7.17	5.69	63.94	1.51
崇州市	7.84	6.45	59.76	1.42
金堂县	6.97	6.56	65.91	1.30
大邑县	7.92	4.66	58.10	1.65
蒲江县	13.17	6.17	53.75	1.98

15-19 区(市)县工业集中发展区主要经济指标(2020年)

Main Indicators of Centralized Industrial Development Zone(2020)

地 区	企业数(户)		签约工业企业数(户)	开工建设工业企业数(户)	竣工投产工业企业数(户)
	绝对数	占集中区的比重(%)			
集中发展区合计	**2796**		**455**	**740**	**600**
#锦 江 区	4	0.14			
青 羊 区	15	0.54			
金 牛 区	33	1.18	60		
武 侯 区	177	6.33	2	11	9
成 华 区	20	0.71	11	7	22
龙泉驿区	315	11.27			
青白江区	148	5.29	8	12	6
新 都 区	155	5.54	29	53	34
温 江 区	222	7.94	30	95	67
双 流 区	314	11.23	12	12	12
郫 都 区	378	13.52	102	282	265
新 津 区	140	5.01	11	25	11
简 阳 市	90	3.22			
都江堰市	88	3.15	47	38	30
彭 州 市	74	2.65	26	20	14
邛 崃 市	114	4.08	21	15	8
崇 州 市	137	4.90	41	48	29
金 堂 县	161	5.76	3	15	15
大 邑 县	138	4.93	7	62	44
蒲 江 县	73	2.61	45	45	34

注:此表数据为快报数。

15-19 续表

单位:亿元

地区	合同协议投资额	实际到位资金	营业收入(亿元)		利税总额(亿元)	
			绝对数	比上年同期±%	绝对数	比上年同期±%
集中发展区合计	**1372.2**	**143.3**	**11722.3**	**10.0**	**1222.4**	**18.4**
#锦江区			6.8	23.6	0.7	16.7
青羊区			63.2	5.7	7.8	6.8
金牛区	73.0	30.9	77.5	-8.7	13.3	-1.5
武侯区	23.4	0.5	1812.9	0.4	234.4	15.8
成华区	154.0	16.1	99.8	67.7	5.5	266.7
龙泉驿区			1774.2	5.7	417.9	20.6
青白江区	100.2	0.3	327.2	2.6	24.6	同期为负
新都区	136.9	6.5	386.1	-5.8	46.1	-0.4
温江区	151.6	20.0	367.7	-7.7	45.0	0.2
双流区	94.8	27.1	1343.6	22.1	71.9	31.7
郫都区	34.1	1.8	3647.0	25.5	183.9	25.1
新津区	32.8	0.4	335.2	5.2	23.5	158.2
简阳市			137.4	-36.8	12.6	-46.2
都江堰市	22.1	10.0	129.1	-7.0	23.2	-5.3
彭州市	136.7	4.8	140.7	5.6	28.7	6.3
邛崃市			194.6	-2.6	18.8	-11.7
崇州市	166.4	16.4	394.7	15.1	28.0	-15.7
金堂县			182.4	8.8	16.0	64.9
大邑县	18.9	1.4	258.6	4.2	17.8	11.3
蒲江县	227.4	7.3	43.7	-30.4	2.7	-43.7

注:此表数据为快报数。

15-20 区(市)县全社会固定资产投资发展速度(2020年)

Total Investment in Fixed Assets in Districts, Cities at County Level and Counties(2020)

单位:%

地 区	固定资产投资	#工业技改	#房地产开发
全 市	**109.9**	**98.8**	**109.2**
#锦 江 区	87.2	171.4	62.4
青 羊 区	106.3	155.1	132.0
金 牛 区	109.4	118.4	102.2
武 侯 区	109.9	104.6	106.9
成 华 区	108.9	122.6	92.0
龙泉驿区	103.8	108.8	112.7
青白江区	112.3	126.3	103.5
新 都 区	110.9	50.5	119.1
温 江 区	108.3	70.6	122.7
双 流 区	110.9	86.2	102.2
郫 都 区	103.7	118.6	107.4
新 津 区	116.2	93.0	162.2
简 阳 市	112.4	97.1	136.3
都江堰市	116.2	103.0	134.5
彭 州 市	111.7	69.1	160.8
邛 崃 市	110.3	96.8	138.4
崇 州 市	113.4	82.0	179.1
金 堂 县	112.8	118.1	120.2
大 邑 县	108.3	86.1	140.8
蒲 江 县	112.4	65.6	147.8

15-21 区(市)县教育情况(2020年)

Main Indicators on Education in Districts, Cities at County Level and Counties(2020)

地　区	普通中学			普通小学			初　中
	学　校 (所)	在校学生 (人)	专任教师 (人)	学　校 (所)	在校学生 (人)	专任教师 (人)	入学率 (%)
全　市	**635**	**663943**	**56018**	**623**	**1062195**	**61677**	**100**
#锦江区	15	29304	2619	36	51694	3503	100
青羊区	16	33244	2909	32	60824	3349	100
金牛区	29	42600	3456	48	72209	4020	100
武侯区	62	66118	5980	68	128129	7809	100
成华区	21	26701	2098	28	61220	3285	100
龙泉驿区	26	34822	2963	39	60563	3613	100
青白江区	14	17398	1441	12	23532	1300	100
新都区	43	44317	3589	33	84512	4461	100
温江区	23	25788	2207	17	49204	2871	100
双流区	57	63313	5872	57	106535	6342	100
郫都区	43	40236	3322	18	61302	3137	100
新津区	18	12902	1212	15	17758	993	100
简阳市	104	66570	4823	31	65974	3807	100
都江堰市	27	25006	2240	25	36683	2541	100
彭州市	29	25155	2415	25	39491	2221	100
邛崃市	31	23031	1800	31	29095	1635	100
崇州市	17	22682	1932	32	32702	1803	100
金堂县	28	37807	2682	50	43600	2687	100
大邑县	20	18057	1554	16	24896	1430	100
蒲江县	12	8892	904	10	12272	870	100

15-22 区(市)县卫生情况(2020年)

Main Indicators on Health Care in Districts, Cities at County Level and Counties(2020)

地 区	卫生机构(个)	#医院、卫生院	医疗机构床位数(张)	卫生技术人员(人)
全 市	**11954**	**630**	**153663**	**195248**
#锦 江 区	569	30	8652	11825
青 羊 区	674	51	13400	21006
金 牛 区	741	45	12522	15146
武 侯 区	1339	110	24106	43075
成 华 区	688	50	7516	11498
龙泉驿区	541	26	4677	6929
青白江区	241	13	3902	3466
新 都 区	675	25	6577	8926
温 江 区	573	26	6270	7542
双 流 区	1093	45	8879	13556
郫 都 区	669	24	6747	8539
新 津 区	170	10	2918	2797
简 阳 市	911	14	8083	6956
都江堰市	468	33	7081	6714
彭 州 市	561	33	6911	5871
邛 崃 市	446	21	5140	4249
崇 州 市	512	29	6396	5806
金 堂 县	474	20	6955	4954
大 邑 县	443	18	4693	4359
蒲 江 县	166	7	2238	2034

15-23 区(市)县社会消费品零售总额(2020年)

Total Retail Sale of Consumable Goods in Districts, Cities at County Level and Counties(2020)

单位:万元

地 区	社会消费品零售总额	在总额中:		在总额中:	
		商品零售	餐饮收入	城镇的零售额	乡村的零售额
全 市	**81185362**	**69943220**	**11242142**	**78173610**	**3011752**
#锦 江 区	11645730	10085858	1559872	11645730	
青 羊 区	9475063	8337579	1137484	9475063	
金 牛 区	8659501	7799424	860077	8659501	
武 侯 区	16630547	15381349	1249199	16630547	
成 华 区	5553526	4850178	703349	5553526	
龙泉驿区	2300615	1874306	426308	2006885	293730
青白江区	1341703	951248	390455	1187424	154279
新 都 区	3026687	2521616	505071	2788205	238482
温 江 区	1484854	1057602	427251	1240040	244814
双 流 区	6449803	5852164	597638	6135640	314163
郫 都 区	2950612	2561043	389569	2805369	145244
新 津 区	925653	721403	204250	757725	167927
简 阳 市	3581055	2479425	1101630	3268794	312261
都江堰市	1509170	1025953	483217	1332274	176896
彭 州 市	1078560	811903	266657	886537	192023
邛 崃 市	1000885	813852	187033	925087	75798
崇 州 市	1134554	943041	191513	1039147	95407
金 堂 县	1204474	960595	243878	994326	210148
大 邑 县	841210	658110	183100	556971	284240
蒲 江 县	391162	256570	134592	284819	106343

15-24 区(市)县一般公共预算收入(2020年)

General Public Budget Revenue in Districts, Cities at County Level and Counties(2020)

单位:万元

地 区	一般公共预算收入	# 增值税	# 企业所得税	# 个人所得税	政府性基金收入
全 市	**15203788**	**3425015**	**1832562**	**596496**	**18914277**
#锦 江 区	827264	266780	114097	41990	146013
青 羊 区	866875	301212	176008	55856	494276
金 牛 区	846789	289873	103331	40748	38198
武 侯 区	952323	381192	176366	69584	240000
成 华 区	790779	180852	73884	24865	35534
龙泉驿区	749978	209739	98009	22963	828089
青白江区	385366	76183	20592	5597	672297
新 都 区	676244	142409	57429	18303	758115
温 江 区	461988	91044	41345	16184	736455
双 流 区	775560	148247	115251	40382	1225533
郫 都 区	471651	97769	44821	12364	425921
新 津 区	303381	47901	25082	7906	526029
简 阳 市	300726	55837	29033	4361	349011
都江堰市	362094	68398	23710	8097	449996
彭 州 市	359485	113124	28362	7361	365448
邛 崃 市	276530	47536	15134	2719	381088
崇 州 市	282628	59395	21732	4655	340197
金 堂 县	385994	39476	10424	4262	500262
大 邑 县	156949	41026	9614	6035	171147
蒲 江 县	109366	27564	5901	2094	246597

注:本表武侯区数据不含高新南区,双流区数据不含四川天府新区成都直管区,郫都区数据不含高新西区,简阳市数据不含成都东部新区。

15-25 区(市)县一般公共预算支出(2020年)

General Public Budget Expenditures in Districts, Cities at County Level and Counties(2020)

单位:万元

地 区	一般公共预算支出	# 一般公共服务	# 教 育	# 社会保障和就业	政府性基金支出
全 市	**21594765**	**3277272**	**2138767**	**1708188**	**22405088**
#锦江区	568262	136905	90230	24836	403501
青羊区	589154	132089	94881	43957	600459
金牛区	714107	163598	74652	39419	294619
武侯区	850323	199394	131564	45881	419631
成华区	752322	142650	64308	46931	461556
龙泉驿区	1114030	207148	88869	74517	1325795
青白江区	714606	96877	40759	24568	920767
新都区	1042326	163161	90795	82909	620483
温江区	714403	129157	52439	61297	803010
双流区	1023585	188811	77499	72859	1549842
郫都区	692667	138514	77199	56417	478945
新津区	426374	52879	31248	29898	669815
简阳市	707576	124133	116090	71826	456720
都江堰市	571810	96573	76486	47751	493158
彭州市	583480	111718	89031	73283	443219
邛崃市	542619	76508	57794	39344	323413
崇州市	475682	100246	57353	38324	418706
金堂县	645662	126797	79493	35926	830803
大邑县	354552	63823	49944	28607	259031
蒲江县	243604	39094	27241	20174	276814

注:本表武侯区数据不含高新南区,双流区数据不含四川天府新区成都直管区,郫都区数据不含高新西区,简阳市数据不含成都东部新区。

15-26 区(市)县税收情况(2020年)

Main Indicators of Taxation in Districts, Cities at County Level and Counties(2020)

单位:万元

地 区	合 计	内资企业			
		小 计	#国有企业	#集体企业	#联营企业
全 市	**30485796**	**24448543**	**2209445**	**102352**	**30943**
#锦 江 区	1861602	1410800	130404	1340	40
青 羊 区	2460773	2258056	691275	9962	156
金 牛 区	1498852	1332958	175201	5060	34
武 侯 区	2420282	2204459	88767	5639	78
成 华 区	1365281	1211491	166823	3671	57
龙泉驿区	3469920	2529558	23687	11086	33
青白江区	494946	433135	5165	2092	
新 都 区	1026543	822483	37763	9010	9
温 江 区	742853	575670	15788	1396	9
双 流 区	1472902	1153686	18710	1537	251
郫 都 区	732108	610753	33740	4297	69
新 津 区	387519	313392	3766	113	2
简 阳 市	422818	377216	5111	8673	
都江堰市	492398	447653	34062	970	60
彭 州 市	1188984	1059123	3036	309	
邛 崃 市	319595	290527	6713	761	
崇 州 市	425484	379419	21716	141	10
金 堂 县	328835	282197	3499	231	
大 邑 县	241095	214706	3376	458	1
蒲 江 县	168085	149803	1542	1720	

注:本表武侯区数据不含高新南区,双流区数据不含四川天府新区成都直管区,郫都区数据不含高新西区,简阳市数据不含成都东部新区。

15-26 续表

单位:万元

地　区	内资企业 #股份公司	内资企业 #私营企业	港澳台及外商投资企业	个体经营
全　市	**17333687**	**3471961**	**3884791**	**2152462**
#锦 江 区	1066760	176176	407373	43429
青 羊 区	1306608	178127	175471	27246
金 牛 区	825695	272323	77315	88579
武 侯 区	1540769	443570	168514	47309
成 华 区	835308	184916	89326	64464
龙泉驿区	2125197	330662	848451	91911
青白江区	350400	64471	32139	29672
新 都 区	577636	174439	106271	97789
温 江 区	444972	76472	82549	84634
双 流 区	866852	174777	202962	116254
郫 都 区	442540	116413	43664	77691
新 津 区	264750	40928	31118	43009
简 阳 市	262360	78988	11248	34354
都江堰市	366671	37662	6841	37904
彭 州 市	1028983	18898	107195	22666
邛 崃 市	201837	74011	4536	24532
崇 州 市	287164	57721	19044	27021
金 堂 县	253285	15404	23975	22663
大 邑 县	159594	48869	6631	19758
蒲 江 县	92866	50790	3709	14573

15-27 区(市)县上划中央增值税和消费税情况

Value-added Tax and Consumption Tax Turned over to Central Government in Districts, Cities at County Level and Counties

单位:万元

地 区	2016 年	2017 年	2018 年	2019 年	2020 年
全 市	**6317720**	**8417371**	**8972475**	**9523560**	**9028114**
#锦 江 区	270232	409959	453872	440003	469062
青 羊 区	471374	628245	684699	760580	754271
金 牛 区	261671	408175	483150	498374	323429
武 侯 区	287788	491421	592780	579696	601472
成 华 区	181457	272602	287616	295450	286736
龙泉驿区	1685302	1785648	1954642	1943861	1975071
青白江区	68274	92260	92000	106917	117209
新 都 区	198073	243795	259455	237737	233837
温 江 区	139641	168765	164315	149801	140752
双 流 区	234860	296984	180010	187309	226099
郫 都 区	107826	156366	162243	166310	152460
新 津 区	42634	61514	72442	77459	72870
简 阳 市	52948	75761	87785	85603	87423
都江堰市	92668	118977	119124	141610	115575
彭 州 市	754753	811296	569237	1090284	744182
邛 崃 市	45532	63579	84005	92200	83016
崇 州 市	63656	77066	105863	111180	98816
金 堂 县	36670	64494	63725	58904	61753
大 邑 县	45996	61406	67881	70928	65112
蒲 江 县	16864	26124	38488	46052	61714

注:本表武侯区数据不含高新南区,双流区数据不含四川天府新区成都直管区,郫都区数据不含高新西区,简阳市数据不含成都东部新区。

15-28 区(市)县金融存贷款指标(2020年)

Main Indicators on Banking in Districts(2020)

单位:万元

地 区	年末金融机构人民币存款余额	# 住户存款	年末金融机构人民币贷款余额
全 市	**422655764**	**170849889**	**396862375**
#龙泉驿区	12827030	7854058	8488657
青白江区	5077683	3155319	3027234
新 都 区	12011557	8372361	5842183
温 江 区	9146304	5896667	6174966
双 流 区	18921432	11576069	13893644
郫 都 区	9617130	6460002	5943677
新 津 区	4646024	2712733	3094907
简 阳 市	8224092	6129942	4745816
都江堰市	6494727	5096287	3379059
彭 州 市	7267532	5199077	3673516
邛 崃 市	5538340	3791961	2858224
崇 州 市	5943883	4731670	2350863
金 堂 县	4797003	3627768	3462788
大 邑 县	4032476	3242000	1996370
蒲 江 县	2165972	1706530	1256530

15-29 区(市)县城乡居民最低生活保障情况(2020年)

Basic Statistics on Lowest Living Ensure Persons in Districts, Cities at County Level and Counties(2020)

地 区	城市居民最低生活保障年末人数(人)	农村居民最低生活保障年末人数(人)	城镇居民最低生活保障支出(万元)	农村居民最低生活保障支出(万元)
全 市	**22233**	**76769**	**24462**	**69974**
#锦 江 区	2447		2855	
青 羊 区	1613		1853	
金 牛 区	1956		2448	
武 侯 区	1411		1705	
成 华 区	3544		4054	
龙泉驿区	889	1129	993	1181
青白江区	620	3007	687	2781
新 都 区	740	2747	778	2634
温 江 区	476	1127	524	960
双 流 区	641	1941	636	2090
郫 都 区	459	876	444	824
新 津 区	220	1530	218	1478
简 阳 市	1036	10929	1117	5671
都江堰市	717	4462	670	3494
彭 州 市	1207	7615	1270	7566
邛 崃 市	670	7061	670	5946
崇 州 市	452	5555	410	5671
金 堂 县	1171	15771	1089	13937
大 邑 县	528	4869	563	4809
蒲 江 县	267	1823	278	1706

注:本表武侯区数据不含高新南区,双流区数据不含四川天府新区成都直管区,郫都区数据不含高新西区,简阳市数据不含成都东部新区。

15-30 区(市)县联网直报调查单位数(2020年)

Network Direct Reporting Unit Number in Districts, Cities at County Level(2020)

单位:个

地 区	合 计	规模以上工业	资质内建筑业	限额以上批发零售业	限额以上住宿餐饮业	房地产开发经营业	规模以上服务业
全 市	**13961**	**3664**	**2135**	**2557**	**1003**	**1505**	**3097**
#锦江区	862	10	153	241	130	62	266
青羊区	958	22	250	169	103	76	338
金牛区	1133	40	323	313	116	65	276
武侯区	2515	214	502	498	151	167	983
成华区	781	30	123	218	73	112	225
龙泉驿区	696	347	81	95	18	67	88
青白江区	583	231	27	146	18	61	100
新都区	705	270	51	158	23	85	118
温江区	637	262	55	84	56	72	108
双流区	1465	385	134	275	109	268	294
郫都区	816	428	38	95	42	88	125
新津区	356	181	43	38	20	48	26
简阳市	286	122	57	30	15	37	25
都江堰市	360	113	43	41	55	76	32
彭州市	323	185	32	32	13	40	21
邛崃市	317	156	54	43	11	29	24
崇州市	350	215	48	17	15	43	12
金堂县	346	183	52	23	16	59	13
大邑县	296	167	46	20	16	33	14
蒲江县	176	103	23	21	3	17	9

注:本表只含联网直报法人库单位,不含联网直报产业库单位。

附录 全国重点城市主要指标

简 要 说 明

主要内容

本部分资料反映各重点城市经济、社会发展的基本情况。

资料来源

本部分数据资料来源于各重点城市对外公布的统计快报、统计公报等数据。

附录:全国重点城市主要指标

Appendix Main Indicators of Major Cities in China

地　区	土地面积 (平方公里)	年末户籍总人口 (万人)	年末常住人口 (万人)	城镇化率 (%)
直辖市				
北　京	16411	1400.8	2189.3	87.50
上　海	6341		2487.1	89.30
天　津	11917	1130.7	1386.6	84.70
重　庆	82269	3412.7	3205.4	69.50
副省级城市				
成　都	14335	1519.7	2093.8	78.77
沈　阳	12860	762.2	907.0	84.52
长　春	20594	853.4	906.7	65.94
哈尔滨	53068	948.5	1001.0	70.61
青　岛	11282		1007.2	76.34
武　汉	8494	916.2	1232.7	84.31
西　安	10752	978.0	1295.3	79.20
南　京	6587	722.6	931.5	86.80
济　南	10244	806.7	920.2	73.46
广　州	7434	985.1	1867.7	86.19
厦　门	1573	273.2	516.4	89.41
深　圳	1997	584.6	1756.0	
大　连	12574	601.6	745.1	82.35
杭　州	16596	813.8	1193.6	83.29
宁　波	9816	613.7	940.4	78.00
其他主要城市				
昆　明	21013	582.9	846.0	79.67
石家庄	15848		1123.5	70.18
太　原	6988		530.4	89.06
无　锡	4627	509.0	476.4	82.80
苏　州	8488	744.3	1274.8	81.72
合　肥	11445	781.5	937.0	82.28
南　昌	7402		625.5	78.08
长　沙	11816		1004.8	82.60
贵　阳	8043		598.7	80.07
珠　海	1736	139.2	244.0	90.47

注:本表数据中,“年末常住人口”为第七次人口普查数据,“城镇化率”按常住人口计算。

续表 1

地　区	地区生产总值（亿元）		第一产业增加值（亿元）		第二产业增加值（亿元）	
	2020 年	比 2019 年 ±%	2020 年	比 2019 年 ±%	2020 年	比 2019 年 ±%
直辖市						
北　京	36102.6	1.2	107.6	-8.5	5716.4	2.1
上　海	38700.6	1.7	103.6	-8.2	10289.5	1.3
天　津	14083.7	1.5	210.2	-0.6	4804.1	1.6
重　庆	25002.8	3.9	1803.3	4.7	9992.2	4.9
副省级城市						
成　都	17716.7	4.0	655.2	3.3	5418.5	4.8
沈　阳	6571.6	0.8	303.6	2.9	2160.4	2.9
长　春	6638.0	3.6	533.8	2.4	2758.1	8.0
哈尔滨	5183.8	0.6	615.8	2.1	1144.5	2.3
青　岛	12400.6	3.7	425.4	2.6	4361.6	3.0
武　汉	15616.1	-4.7	402.2	-3.8	5557.5	-7.3
西　安	10020.4	5.2	312.8	3.0	3328.3	7.4
南　京	14818.0	4.6	296.8	0.9	5214.4	5.6
济　南	10140.9	4.9	361.7	2.2	3530.7	7.0
广　州	25019.1	2.7	288.1	9.8	6590.4	3.3
厦　门	6384.0	5.7	28.9	2.5	2519.8	6.1
深　圳	27670.2	3.1	25.8	-3.1	10454.0	1.9
大　连	7030.4	0.9	459.2	3.2	2815.1	4.3
杭　州	16106.0	3.9	326.0	-1.1	4821.0	2.3
宁　波	12408.7	3.3	338.4	2.1	5693.9	3.0
其他主要城市						
昆　明	6733.8	2.3	312.4	5.6	2102.9	1.4
石家庄	5935.1	3.9	498.6	3.5	1745.5	3.1
太　原	4153.3	2.6	32.2	3.7	1504.2	3.0
无　锡	12370.5	3.7	128.1	1.6	5751.2	4.3
苏　州	20170.5	3.4	196.4	-2.0	9385.6	3.4
合　肥	10045.7	4.3	332.3	1.2	3579.5	6.4
南　昌	5745.5	3.6	235.3	2.2	2676.9	3.8
长　沙	12142.5	4.0	423.5	4.0	4739.3	5.0
贵　阳	4311.7	5.0	178.3	6.4	1552.6	5.5
珠　海	3481.9	3.0	60.0	1.6	1510.9	1.8

续表 2

地　区	第三产业增加值(亿元)		人均地区生产总值(元)	规模以上工业增加值(%)	固定资产投资额(%)	#房地产开发投资额(%)
	2020 年	比 2019 年±%	2020 年	比 2019 年±%	比 2019 年±%	比 2019 年±%
直辖市						
北　京	30278.6	1.0	164889	2.3	2.2	2.6
上　海	28307.5	1.8	155768	1.7	10.3	11.0
天　津	9069.5	1.4	101614	1.6	3.0	-4.4
重　庆	13207.3	2.9	78170	5.8	3.9	-2.0
副省级城市						
成　都	11643.0	3.6	85679	5.0	9.9	9.2
沈　阳	4107.6	-0.6	72926	2.8	4.1	5.2
长　春	3346.1	0.3	77634	10.4	8.8	12.4
哈尔滨	3423.5	-0.4	54570	4.2	2.8	0.3
青　岛	7613.6	4.1	123828	5.5	3.2	13.4
武　汉	9656.4	-3.1	131441	-6.9	-11.8	-6.4
西　安	6379.4	4.2	79181	7.0	12.8	6.5
南　京	9306.8	4.1	159322	6.5	6.6	5.2
济　南	6248.6	3.7	110199	12.2	4.0	8.3
广　州	18140.6	2.3	135047	2.5	10.0	6.2
厦　门	3835.3	5.5	123962	6.0	8.8	17.4
深　圳	17190.4	3.9	159309	2.0	8.2	16.4
大　连	3756.0	-2.5	94358	3.8	0.1	5.9
杭　州	10959.0	5.0	136617	3.8	6.8	5.3
宁　波	6376.4	3.6	132614	5.2	5.5	6.8
其他主要城市						
昆　明	4318.5	2.5	79595	0.9	8.1	8.0
石家庄	3691.0	4.3	52826	2.2	-18.8	4.4
太　原	2616.8	2.3	78303	3.2	11.3	2.4
无　锡	6491.2	3.2	165851	6.6	6.1	-0.6
苏　州	10588.5	3.5	158466	6.0	6.6	-0.5
合　肥	6133.9	3.0	108427	8.3	4.7	-0.6
南　昌	2833.4	3.4	91855	4.7	8.8	6.4
长　沙	6979.8	3.3	123297	5.1	6.2	12.0
贵　阳	2580.8	4.4	72017	6.1	2.7	10.1
珠　海	1911.1	4.1	145645	1.4	13.1	20.4

注:本表数据中,“人均地区生产总值”为当年价,按常住人口计算。

续表 3

地区	社会消费品零售总额（亿元）		一般公共预算收入（亿元）		一般公共预算支出（亿元）	
	2020 年	比 2019 年 ±%	2020 年	比 2019 年 ±%	2020 年	比 2019 年 ±%
直辖市						
北　京	13716.4	-8.9	5483.9	-5.7	7116.2	-3.9
上　海	15932.5	0.5	7046.3	-1.7	8102.1	-0.9
天　津		-15.1	1923.1	-10.2	3151.4	-11.4
重　庆	11787.2	1.3	2094.8	-1.9	4893.9	1.0
副省级城市						
成　都	8118.5	-2.3	1520.4	2.5	2158.0	7.5
沈　阳	3637.6	-5.4	736.1	0.8	1074.1	2.5
长　春	2003.1	-6.5	440.4	1.5	1084.1	10.5
哈尔滨	3863.9	-11.3	339.6	-8.4	1162.2	5.5
青　岛	5203.5	1.5	1253.8	1.0	1584.7	0.6
武　汉	6149.8	-20.9	1230.3	-21.3	2407.0	7.5
西　安	4989.3	-2.9	724.1	3.1	1352.7	8.5
南　京	7203.0	0.9	1637.7	3.7	1754.6	5.8
济　南	4469.1	1.1	906.1	3.6	1288.8	7.6
广　州	9218.7	-3.5	1721.6	1.4	2953.0	3.1
厦　门	2293.9	1.6	783.9	2.0	976.9	7.0
深　圳	8664.8	-5.2	3857.4	2.2	4177.7	-8.2
大　连	1828.0	-11.5	702.7	1.4	1002.0	-1.4
杭　州	5973.0	-3.5	2093.0	6.5	2070.0	6.0
宁　波	4238.3	-0.7	1510.8	2.9	1742.0	-1.5
其他主要城市						
昆　明	3070.4	-3.6	650.5	3.2	875.1	6.6
石家庄	2382.7	-3.3	632.2	11.1	1135.3	7.8
太　原	1655.1	-6.4	378.4	-2.1	647.4	6.0
无　锡	2994.4	-1.0	1075.7	3.8	1214.9	8.7
苏　州	7702.0	-1.4	2303.0	3.7	2263.6	5.7
合　肥	4513.8	3.1	762.9	2.3	1164.8	3.8
南　昌	2452.7	3.0	483.9	1.4	838.1	0.5
长　沙	4469.8	-2.6	1100.1	3.0	1480.2	3.8
贵　阳	2188.3	6.6	398.1	-4.6	676.4	-5.9
珠　海	921.3	-7.5	379.1	10.1	677.2	10.0

续表 4

地　区	进出口总额（亿元）		#出口总额（亿元）		私人汽车拥有量（万辆）	
	2020 年	比 2019 年 ±%	2020 年	比 2019 年 ±%	2020 年	比 2019 年 ±%
直辖市						
北　京	23215.9	-19.1	4654.9	-10.0	507.9	2.1
上　海	34828.5	2.3	13725.4	0.0	365.6	7.5
天　津	7340.7	-0.1	3075.1	1.9	279.2	7.9
重　庆	6513.4	12.5	4187.5	12.8	697.1	17.6
副省级城市						
成　都	7154.2	22.4	4106.9	23.7	456.3	4.0
沈　阳	1028.1	-4.2	274.4	-13.2	233.4	8.7
长　春	1027.6	3.0	135.4	-9.3	187.7	14.2
哈尔滨	255.9	1.5	136.9	14.1	193.5	8.6
青　岛	6407.0	8.2	3876.8	13.7	273.0	7.8
武　汉	2704.3	10.8	1421.7	4.3		
西　安	3473.8	7.2	1776.0	2.6	360.5	11.2
南　京	5340.2	10.6	3398.9	13.0	216.0	2.3
济　南	1382.7	23.0	755.0	17.2	251.2	7.7
广　州	9530.1	-4.8	5427.7	3.2	233.7	7.7
厦　门	6915.8	7.8	3572.9	1.2	120.9	4.0
深　圳	30502.5	2.4	16972.7	1.5	280.3	2.7
大　连	3854.2	-11.7	1672.6	-13.8		
杭　州	5934.0	5.9	3693.2	2.1	227.5	5.2
宁　波	9786.9	6.7	6407.0	7.3		
其他主要城市						
昆　明	160.6*	21.8*	77.5*	114.8*	238.3	6.0
石家庄	1341.1	14.0	785.6	19.9	258.5	4.4
太　原	1211.5	8.1	724.7	11.2	158.5	6.4
无　锡	6075.6	-4.6	3547.1	-7.2	180.6	4.8
苏　州	22321.4	1.5	12941.5	-2.2	369.0	5.3
合　肥	2597.3	16.9	1580.8	13.4	202.7	8.5
南　昌	1151.5	8.4	713.1	10.3	70.0	7.7
长　沙	2350.5	17.4	1548.7	10.8		
贵　阳	446.9	31.1	358.0	47.3		
珠　海	2730.6	-6.1	1608.8	-2.8	66.3	10.4

注：本表数据中，带“ * ”号的数据计量单位为亿美元。

续表 5

地　区	金融机构人民币存款余额（亿元）		#住户存款余额（亿元）		金融机构人民币贷款余额（亿元）	
	2020 年	比 2019 年 ±%	2020 年	比 2019 年 ±%	2020 年	比 2019 年 ±%
直辖市						
北　京	188082*	9.7*	44486*	14.5*	84309*	9.7*
上　海	155865*	17.3*	38302*	14.9*	84643*	8.7*
天　津	33038	7.6	14866	17.6	37690	8.1
重　庆	41270	8.7	20210	13.2	40961	13.2
副省级城市						
成　都	42266	9.5	17085	14.7	39686	13.0
沈　阳	19273	3.1	10330	23.9	17930	7.9
长　春	14156	12.4	6888	17.0	14526	11.1
哈尔滨	13749	12.2	7311	16.2	12553	4.2
青　岛	19822	14.7	8031	18.9	20211	16.6
武　汉	30329	8.4	10350*	15.1*	35492	16.1
西　安	25731	11.5	10913	14.2	25559	14.8
南　京	39056	13.0	9499	17.0	37594	13.0
济　南	20715	13.2	7584	17.8	19705	11.8
广　州	65615	15.7	21178*	15.2*	53535	16.0
厦　门	12553	13.1	2822	21.4	12688	14.9
深　圳	96975	21.9	18718	16.9	64629	15.4
大　连	15513	9.5	7844	14.6	12629	5.3
杭　州	54247*	19.8*	14398*	21.0*	49799*	17.9*
宁　波	23167	14.2	8522	14.0	25052	15.1
其他主要城市						
昆　明	16325	9.5	5963	11.3	19740	10.6
石家庄	15918	9.6	8322	14.9	12782	15.0
太　原	14212	12.2	5897	12.3	14823	8.1
无　锡	18868	9.9	7196	5.6	15114	12.9
苏　州	35166	11.1	12052	15.1	34196	13.5
合　肥	18297	13.3	5589	19.8	17679	15.5
南　昌	13527	12.9	4320*	18.1*	15815	14.1
长　沙	23317*	10.8*	7572*	14.7*	24261*	14.2*
贵　阳	12485	4.6	3635	14.9	15799	12.4
珠　海	9199	5.6	2215	13.2	7529	20.3

注：本表数据中，带"＊"的数据口径为本外币口径。

续表 6

地区	城镇居民人均可支配收入（元）		农村居民人均可支配收入（元）		居民消费价格指数（%）
	2020 年	比 2019 年 ±%	2020 年	比 2019 年 ±%	2020 年
直辖市					
北　京	75602	2.4			101.7
上　海	76437	3.8	34911	5.2	101.7
天　津	47659	3.3	25691	3.6	102.0
重　庆	40006	5.4	16361	8.1	102.3
副省级城市					
成　都	48593	5.9	26432	8.5	102.5
沈　阳	47413	1.3	19598	8.1	102.3
长　春	40001	5.7	16636	7.6	101.9
哈尔滨	39791	-0.5	19631	7.6	101.4
青　岛	55905	2.6	23656	4.8	102.4
武　汉	50362	-2.6	24057	-2.9	102.4
西　安	43713	4.5	15749	8.0	102.1
南　京	67553	4.9	29621	7.2	102.4
济　南	53329	2.7	20432	5.0	102.4
广　州	68304	5.0	31266	8.3	102.6
厦　门	61331	3.9	26612	7.3	102.5
深　圳	64878	3.8			102.3
大　连	47380	2.0	21558	7.9	102.1
杭　州	68666	3.9	38700	6.7	102.1
宁　波	68008	4.8	39132	6.8	101.9
其他主要城市					
昆　明	48018	3.7	17719	8.3	103.1
石家庄	40247	4.4	16947	6.9	102.3
太　原	38329	5.4	19655	7.0	102.6
无　锡	64714	4.5	35750	6.5	102.3
苏　州	70966	3.4	37563	6.9	102.2
合　肥	48283	6.3	24282	8.1	102.3
南　昌	46796	6.0	20921	7.3	102.5
长　沙	57971	5.0	34754	7.5	101.8
贵　阳	40305	5.4	18674	8.1	102.4
珠　海	58475	5.9	31119	7.0	102.3